SINCE1897

商务印书馆与中国现代女性启蒙

王鑫 —— 著

辽宁大学新闻与传播学院"部校共建"资金资助出版

序　言

　　眼前的这本著作，是王鑫在博士论文《〈妇女杂志〉研究——关于中国现代女性话语的个案分析》的基础上修订而成，此次出版，增加了若干内容，突出了商务印书馆在中国近现代知识传播和思想启蒙中的重要地位，并新写了引言。

　　读书往往先读引言，这篇富有诗性的引言，使我对作者刮目相看，以我对王鑫的了解，她的写作常常有两副笔墨：写散文时活泼生动，充满浪漫青春气息；待到进入理论著述，笔端就会凝重起来，思路的推进每每和坚硬的概念相关联，她着意于文章的理论气息，但有时却给读者设置了障碍。这回由引言而下，一改往日文风，写得既清通晓畅，同时又理论内涵和深度并重，使读者不费周折，就能领悟全书的内容。

　　中国现代女性启蒙进程是个颇宏大的话题，无论从传统的变革或思想的觉悟，还是从政治制度的交替或女性经济地位的提升入手，都有着宽广的空间，空间的自由增加了选择和掌控的难度，王鑫只选取商务的《妇女杂志》做个案剖析，描述了民初到20世纪30年代有关女性话语建构和传播的情形，可谓找准了切入口。其实关注中国现代女权运动历程的研究课题在数量上颇为可观，将《妇女杂志》作为研究对象，也不乏其人，只是王鑫取"媒介对女性身份的形塑以及女性形象的流变"这样一个视角，将宏大的议题落到一个刊物的具体历程上，细密而扎实，避免了大言蹈空情形的出现。

许多读者都知道陈独秀于1915年在上海创办《青年杂志》（一年后易名为《新青年》），却未必知道《妇女杂志》也于上海同年创办。《新青年》激荡风云，影响巨大。然而正是在同一个大语境中，有《新青年》，也必然有《妇女杂志》。《新青年》以摧枯拉朽之势冲决旧传统的罗网，而《妇女杂志》则在开启民智、倡导女学的改良之路上起步，并徐徐推进。

说起女性主义，人们习惯以西方为参照，由于中国的女性主义不是由"上帝面前人人平等"出发，而是有着社会功能学的意味，因此起步伊始，就有别于西方的女权运动。基于此种认识，王鑫认为创办持续17年之久的《妇女杂志》，至少可以分成三个阶段来讨论，即起始的"启蒙与改良"阶段，继而是"颠覆与重建"阶段，最后是"生活与都市化"阶段。作者敏锐地挑明，所谓女性话语并非一定来自女性自身，特别是起始阶段，基本由男性主导，一方面是倡导"女学"和"微物新知"，推进家庭改良，使妇女从旧传统的桎梏中解脱出来，另一方面是社会对女性的别一种规训，即在新的历史条件下使女性成为"具有现代科学常识、持家方法和教育儿童新理念"的、能相夫教子的"新贤妻良母"，这是男性为女性设定的进步路径。

然而启蒙的进程一旦开启，女性解放的步伐便不会就此驻足。五四新文化运动、马克思主义和女权主义等各种新思潮的蜂拥而入，都对中国的女权运动产生深刻影响，在一个革命的年代，改良为激进所取代乃势所必然，这就是本书所说的"颠覆与重建"阶段。这一阶段女性话语从"新知"进入"新观"层面，即女性关注自身在社会中的独立地位，女性不再仅仅是社会的辅助性成员，女性的解放、女性的婚恋自由、家庭革新等都是极有吸引力的议题，特别是有关妇女贞操观和"新性道德"等问题的探讨，掀起了激扬的波涛，成为最瞩目的焦点，也意味着对上千年旧传统旧道德的最激烈反叛。这也是《妇女杂志》最有感召力的阶段，作者告诉我们，该时期的杂志的销量由二三千猛增到一万多。

王鑫概括的第三个阶段，即"生活与都市化"阶段，在今天看来，仍有不少启示意义。杂志力图成为"妇女忠实的良伴"或"有趣味的软性读物"，色彩也平和了不少，如作者所言，都市消费女性的形象开始显露，此前的激进也罢，改良也罢，渐渐为都市的商业力量所收编，这是历史的选择还是无奈？

大都市生活和工商业的发展是互为因果的，同时对传媒有强大的吸附力，或者说传媒本身就是都市生活的粘合剂，它交替用"新感觉经验"和"准摩登女性"来做引导，开辟了都市日常生活的方向。其实《妇女杂志》自创办以来一直关注所谓的日常生活和家庭伦理，只是日常生活并非凝固不变，社会的政治和经济形态是日常生活的大背景，再进一步，可以说日常生活之外无所谓社会生活。而作者以为，正是在该杂志的征文中，我们能探视到那个时代的日常生活中，女性独特的"感觉的结构"。

虽然王鑫全书的中心是论述中国现代女性启蒙和女性话语形成和发展的若干个阶段，但是作者并非只停留在大的思想话语层面，而是从刊物的编辑策略，各种栏目的开辟，专号的发行，白话文的使用，编辑和读者的各种互动方式：如"征文"、"通讯"、"编辑余录"等，以及各种图书和妇女生活健身用品广告等方面做了详细的考察，上述种种细节，其实就是微观的女性话语，话语不仅仅是思想的直接表达，它有时通过杂志的议程设置来体现，这就是无微不至的层面。

而作为读者，我很有兴趣浏览杂志的书目推荐和各色广告，由此可以体会到当时社会的大语境，在妇女丛书、女子读物等图书广告中，我们能窥见该时期社会的思想潮流的走向，惊异于民国时期思想的开放多元（余生的前三十年之前还有这样一个三十年）！而那些妇女生活用品、化妆用品、健身广告的色彩斑驳，也最为感性地呈现了都市生活风貌，为今天的"魔都"生活勾勒了前史（我揣度今天的不少电视剧一进入那个年代的都市生活，都是以《妇女杂志》等杂志中的广告画面来设想场景的）。而一进入这些方面，王鑫的笔触也变得更加细腻灵动起来，除了显示其捕捉细节方面的敏锐，也表明在作者的研究视野中有对"器物"的关注，这其实也是有关思想和话语方面的研究者最可贵的品格。

王鑫颇有诗人气质，时不时会在朋友圈里晒她韵味浓浓的诗作，我想倘若她当初没有走学术研究的道路，将是怎样的一个诗人？现实是她用诗情来灌浇学术之园，也有丰硕成果，令人欣慰！

蒋原伦

2016 年 11 月于上海

目录

引　言　1

第一章　商务印书馆与《妇女杂志》　9

第二章　《妇女杂志》传播的理论和现实语境　27

第三章　启蒙与改良："微物新知"与"新贤妻良母"　42

　　第一节　改良时期《妇女杂志》的样貌　44

　　第二节　"微物新知"——女性日常生活的启蒙　51

　　第三节　"旧学女子"向"新贤妻良母"的过渡　67

　　第四节　"杂而不越"——稳健务实的主编策略　85

　　小　结　"开蒙启智"策略下的新家庭女性　93

第四章　颠覆与重建:"新性别伦理"与"新女性" 95

第一节　章锡琛主编时期的杂志转型 96

第二节　"新性道德"讨论与贞操观转换中的性别结构调整 105

第三节　新婚恋的悖论——时髦的表象与守旧的内核 124

第四节　家庭制度革新中的性别结构调整 144

第五节　层叠的"新女性"符号 158

小　结　新锐的"蛊惑"——女性思想的拓界 171

第五章　生活与都市化:"新感觉经验"与"准摩登女性" 172

第一节　"合时宜"的编辑特色 173

第二节　默化与细入——征文中女性日常生活叙事与情感彰显 182

第三节　新感觉经验——广告和插图中的"准摩登女性" 200

第四节　思想与器物层面的对峙——一种矛盾的存在 216

小　结　"情感与新经验"——生活中的女性叙事 219

第六章 《妇女杂志》的传播机制与话语空间构建 221

第一节 编读互动——"通讯"与"编辑余录"分析 222

第二节 杂志的议程设置——发刊词和征稿启事的分析 239

第三节 异域女性的想象——图像和翻译中的西方女性 247

第四节 女性身份的模铸——图书广告分析 253

小　结 "导师"与"学生"——男性编码的女性世界 263

结　语 264

参考文献 268

附　表 277

后　记 319

引 言

记得我在北师大图书馆阅读《妇女杂志》的时候，不经意间看到一个阅读记录，1928年，一个女师学生阅读了这本杂志，并在借阅卡上签下了自己的名字，后面是一段空白。我小心翼翼地在她的名字后面写上了我的名字，还有"2008"。

就在那一刻，有一种莫名的机缘让我穿越了历史，就这样和从前的"她们"亲近起来。这也注定了这一次写作历程，除了理性的思考和辨析，也要倾注生命体验和她们一起迷茫、沮丧、痛苦、焦灼、期待和希望。我想，无论是80年前的那个女师学生，还是80年后的我，都要对这本杂志以及商务印书馆表达深深的敬意。

商务印书馆在中国近现代知识传播和文化启蒙中扮演着重要的角色，并且深深嵌入中华民族觉醒和复兴的伟大历史中。正是因为有商务印书馆这个平台，那么多优秀的知识分子和文化精英才能汇集在一起，翻译和传播、著书和立说，参与到中国现代性和启蒙的历史洪流中。任何宏大叙事都不能掩盖那些具体的甚至是微弱的每一个生命个体的努力。当我们掸落历史的灰尘，在那些老旧而泛黄的杂志中重返生动的历史现场，那些微末的甚至是在历史之外的内容，足以让我们着迷甚至兴奋，并且从中获得思考的力量、行动的勇气以及理论的价值和传播的意义。

任何一次研究的开始，一定是偶然和必然的结合。迄今为止，我仍旧能清晰地想起第一次遇到《妇女杂志》的时候，是怎样的一个场景。那时，我已经在国家图书馆连续待了很多天，查阅了很多书籍和史料，一直没有找到一个令人满意的能够贯穿文化、传播、性别研究的文本，使之成为研究的逻辑起点，特别是在民国视域内。直到我看到《妇女杂志》，其发行时间、杂志内容、传播影响力、文本的保存都足以构成一个非常好的研究对象，这令我如此的欣喜和振奋。大量的史料和文本阅读在一定程度上让人有些"胆怯"，因为要钻到一个文本内部做文本的细读是一件很"危险"的事情，一定会有人认为，这种过于"封闭"的研究容易"走进去"而未必"出得来"。但是，对于一个还算有些遥远，并且对很多人来说仍旧陌生的有价值的历史的文本，即使"危险"，即使不够"讨巧"，也是有意义的，尽管这个过程充满艰辛。

商务印书馆的价值自不必说。

商务印书馆作为一个研究对象也让很多人感兴趣。但是，商务印书馆在中国近现代社会对女性话语的传播和建构却很少有人涉足，其中的风景自然也是"自美其美"，很少被人看到，但其价值却不会因为历史远去而被人忘记。那么，在中国现代女性话语传播和建构上，商务印书馆及其创办的《妇女杂志》有怎样的价值？这成为一个重要的问题，贯穿在我的思考脉络之中。

1915年是一个特别的年份。

那一年，陈独秀在上海创办了《青年杂志》，1916年9月起改名为《新青年》，《新青年》成为中国新文化运动兴起的标志。

那一年，商务印书馆《妇女杂志》创刊。

商务印书馆作为一个文化传播载体参与到中国现代女性话语的传播和建构中来。《妇女杂志》可以说就是一个"前景"，商务印书馆作为一个背景，左右着《妇女杂志》的内容、表情、气质和风度。作为民国发行时间最长的女性期刊，《妇女杂志》在17年的时间里，相对完整地呈现了女性在社会结构和时代变迁中的变化样态，其内容不仅是一些关于民国女性基本生活、教育、情感的表达，还可以看到民国初年到1930年代，媒介对女性身份的形塑以及女性形象的流变，特别是这些女性问题在一定程度上回应了特定历史时期的文化和思想变迁，形成女性话语与社会变迁之间的互文表达。

那么，以什么样的方式进入商务印书馆和《妇女杂志》才能够在"前景"和"背景"之间获得很好的解释？本书选择了从杂志主编更迭入手，杂志的内容、风格、价值观和主编有非常大的关系，主编实际上是杂志的"把关人"，关系到杂志整个编务工作以及编辑立场等问题，从主编入手，即从传播的"编码者"入手。主编的几次变更是不同文化立场、价值立场、思想立场之间的选择和博弈，也是新思潮、新文化和新思想与传统文化、传统观念的冲撞与和解。《妇女杂志》内容的科学性、工具性、思想性、趣味性都因每个主编编辑主旨不同而发生或是明显或是隐晦的改变，杂志的细节见出主编立场。

《妇女杂志》在17年的时间里共经历六位主编，分别是王蕴章、胡彬夏（女）、章锡琛、杜就田、叶圣陶、杨润余（女）。这六位主编的更迭形成三个主要时期，即王蕴章时期、章锡琛时期和杜就田时期。1915—1920年这六年时间里，主要是以王蕴章为主，胡彬夏女士挂名参与到《妇女杂志》的编辑中。有研究者指出，胡彬夏只是名义上参与了几期，真正处理编务的仍旧是王蕴章，并且二人在风格和立场上没有什么不同。1921—1925年，章锡琛接替王蕴章成为杂志主编。1925—1930 年，杜就田成为第三任主编。1930—1931 年这最后一年半的时间里，由叶圣陶和杨润余先后接任主编，金仲华也加入到《妇女杂志》的编辑队伍当中，但是在风格和内容上，这两位主编复兴《妇女杂志》的努力并没有充分体现出来。虽然邀请很多文化名人撰稿，比如巴金、叶浅予、丰子恺等，并且重新起用了章锡琛和周建人，但是，其着力改革《妇女杂志》的意图并不明显，而且延续了杜就田时期设立的征文内容，风格上也没有显著改观，直到《妇女杂志》停刊。叶圣陶主编不到一年的时间，没有形成非常独特的分期，因此本书并没有单独对其进行分析，而是将最后的一年半时间，在论述上划入杜就田主编的时期。这些主编和《妇女杂志》在历史的"前景"中生动地呈现了女性话语在时代中的建构、转型和传播，而商务印书馆则在"背景"中决定了其如何呈现。

王蕴章时期《妇女杂志》的显著特征，是以"微物新知"实现开蒙启智，并确立"新贤妻良母"的理想女性形象。杂志建构的女性形象已经从"分利"角色转向社会的辅助角色，不过，这个"新贤妻良母"也是从"旧式才女"过渡而来。虽然王蕴章时期"新知启智"与"文化保守"体现的稳健务实的价值立场受到同时代人和后世学者的诟病，认为这是"传统的保守主义"，甚至是落后和市侩的，但这也是维系稳定社会系统的应然选择，在商务印书馆经营策略许可的范围之内，也是主编无法超越自身的现实所在。杂志中涉及的科学趣味等文章以及现代文明生活的体验，诸如科学、生活、家政、学艺等，这些和女性日常生活息息相关的内容正是"旧式女子"向"新贤妻良母"转换的重要组成部分，杂志以感性直接的方式渗入到了妇女的日常生活中，潜移默化地改变着女性的心理以及思维方式。这是杂志从微观政治学的角度参与社会的改良，即通过对社会的基本结构——家庭的改良，实现对女性的启蒙和新家庭生活方式的构建。

激进的性别话语，尤其是"娜拉的出走"和"新性道德"等，激荡着社会的情绪，甚至带有一种"蛊惑"的色彩，王蕴章的主编策略和立场显然已经不适应新文化运动的"狂飙突进"。人们的阅读兴趣向新知识、新思潮和新文化等内容转移，商务印书馆需要在审时度势中调整刊物的发行内容，以满足读者的需要，因此《妇女杂志》主编也改由章锡琛接任，杂志从塑造"新贤妻良母"转向关注"新女性"，从妇女生活的指导进入到妇女问题的探讨，女性也由"家庭角色"被召唤成为"社会人"。章锡琛时期最鲜明的特征就是新性别伦理语境中的新女性塑造，但是在"新性道德与贞操观转换中的性别结构调整"以及"时髦的表象与守旧的内核"并存的新婚恋关系中，可以看到家庭制度革新中两性关系实际上并不存在根本性的变革。在章锡琛时期《妇女杂志》的新性别伦理语境中，"新女性"作为一个符号是多义层叠的，也是不断游移浮动的。章锡琛主编时期是《妇女杂志》销路最好的时期，也是编读互动最充分的时期，其编辑策略和杂志主要内容呼应了"新文化期"的社会话语。正如吕芳上在"《妇女杂志》研究专号"导言上所写："Jacqueline Nivard，王政或陈妊湲都曾对《妇女杂志》的阶段性，分别由内容、女性主义角度做过分期，她们对1920年至1925年'新文化期'，印象深刻。"这些新思潮对传统价值和现代价值混同的"新青年"来讲，不啻为一种"蛊惑"，先进知识分子的舆论主张和希望，在现实中也并不是曲高和寡，但是沉重的历史惰性，导致精英式的内心希望遭遇了实现上的困难。新婚恋的"悖论"以及女性的"伤"和"殇"，是另外的一种现实，尽管如此，仍不失为一次对女性思想的重要拓界。

商务印书馆老成持重和敦厚稳健的风格，是很难接受过于激进的主张的，特别是章锡琛和周建人在《妇女杂志》上大谈"新性道德"，并且与陈百年展开论争，引起较大的社会影响，商务印书馆内部和外部均有不和之音，之后《妇女杂志》再易主编，由杜就田担任。有些人进入历史是一种偶然，但是，这种偶然往往因为时势成为一种必然，杜就田或许就是如此。杜就田主编时期的《妇女杂志》为女性提供了新的"感觉经验"，并由此出现了"准摩登女性"的形象。这一时期的特点有两个：首先，占据《妇女杂志》主要版面的就是"征文"，对妇女问题的探讨回归到对妇女生活（精神生活和文学情调）的再现。女学的实绩使大多数旧式女子成为新文艺女性，这些征文，潜移默化地将章锡琛时期的激荡和新锐的问题平和化、深入化。其次，是新感觉经验。1926—1931年，上海的消费社会特征日益凸显，从器物层面带给女性新的感觉经验，广告中的女性形象和封面女郎都呈现出"准摩登"的模样。无论是征文中的女性情感，还是器物层面上的新感觉经验（现代性体验），都成为女性生活的现实观照。通过对杂志细部的分析，发现总有一种矛盾性的内容存在，那就是思想和器物层面的矛盾。当激荡新潮的思想回落、女性的情感受阻时，消费新经验促使女性个人感觉苏醒，使其积极地投入到生活的新感觉中。虽然生活器物层面的变化对女性自我认同的改变是潜隐的，但是她们开始对已然成规的历史惰性进行反叛，而这比悬设一个高不可攀的"想象"更能促使女性的转变。女性在器物层面上遭遇的现代性体验引起了比思想更先导的变化，女性在生活体验中形成了新的认同。杜就田主编时期女性读者增加，其在生活微观处呈现的女性生活成为社会动荡时期难得的女性日常生活叙事。

本书还针对《妇女杂志》的传播机制与话语空间构建进行了探讨。通过"通讯"与"编辑余录"分析《妇女杂志》建立的编读互动空间，通过"发刊词"与"征稿启事"来看《妇女杂志》的编辑议程设置，通过对图像中西方女性的分析来看新女性构建中的异质因素的介入和参与,通过对图书广告的分析来探讨文化广告如何模铸了女性的身份。《妇女杂志》建立的是一个性别话语空间,而不仅仅是女性话语空间,由男性编码的"女性世界"里的"男性"与"女性"始终是"导师"与"学生"的关系。

从"微物新知"到"新性别伦理"再到"新感觉经验",《妇女杂志》从日常生活、伦理道德和个体生命感觉三个方面启蒙和唤醒女性,并由此确立了女性社会辅助的角色、建立了两性平等的性别新观念,召唤出女性的个人感觉。媒介以参与者的身份介入到社会结构和历史变迁中,通过播撒思想、展布情感经验、提供现代性的体验,参与了女性话语从传统向现代的转换。

第一章　商务印书馆与《妇女杂志》

民国初年，言论的相对自由和印刷工业的日益进步，使得民族报业在这一时期经历了快速的发展，女性也在强国保种和女权的话语中进入了媒介制造的"公共空间"，成为国家、民族、社会、思想、文化领域中被叙述的对象。晚清民初的女性从传统家园生活模式被强行带入一个现代性与国际化的语境之下，遭遇着从身体到身份，从个体到社会，从家到国的转变。女性话题成为社会结构和历史变迁的显性表现，社会舆论塑造的理想女性，也成为理解历史以及阐释文化结构的重要参照，正如孟悦和戴锦华在《浮出历史地表》中所认为的："女性问题……它关系到我们对历史的整体看法和所有解释，女性群体不是单纯的对人类经验的补充或充实，相反，它倒是一种颠覆和重构，它将重新说明人类曾以什么方式生存并正在如何生存。"[1] 自从陈撷芬创办第一份《女学报》（也称《女报》）之

---

[1] 孟悦、戴锦华：《浮出历史地表——现代妇女文学研究》，中国人民大学出版社2004年版，第3—4页。

后[1]，女性杂志和期刊也如雨后春笋[2]，进入到民众的视野，成为精英男性和早期知识女性介绍新知识、表达观点、抨击问题的空间。由于报刊很大程度上受制于办报人以及经费等问题的影响，这些女性报刊寿命普遍很短，但是其对女性尤其是知识女性的自我意识的唤醒，功不可没，成为研究者进入历史现场和找寻女性生活经验的重要途径，也成为发现和探寻女性解放之路的重要坐标。

中国早期的女性大众媒介，担当着女性教育、女性生活指导、思想启蒙以及争取女权的重要责任，成为不同历史时期女性生活、情感表达、问题彰显的重要载体，并且参与了女性身份建构和形象塑造。《妇女杂志》作为民国时期出版时间最长、影响最大的女性刊物，其在历史变迁中的不同特点和风貌，呈现出女性乃至性别在社会语境变迁中的诸多样态和情状，其所涉及的女性话语也回应了特定历史时期的文化和思想变迁，成为不可多得的女性话语的媒介现场。

一 《妇女杂志》的基本情况

《妇女杂志》是民国时期商务印书馆旗下的一份重要期刊，与《东方杂志》《小说月报》《学生杂志》《教育杂志》等著名期刊并列为商务印书馆八大刊。《妇女杂志》1915年创刊，是一份面向女性

---

[1] 1898年5月，江苏无锡女子裘毓芳与叔父裘廷梁合作办了《无锡白话报》，被戈公振称为是"第一个女报人"，并认为"光绪二十八年陈撷芬在上海出版的《女报》，是中国女报之始也"。但是也有学者认为，康有为的女儿康同薇1897年在《知新报》任翻译，所以，第一个女报人是康同薇而不是裘毓芳。1904年，丁初我的《女子世界》在上海创刊；1906年，秋瑾的《中国女报》影响颇大。

[2] 参看村田雄二郎主编的《〈婦女雑誌〉からみる近代中国女性》，研文出版社（日本）2005年版，这本书统计了1918—1931年出版的女性刊物的刊发年和停刊时间，其中1915年之前就有近70种女性刊物。

发行的综合性杂志，至1932年1月28日商务印书馆被日军炸毁而停刊，前后长达17年（1915年1月至1931年12月），其发行地区除了上海，还包括国内各大城市，如北京、天津、奉天、保定、吉林、龙江、济南、太原、开封、南京、西安、杭州、芜湖等地及海外的新加坡等地。在近现代中国，无论发行时间、发行区域、发行量，还是读者群、社会影响，都是其他女性刊物难以比拟的。从1915年至1931年的17年中，《妇女杂志》每月一期，共计出版17卷204期，被当时的读者称为女性报刊中的"第一把椅子"[①]。

《妇女杂志》创刊之初意图推广女学和辅助家庭之实用，而后在五四新文化思潮的影响下成为女性解放和新性别伦理探讨的重镇，参与探讨女性解放、新女性塑造、两性伦理等诸多问题。1926年后，《妇女杂志》的内容再次显得中规中矩，不过，在文本的罅隙中却可见女性在特定时代的新感觉经验，特别是杂志中的女性情感与广告中出现的张扬、现代、时尚的女性气质构成了反差，这是很多研究者所忽略的。一些研究者对1930年代后期和1940年代的报纸和杂志关注比较多，比如《现代》《生活》《良友》等文学和生活类的杂志，也有专门对女性杂志进行研究的，比如对上海沦陷时期《女声》杂志的研究[②]。本书把上承晚清女性解放和下启都市摩登消费女性这一中间时期的《妇女杂志》作为研究重点，意在通过对《妇女杂志》不同时期的考察来复现特定历史时空中的女性话语，探究"过渡时期"媒介如何通过自身的内部细节和

---

① "同人学识简陋，对于妇女界，深愧没有什么贡献，不料竟承一般读者谬加奖许；像最近交通大学沪校梅生君在《民国日报》觉悟栏发表读《妇女杂志》的感想一文，竟称本志'在中国目前关于妇女问题的出版物里，不愧坐第一把椅子'，真使我们惶愧无地了。梅生君的热心指导，我们非常感激；但文中称许的地方，未免觉得誉过其实。我们深望照梅生君所说，海内评论家，肯多赐严正的批评，使我们得到改进的方针，那就受益不浅了。"（《妇女杂志》第7卷第7号）

② 涂晓华：《上海沦陷时期〈女声〉杂志的历史考察》，北京大学，2005年。

外部环境形塑女性身份、制造女性的想象,以及媒介如何参与建构了现代两性关系。

《妇女杂志》在17年的时间里历经民国初年的洪宪复古、五四新文化运动、国民革命以及日本侵华战争等重大社会事件。它与这些历史大事件之间既保持适当的距离,也有选择地参与。这本被定位为家庭生活类的杂志,兼具阅读趣味、科学普及、人文感悟、生计寻求和思想启蒙等方面的功能,在日常生活中寻求女性安身立命的意义以及女性的启蒙和解放。《妇女杂志》的"微物新知"帮助女性建立健康文明的生活方式,生活的小叙事呈现了女性日常生活的图景,女权和新性道德伦理着力唤醒女性自身的主体意识,而刚刚兴起的都市消费体验召唤着女性个体的新生活感觉。《妇女杂志》在时代流转中呈现出不同的风度和气质:《妇女杂志》开始像是一个新贤妻良母,转而又是一个具有新思想和新观念的潮流女性,继而又是一个"准摩登女性"。《妇女杂志》的多样景貌,就像一个舞台上走出三个不同风度的女性,举手投足之间流露出不同的气质和风情,赢得时代的青睐和女性的认同。

这种变化离不开当时的社会话语环境,也与主编的更迭有关。王蕴章时期《妇女杂志》清晰地呈现了女性现实生活图景,诸如女学、女性家居生活、孕养子女、女性职业教育、科学常识、卫生与健康等,特别是《妇女杂志》中的家政、学艺等内容给女性提供一种走出"分利"的可能途径,即"皆可执一业以自养"(梁启超语),科普新知帮助女性祛除日常生活中的迷魅,帮助其建立现代文明生活方式,也强化了女性在家庭中的新身份。王蕴章时期的《妇女杂志》是通过微观生活的角度进入女性生活,参与到女性的启蒙和新身份构建中来的。章锡琛时期,肇始于《新青年》的女性解放话语被《妇女杂志》承接过来,成为当时女性报刊讨论妇女问题的"第一把椅子","新性别伦理"在跌撞中"启蒙"着"新青年",

时髦的观念和潮流也成为新锐的"蛊惑"：女性解放、女权（恋爱、婚姻自由、独身主义、生育、职业等）等话语重构着女性传统的生命路径和精神图谱。杜就田时期的《妇女杂志》中刊登了大量的征文，这也成为杜就田被诟病的主要原因：回归保守，缺乏新意，甚至有应付之嫌，个人能力值得怀疑等。不过在阅读文本时可以发现，大量的征文以更为亲近社会生活实际的方式，提供了特定历史时期的女性的感觉经验，女性用自己的笔写出了女性在"过渡时期"的压力、焦虑、彷徨和苦闷，以及艰难生活中异常珍贵的小快乐。特别是广告图片和封面女性再次印证了，所谓"回归保守"的杜就田时期的《妇女杂志》实际上隐藏着女性在情感与新生活感觉之间的矛盾，"新消费经验"实际上对女性的个人感觉是一次极大的唤醒。通过对《妇女杂志》三个明显时期的主流取向和特征进行分析，可呈现《妇女杂志》在特定的历史文化背景中的女性话语，并在矛盾中探寻女性解放自身的力量，以及在这样的一条启蒙之路上，女性是如何在生活的细节里找到了解放的可能和力量。

从《妇女杂志》编辑立场和内容风格的变化来看，这是一个复杂的矛盾体：新旧生活方式之间的隔阂、家庭伦理和个体价值之间的分歧、保守和解放之间的犹疑等，诸多矛盾处于同一本杂志当中，正是社会多重矛盾的一种彰显。《妇女杂志》涉及多重内容：以科学启蒙的方式提供女性新生活的体验和实践；以艺术的方式提供女性新生活的精神支撑；以教育的方式告知女性学习的目的是寻求独立和平等，以及有尊严的生活和社会对女性的认可；以新性别伦理重新确立两性关系等。社会过渡时期，当新思潮和新社会价值观嵌入到人们日常生活之中时，市民（女性）的生活才能凸显出在平缓渐进社会形态中所没有的意义。《妇女杂志》就像一个身着现代服装的温柔敦厚的传统文人，一方面倾向于文化保守主义，因为稳定的价值体系有助于延续和保证稳定的社会系统；一方面又不能对日益激进的新思想观念不闻不问，否则就会受到指摘，导致"失语"，不被读者认可的杂志，其思想、目标和宗旨就很难实现。所以，1920年后，面对营销和舆论压力，《妇女杂志》进行了改革，一向温和、保守、中庸的面貌也不断呈现激进的色彩，言论也颇近似《新青年》的风格，适应了五四新文化时期关于女性解放运动的舆论倾向。

《妇女杂志》的气质仿佛是黏液质和多血质并存，时而体现出沉着、稳定、平和、内敛、冷静的特点，时而又表现出活跃、激进、灵活、新锐的特点，这和主编的趣味、价值观、办刊立场以及杂志的内容特色分不开，也和社会整体文化语境的变化有关，但是贯穿始终的仍是开蒙启智的杂志精神与多元杂陈兼收并蓄的杂志风度。《妇女杂志》用生活叙事的方式一点一点将民族大义中的宏大叙事和崇高说辞用最切实的方式渗入到女性自身价值选择中。《妇女杂志》的内容和历史纵深性，使其成为时空流转中把握女性状貌和谱系的重要文本。"《妇女杂志》作为时代的见证，它不一定可以主导时代潮流，但一定可以看到它介绍西方新知的种种。本来期刊有期刊的个性、风格，有些想法、学理、主义，看似抽象单调，但涵义深远，影响可及于数载甚至数十载。杂志之'杂'在此，研究意义也在此。"①《妇女杂志》在17年中，其或是隐晦或是显明的内容都在提示人们，一切都不应该简单地被定义。

二 《妇女杂志》在商务印书馆文化传播中的意义和价值

近些年来，对晚清和民国时期的报纸杂志研究非常多。这大概是由于法国年鉴派"从阁楼到地窖"式的研究给了史学研究者不少启发，把报纸杂志作为返回历史现场的重要途径。《妇女杂志》作

---

① 吕芳上：《〈妇女杂志研究专号〉·导言》，载《近代中国妇女史研究》。

为民国时期出版时间最长、影响颇大的女性杂志，自然吸引着学者们的诸多关注。学界对《妇女杂志》的关注从20世纪90年代末就开始了。近些年来，《妇女杂志》的研究也方兴未艾，其中尤以中国台湾学者以及日本、韩国的海外汉学者关注度较高，这些学者大都是从事近现代史和现代文学史研究的。《妇女杂志》中涉及女性生活史，诸如女学、医事卫生、婚恋、文学、艺术、娼妓等问题都被研究者从不同的角度加以关注。这些研究一方面给本文的研究诸多启发，也提供了非常多的有价值的资料；另一方面，也给本研究制造了诸多困境，如何在以往的基础上将《妇女杂志》的研究更进一步？

以往关于《妇女杂志》的研究，主要集中在以下两个方面：

第一，中国台湾地区的学者及海外汉学界从史学、文学和性别分析入手，侧重研究《妇女杂志》中的女性问题，集中、细致、深入，具有拓展性。

从目前《妇女杂志》的研究情况来看，研究妇女生活史的较多，周叙琪的《一九一〇～一九二〇年代都会新妇女生活风貌——以〈妇女杂志〉为分析实例》是第一部研究《妇女杂志》的专著，该书以《妇女杂志》为研究入口探讨1910—1920年代都市妇女生活史，通过杂志反映的五四运动前后都会女性在社会结构转型和变迁中教育、家政、职业、社交和婚姻的变化，指出社会对女性的要求经历了由家庭主妇到社会人的转换。

2000年，东京大学村田雄二郎教授主持成立了"《妇女杂志》研究会"，2001年该研究会获得了日本丰田财团的年度资助，将《妇女杂志》作为研究对象展开深入而多角度的研究，并在2005年结集出版了《〈婦女雑誌〉からみる近代中国女性》一书。这些来自中国台湾以及日本、韩国等地区和国家的学者从多个角度对《妇女杂志》进行了研究，比如陈姃湲的《〈妇女杂志〉（1915—1931）

十七年简史——〈妇女杂志〉何以名为妇女》，对妇女杂志17年的演变进行了历史的分期，其他成果还有胡晓真的《文苑·多罗·华鬘——王蕴章主编时期（1915—1920）〈妇女杂志〉的"女性文学"观念与其实践》，江勇振的《男性为"人"、女性为"别人"——〈妇女杂志〉的性别论》，许慧琦的《〈妇女杂志〉所反映的自由离婚思想及其实践》，前山加奈子的《从全部女性定期刊物中看〈妇女杂志〉——思考近现代中国性别文化的一点建议》等，并出版了《〈妇女杂志〉总目录·索引》。《近代中国妇女史研究》2004年第12期——"《妇女杂志》研究专号"上的文章，部分收录在村田教授主编的《〈婦女雜誌〉からみる近代中国女性》中，涉及自由离婚思想及实践、娼妓问题、医事卫生问题、节育思想等，并且与日本及韩国的相关女性问题做了对比性的研究。这些研究，无论从史料的考证还是问题意识，都能够看出研究者的功夫和对问题的纵深思考，使1910—1930年代的妇女问题从更细微的视角进入人们的研究视域，拓展了研究领域和思考问题的角度，正如吕芳上所说："……重要议题，恐怕不是一时的、一味的现象，而是可提供长期、世界的两性关系共通的思考。"这些研究者从史料的细节求证入手，为笔者提供了更加细微的参考内容，也成为本书研究的重要参照。

第二，内地学界对《妇女杂志》的研究涉及妇女生活史的多个方面，内容相对较多，但是深入性还显不足。

内地学界对《妇女杂志》的研究虽然尚缺系统的学术专著，但是有硕士学位论文从职业、教育、城市女性、社会角色建构方面进行研究，此外也有从女性启蒙、离婚问题、女性美术等方面进行的研究。

特别要提及的是刘慧英的三篇文章，她的《被遮蔽的妇女浮出历史叙述——简述初期的〈妇女杂志〉》一文认为，1915—1920年的《妇女杂志》不仅建立起自己独一无二的品格，也为五四新文化运动的展开进行了富有成效的拓荒工作，这是对王蕴章时期《妇女杂志》的新定位；她的另一篇文章《"妇女主义"：五四时代的产物——五四时期章锡琛主持的〈妇女杂志〉》认为，《妇女杂志》时期的"妇女主义""是一种男性话语对女性乃至女权主义的建构，而不是妇女自己创建和从事的事业"；刘慧英的第三篇文章《从〈新青年〉到〈妇女杂志〉——五四时期男性知识分子所关注的妇女问题》认为，两本杂志都是从男性知识分子的视角来关注妇女问题，呈现两者之间的内在继承逻辑。后两篇文章，问题集中在五四时期的妇女运动上，对章锡琛时期杂志的定位符合学界主流的看法。这三篇论文是内地《妇女杂志》研究方面很有价值的成果。

《妇女杂志》作为一个开放式的文本受到了来自不同学科的高度关注，从这些文献中管窥到了目前关于《妇女杂志》研究的一个基本面貌：中国台湾以及海外学者无论是文本的细读还是问题的提出，以及证史的资料，都非常充分。《妇女杂志》尤其被近现代史研究者关注，他们从妇女生活史的角度入手，通过杂志提供的文本，来厘清和发现特定历史时期的妇女生活；或者从杂志提供的某一视角进入到杂志中，比如研究女学问题、自由离婚问题、节育问题以及医事卫生问题等。这些《妇女杂志》相关问题的研究，再次印证了《妇女杂志》的历史价值和学术价值，也给本书另辟蹊径的分析留下了可能。

新旧过渡的转型时期，诸多传统价值被重新评估。传统社会是以"贤妇"、"贤母"、"贞女烈女"、"贞妇烈妇"、"闺秀才女"等为女性理想身份的表述，将女性牢固地限制在家庭内。中国社会从传统向现代的转换过程中，女性身份也经历着从传统的"贤妇"、"贤母"到"国民母"再到"女国民"，从"闺秀才女"到"女豪杰"，从"贤妻良母"到"超贤妻良母"，从"女学生"到"新女性"、"摩登女郎"，从"小布尔乔亚女子"到"革命女战士"、"女同志"等一系列变迁，女性也经历从他者命名到自我命名的转变，从社会"分利"角色成为社会辅助角色，进而被询唤为和男性一样的"社会人"。

作为创刊于民国初年的女性杂志，《妇女杂志》见证并且记录了1915—1931年民国女子生活的样态，呈现出特定时代的女性在家庭和社会、生活和情感、职业和学习、恋爱和婚姻、自由和权利、平等和解放、时髦和消费等复杂社会语境下的多面性和丰富性。《妇女杂志》中有关女性的培养和塑造、女性情感的叙述、女性生命的体验、女性形象的呈现以及社会对女性的想象和期待等，构成对现代女性的多重表述。杂志关于女性家庭生活、妇女问题、职业选择、婚恋和性道德等问题的介绍、指导、探讨、争鸣，成为杂志中具体的女性话语表述，《妇女杂志》在17年中的主编更迭、编辑立场转换、杂志内容调整等，是杂志对社会思潮和文化变迁所做的呼应。《妇女杂志》虽是以女性命名的杂志，但是女性问题始终是和男性纠缠在一起的，特别是《妇女杂志》的主编以及主笔都是以男性为主，涉及的问题也都是和两性有关，因此，《妇女杂志》这个媒介空间实际上是以"女性"命名的性别话语空间。杂志的内容表现、整体风格、编辑思路和议程设置与外部环境形成呼应关系。本书对《妇女杂志》的研究，是将其置于社会、思想、文化、女性解放的背景中进行考察；通过不被研究者关注的通讯、征文启事、阅读书目、广告插图以及杂志中的西方女性等内部细节，分析杂志如何参与了女性话语的生成，特别是在社会转型的新历史语境下，女性是如何从传统话语表述中被带入现代的。

《妇女杂志》在17年中是如何变迁和转型的，每一个时期的主导问题和主要特征是什么，在不同历史阶段，女性是如何在杂志中被表述和书写的，杂志塑造了怎样的女性形象？杂志如何通过女性话语的变化引发女性身份危机并形成新的认同？男性主编的女性杂志建构了一个怎样的女性（性别）话语空间？杂志如何通过文化转型时期新旧知识分子在两性问题上的态度映衬出现代女性话语的转换？杂志如何通过细枝末节的内容（广告、插图等）呈现女性形象的流变，以及这些细节与主体内容之间存在哪些明言和隐喻的矛盾？这是杂志原生态现实直逼给我们的问题。今天的女性习以为常的"两性平等"、"先恋爱后结婚"、"没有爱情的婚姻是不道德的婚姻"、"两性贞操观"等伦理观念，在民国初年经历了怎样的思想争夺？从三寸金莲到高跟鞋，在这个隐喻中，女性的身体和身份乃至整个生命经历了怎样的疼痛？有多少女性在新性别伦理的鼓噪下成为新思想的实践者，却为此付出沉重的代价？媒介文本给我们一个回溯和思考的可能。女性话语在大众媒介中的流转和传承虽已成为历史的记忆，却是女性不能被抹掉的集体想象。杨念群在其主编的《新史学》中反对空泛地标榜发现问题意识的重要性，而强调在解读史料的过程中磨砺对历史的感觉和想象力，并使其起到凸显问题意识的作用。[①]本书对《妇女杂志》的研究，意图找出潜藏在文本罅隙中的问题，也希望在文本资料的阅读和思考中磨砺自己对民国初年女性的感觉和想象力，尽可能从心灵上穿越时空，体恤到她们的心情。

三 商务印书馆的立场——文化与商务

只有将《妇女杂志》置于商务印书馆的背景中，才能更好地理解《妇女杂志》各个时期的主编更迭和杂志改革。创始于1897年的商务印书馆，经历了晚清民初的发展之后，逐渐从一个小型印书房成为与中华书局抗衡的大型图书出版商。"它拥有一个涵盖教育、文学、时政、妇女、儿童等诸多领域并且发行多种刊物的杂志社；

[①] 参见杨念群主编的《新史学：感觉·图像·叙事》，其在创刊缘起和旨趣中涉及了这个问题。

它的发行所不单开办了国内和海外几十家分支机构，还包括一个征集了十万订户的'通讯现购处'；它的印刷所不单拥有当时最先进的印刷设备，还拥有最先进的技术力量。"① 作为商务印书馆旗下期刊的《妇女杂志》，从商务那里获得的资金支持，使其能够如期出版并且历时长久。在17年的时间里，《妇女杂志》的发行量从创刊时的两三千册，到最高时候的一两万册，既有基于读者阅读偏好的改变而获得的增加，更重要的一点是，商务印书馆良好的发行渠道使《妇女杂志》能够发行到多个省、市、地区，并进入到南洋等地，产生了较大的影响。商务印书馆对文化事业的倚重，使《妇女杂志》成为女学的好帮手，致力于女性教育和女性问题的探讨。"商务的期刊带有群体'长寿'现象。这种旺盛的生命活力固然与商务有雄厚的经济实力做支撑有关系，但更重要的是商务母体把自由、自治的学术精神与大度、稳健的学术风范注入了其每一个产儿之中。"②

张元济作为商务印书馆的掌舵人，在商务印书馆成立之初就确立了"文化与商务"的发展基调，这确保商务印书馆在任何社会、文化变迁以及诸多政治变革和时代动荡面前，能够屹立不倒。"他（张元济）又以同样非凡的气度和开阔的胸襟对待新时代社会准则的种种变更。然而他始终丝毫没有偏离过自己的终极目标——通过知识启蒙来实现中国现代化"③，"与康、梁等人相比，张元济奉行的是更为稳健的文化救国之路，反对任何稍显激进的变革举措。他认为，教育是富强的根本，中国人不能受到良好的教育，民智不开，任何改革都没有希望。……反对激进，是张元济一直坚持的思

---

① 史春风：《商务印书馆与中国近代文化》，北京大学出版社2006年版，第2页。
② 洪九来：《宽容与理性——〈东方杂志〉的公共舆论研究（1904—1932）》，上海人民出版社2006年版，第71页。
③ 叶宋曼英著，邹振环、张人凤译：《从翰林到出版家——张元济的生平与事业》，香港商务印书馆1992年版，第297页。

想。……他所希望的是通过循序渐进的努力以求开通民智，最终达到使中国富强的理想。……张元济稳健的文化救国方案与立宪派开启民智，和平改革，避免流血革命的观念正相契合。"[①] 张元济为商务印书馆定下的发展路径，也影响着商务的整体出版战略和文化发展的需要。"英国出版家斯坦利·昂温说：'图书出版工作是一个很有个人色彩的行业'，'出版商个人的爱好决定了出版社出书的质量。这些爱好似乎对事业的特征起着决定性的影响。'"[②] 一般来讲，杂志的风格总是与出版人和主编的风格相一致的，正是商务印书馆的出书办刊的整体思路，才使《妇女杂志》稳健循序地启蒙女性、开启民智、辅助女学、帮助家政。《妇女杂志》中对"新知"的推崇，迎合了大众对新知识的明显需求。在迎合中引导，在引导中建设，这种渐变式的方法也和张元济为商务印书馆确立的"通过知识来实现现代化"的诉求相吻合。但是，张元济并不是一味求新，放弃传统，而是保持各自文化上的优势，相互调剂，从而建立了商务印书馆"趋新"和"念旧"的双重文化价值观。商务印书馆对杂志实行主编负责制，给予主编独立创办刊物的思想空间，后来编译所的所长王云五对《妇女杂志》过于先锋的言论，实行了干涉。从主编的立场讲，这是对主编负责制的一个破坏；从商务的角度讲，这又是商务一贯的稳健立场和调和态度使然。

商务印书馆的商业理念、文化诉求、精神指向等决定《妇女杂志》呈现什么，以及为什么会有这样的呈现。"书籍是流布和传递思想与知识的重要载体，可以说是一个时代的总体文化的指针和具体表征。……但从反面看，文字产品一旦成为市场商品后，出版社

[①] 史春风：《商务印书馆与中国近代文化》，北京大学出版社2006年版，第41页。
[②] 斯坦利·昂温、菲利普·昂温著，谢琬若、吴仁勇译：《出版概论》，中国书籍出版社1989年版，第205页。转引自史春风：《商务印书馆与中国近代文化》，北京大学出版社2006年版，第42页。

需要充分考虑生意，以至不得不在某种程度上主动迎合大众的口味。"①基于坚持与迎合、经济与文化相间的立场，商务印书馆不断影响着《妇女杂志》的风格、宗旨和内容，也不断通过这种改变来反映知识分子阶层对女性新问题的态度和策略。郑振铎说："我希望1920年的中国出版界，能够免了1919年的弊病，能够保持它的盛况，更加一些切实的研究。希望他们去了投机牟利的心理，做真正的新文化运动、希望他们能够多多出版些关于哲学科学的译著；希望他们能够把出版'黑幕'、'奇书'的纸张油墨，来印刷打破迷信、提倡人道的著作；希望他们不再费劳力来译别人已经做过的工作；最后我更希望能够有创造的著作出版。"②变革和守持之间，商务只能按照资本逻辑来前进，当"求新"和"新文化"俨然成为一种时尚的时候，商务就在新潮时尚的大众欲求和迎合阅读者口味之间做出了恰切的选择，这就是1920年的改革。

在《妇女杂志》17年的出版历程中，每一次对主编的调整都是基于商务印书馆所遭到的一些争议。为了符合市场和文化的需要，商务就会很自觉地进行内部变革，以适应社会的文化诉求。"对于新文化运动时期的各种文化思潮，商务印书馆的出版物中几乎都有涉及。这种不偏不倚的做法，使商务在新文化运动的初期就备受责难。"③在今天看来，这对传统文化的保存和发扬具有重大的意义，但处于新文化浪潮中的商务印书馆，其不偏不倚的态度和渐进改良、持重谨慎的改革，遭到了五四新文化运动先进知识分子的强烈批评。商务印书馆坚持的"文化与商务"的立场，一方面，使之能够坚持

---

① 李家驹：《商务印书馆与近代知识文化的传播》，商务印书馆2005年版，第194页。
② 郑振铎：《1919年的中国出版界》，收于宋原放主编《中国出版史料》（现代部分）第一卷，上册，第382页，转引自李家驹：《商务印书馆与近代知识文化的传播》，商务印书馆2005年版，第232页。
③ 史春风：《商务印书馆与中国近代文化》，北京大学出版社2006年版，第70页。

文化启蒙的事业，提供给读者书籍和期刊；另一方面，商人的逐利性又使这种文化担当始终与经营利益相结合。无论是急先锋式地参与新思潮的讨论，还是缓进的不温不火的态度，都有一只"看得见的手"和一只"看不见的手"交相作用着，"看得见的手"就是商务印书馆，而"看不见的手"就是文化和历史前进的内在逻辑。商务印书馆的价值立场和对社会变革的态度，也成为性别表述不断转换的一个内在原因。

《妇女杂志》是商务印书馆用来推广女学和"新知"的重要阵地，也是商务印书馆商业营销的细分市场，借助于这种市场细分，它形成了巨大的销售宣传网络。商务印书馆实行的广告营销策略，实现了"书"和"刊"的互相借力。借助期刊对书籍的推广，实现其刊发图书广告的策略，同时也借助图书的推荐，增强读者对于杂志的依赖。这种以杂志售书、以书养杂志的营销模式是商务印书馆在近现代发展中富有创造性的探索。此外，商务印书馆集结的一批文化精英，共同创办同人杂志，尤其是编译所大量的西文翻译，为《妇女杂志》提供了重要的作者和文章。比如，编译所中的胡寄尘、周建人（乔峰）、杜就田等，都在为《妇女杂志》撰稿，1915—1920年，著名文学史家钱基博多次为《妇女杂志》撰文，并作国文范文，可见商务印书馆旨在通过《妇女杂志》振兴女学，进一步实现启蒙的现代性诉求。

四　关于女性话语

本书中的"女性话语"，在使用过程中往往用"表述"、"言说"、"书写"、"叙事"等语词代替"话语"使用。这里对"女性话语"做一简单的说明。

首先，"话语"一词翻译自"discourse"，话语与符号、意识形态、神话一样能够建构并影响人们的行为和思维方式，也能帮助实现某种认同。李小江在《我们用什么话语思考女人——兼论谁制造话语并赋予它内涵》一文中认为，"几乎每一种称谓背后都带着它特有的语境和意识形态背景，言谈话语中，已将女人定位在某一个时代所要求于她的特定社会位置上。"[①]女性话语成为女性表达自己、建构自身的一种语言权力。笔者在使用"女性话语"这个语词的时候注意到其包括的两层意涵：一层是女性自己的发声，女性运用语言、书写、表达、言说自己在私人领域和公共领域内的情感、思想、体验以及与社会构成的某种关系；另一层是有一套男性的"女性话语"，是男性站在自我和女性的双重立场上对女性的书写、言说和表达，《妇女杂志》中很多男性作家使用女性的名字，比如"飘萍女史"等，以女性的口吻说话。男性通过主导社会话语对女性施加影响，包括理想女性的建构、女性的解放立场、重建两性之间的关系等。因此，女性话语就具有了"女性说"和"替女性说"两种意涵。女性对自我的言说带有依附性、体验性、个体性和异质性的特点，比如《妇女杂志》中女性撰写的关于女性问题的论说文章，多带有附和男性关于女性解放的话语，并且带有自我批判和救赎的意味；征文中女性作者的表述，不属于宏大叙事，多是日常生活，涉及个体的情感、生活、学业、家庭、婚恋、社会等方面，带有很明显的个体性和异质性的特点。男性言说女性或者"替女性说"，则具有主导性、整体性、同质性和抽象性的特点。自晚清以来，男性一直主导女性解放的话语，并且将女性同质化和抽象化，缺乏对社会各阶层女性实际处境的考虑。从《妇女杂志》的内容中，可以看出男性的分析一般是从经济制度、社会制度、文化和性别关系的历

---

① 杜芳琴、王向贤：《妇女与社会性别研究在中国（1987—2003）》，天津人民出版社2003年版，第268页。

史沿革、中西参照等角度分析女性问题和呼吁妇女解放的，这个女性往往是抽象的。《妇女杂志》中的"女性话语"主要是男性对女性的发声，其中也夹杂着女性自身并不强大的声音。

其次，本书在使用"女性话语"的时候加了一个限定，就是现代女性话语，用以区别传统女性话语。蒋原伦先生认为，"一种新话语的产生对已有的话语构成威胁，话语之间具有排斥性。"[①] 新的女性话语的出现不仅使社会对女性的身份、角色、气质、认同发生了改变，也形成对文化新的构型。任何一种话语都表明一个时代对于女性的期望、理想以及整个文化结构中的性别关系。"一种话语就是一种对文化的阐释。"[②] 不同的话语环境以及不同的话语类型，都表明一个时代的需要，从传统女性话语到现代女性话语的过渡和转型，正是文化和社会变迁的重要显现。"新话语的生成，毕竟依赖于以往所有话语提供的养分。"[③] 因此，从《妇女杂志》这个话语空间来看，始终是新旧杂陈、矛盾迭生，这也表明新旧话语之间的博弈。本书中的女性话语是在一个话语场域之中的实现，比如社会启蒙、伦理重建、新文化、科学和民主、女性解放等，《妇女杂志》就是这样的话语场中的一个话语空间。

比如，王蕴章时期的"新贤妻良母"女性话语，造就的是新知、新能、新观、新识的贤妻良母，这与造就新国民是一致的，因此就形成一套"新贤妻良母"的话语系统，这是在启蒙、科学以及社会体制转变的话语下实现的。章锡琛时期的"新女性"话语与"新性别伦理"和女性解放是分不开的，这个"新女性"与"新贤妻良母"最大的不同就是女性可以为自己命名。这个"新女性"是进入社会

---

① 蒋原伦：《传统的界限：符号、话语与民族文化》，北京师范大学出版社1998年版，第7页。
② 同上书，第58页。
③ 同上书，第6页。

公共空间的女性，是在男女平等基础上建立的女性话语表达，并且通过科学、社会、历史的论述来强调男女平等的可能和现实。章锡琛时期的女性话语是自由主义和女性解放相交错的一种话语模式，恋爱、结婚、离婚自由都是以自由主义和个人主义作为逻辑基础的，也是女性对自我权利的要求。新女性已经开始具有自主追寻和实现个体独立意义的意识了。杜就田时期的"准摩登女性"就是从"广告话语"中寻求对女性的新表达，"准摩登女性"代表了女性从社会和伦理道德的要求转入到"商业"中来。杜就田时期的女性话语在自由主义的基础上还具有了消费主义的味道，女性不断展现其在物质生活层面的摇曳多姿。都市女性对现代生活方式不仅适应，而且迎合。"准摩登女性"在某种意义上是对传统女性气质和美感的放弃，现代、时尚、自信、张扬、消费等特质呈现出1920年代末商业社会来临时女性对时代的呼应。

从王蕴章到章锡琛、杜就田，每一个时期的转变也是时代话语的转变，虽然只是短短的17年，这些新话语一方面包括思想表达的新话语，另一方面也包括日常生活和消费的新话语，《妇女杂志》三个时期的时间分布也恰好呼应了现代女性话语在不同时期的主要论调。"过渡时期"的话语总是带有多重面相和多个方向，不同的"主义"和"思想"以及不同时期的官方话语都在影响和制约着女性的表述和言说。需要注意的是，虽然民主、科学、进步、解放、平等、个体价值等诸多话语都旨在"唤醒"女性，但是也不能排除时髦潮流的"蛊惑"，这使女性滞留于语词表面，缺乏深度的思考、理解以及明确的自我意识的选择。

第二章 《妇女杂志》传播的理论和现实语境

从晚清到20世纪初，中国经历了来自各种力量的冲击和博弈，是被学者惊呼的"千古之大变局"。在启蒙与救亡的主题中，中国先进的知识分子不断寻找或是改良或是革命的方式，以期能够拯救积贫积弱的国家，给这个垂暮一般的老人注入新的活力和精神。因此，思想上的启蒙与行动上的选择就成为先进知识分子必须思考的问题。以康、梁为代表的晚清知识分子著书立说，身体力行，从政治到文化、从思想到行动，做出了一系列挽救民族危亡的举措。在历史的演进脉络中，呈现出新的理论和现实：启蒙和现代性成为重要的理论命题；以孙中山为代表的资产阶级革命结束了两千多年的封建王朝，建立新的共同体国家成了进步知识分子的革命理想。在这样的剧变中，文化始终是一个具有历史和现实关联性的命题，它所表征的诸多要素也在这个"变局"中发生了巨大的变化，其中性别关系成为变革之一。这些先进的知识分子，都是民族的男性精英，他们以救亡图存的宏大叙事去改变中国传统的性别结构关系，同时将女性置于和民族存亡相关的地位去思考。

任何一个关于女性解放的宏大意图，必须通过细节进入女性的身心，也必须将女性问题公共化为一个社会和时代的问题，才有可能发生变化。启蒙和现代性这样的理论命题渗透到女性日常生活和思想启蒙当中，报刊作为重要的载体，功不可没。借助于民初最大的出版机构——商务印书馆的雄厚实力，《妇女杂志》成为当时发行年限最长、发行量最大和影响力最广的报刊之一。《妇女杂志》存在的时段，恰好是中国社会重要的转型时期，政体、社会制度、思想和生活都面临着前所未有的"变局"。借这一"管"，可窥当时女性生活和女性解放问题的全貌。

一 女性——浮出地表的"现代性"的命题

《妇女杂志》创刊主旨的确立和内容的选择都离不开当时的社会语境，而肇始于晚清的"启蒙事业"成为杂志的内容、宗旨以及编辑立场重要考量的方面。将《妇女杂志》置于其存在的历史文化和理论语境中，考察它对时代的整体回应，可分析《妇女杂志》与历史形态之间的有力互文。

（一）不可回避的启蒙和现代性语境

第一，启蒙的语境。

首先，启蒙是对传统生活世界迷魅的祛除。启蒙语境中的祛魅，始终伴生着现代性的若干问题。"启蒙运动的重要性首先在于……（它）是划时代地全面更改生活世界：它给一切可称之为现代思想和社会生活之问题盖上了日戳。在启蒙时代，种种现代性问题才开始萌生，而种种解决现代性问题的尝试亦随之出现。"[1]《妇女杂志》作

---

[1] 刘小枫：《现代性社会理论绪论》，上海三联书店1998年版，第125页。

为生活类杂志，从生活的基础层面进入女性生活，利用科学常识和实用新知祛除女性关于身体、生活以及传统习惯中的诸多迷魅，同时通过微物新知，使女性对于自然和日常生活都有了新的认识。

其次，启蒙运动是一次生活世界的全面更改。这并不是依靠思想家的理论阐述就能够实现的，对于民众而言，只有日常生活世界和社会生活的整体改变才是更加彻底的启蒙。晚清以降，特别是民初，以现代文明为主导的新生活方式和体验日益进入都会家庭，人们开始有了较为充分的现代文明生活的体验，生活世界遭遇着改变。

再次，启蒙运动中科学理性成为具有实践效能的变革力量。《妇女杂志》对实用科学和趣味科学的青睐，使人们认识到科学改变生活的力量，这从日常生活的层面启蒙了女性，科学因此具备了实践的效能。正如刘小枫所认为的，"如果从知识社会学的角度来理解启蒙，则启蒙意味着：种种新型的（'科学的'）社会知识具有直接的政治效能，社会知识成为一种社会行动——科学理念成为实在的政治力。"[1]借助日益发达的印刷媒体，报刊和书籍成为至关重要的启蒙途径。"启蒙的主要目的既是要开启一般民众的知识，故知识分子采用了不同的手段来'开民智'，包括出版、宣讲、讲报、演说等。"[2]建立新的意识，塑造新的态度，诸多社会符号都被贴上"新"的标识，用以区别传统和习惯。政治、文化、军事、科技、教育等诸多问题都被纳入到"启蒙"的语境中，这种"启蒙"多带有一种应对的策略和开智的功能。

中国晚清以降的启蒙运动是一次植入性的启蒙运动，这是学界的共识，以知识分子为主体的中国式启蒙运动在救国保种图存的民族国家历史叙事下展开。政治上有康、梁的君主立宪和孙中山的资

---

[1] 刘小枫：《现代性社会理论绪论》，上海三联书店1998年版，第206页。
[2] 李家驹：《商务印书馆与近代知识文化的传播》，商务印书馆2005年版，第209页。

产阶级革命确立的民族国家的共和政体；经济上封建小农经济体松动，资本主义的市场经济兴起，民族资本家开始出现；知识上经学传统被现代学科的系统划分打破；西方现代文明的生活方式也日益进入都会家庭，科学和技术带来日常生活的改变，不断叠加人们的现代生活体验。晚清以及民初的知识分子，在"启蒙"的语境下，充当了思想家和立法者的角色，为这个民族和国家找寻传统时间概念断裂后的思想基础和合法性的依据。

第二，现代性的体验。

"现代性"这一舶来的概念，具有诸多面孔，要辨识其真实面目，并给出一个清晰的认知图绘，几乎是一件难以完成的工作。商务印书馆出版的"现代性研究译丛"总序中说："中国近代以来，我们多次遭遇现代性，反反复复地有过这样的深切体验：惶恐与向往、进步与倒退、激进与保守、激情与失望，理想与现实，种种矛盾体验塑造了我们对现代性的理解和判断。"正是这一系列的情感与体验、理性与价值的冲突，使现代性问题不再是单纯的理论问题，更具有社会经验的色彩。"进入现代，不但是形形色色的民族国家和社会，而且是千千万万男女个体。于是，现代性便成为这个历史概念和现代化这个社会历史过程的总体性特征。"①这道出了在现代性的宏阔主题下，个体的觉醒和解放，以及个体的自我价值确立成了其中问题之一。面对这样一个线形的断裂以及人们生活体验方式的变更，个体越来越感受到"自我和他者，生活的可能性与危险性"。"胡适在1926年关于'中国文艺复兴'的演讲中说：'在历史上我们首先觉察到一种新的态度，一种了解现代文明基本意义的欲望，以了解西方文明背后的哲学。我曾引用中国学者梁漱溟的作品，作为此一新意识的最佳范例。……他发出对新时代

---

① 托马斯·奥斯本著，郑丹丹译：《启蒙面面观》，商务印书馆2007年版，第2页。

的思慕。……在这些讨论中，一方面我们发现了一种完全新颖的态度，一种坦白承认我们自己缺点的态度，而这种缺点也是所有东方文明的缺点；另一方面，一种对这种精神率直、真正了解的态度，不只物质繁荣，而且也是西方文明精神的可能性。'"① 这和福柯在《何为启蒙》一文中把现代性看作是一种态度，异曲同工。"我自问，人们把现代性看作一种态度而不是历史的一个时期。我说的态度是指对于现时性的一种关系方式：一些人所做的自愿选择，一种思考和感觉的方式，一种行动、行为的方式。它既标志着属性，也表现为一种使命。"② 中国在遭遇历史变局之后，一种西方对于历史和时间的解释概念——现代性，成为中国先进的知识分子急于用来解释中国在思想、政治、文化上合法存在的依据。

舍勒提出的现代性是深层的"价值秩序"的位移和重构，他认为"现代的精神气质体现了一种现代型的价值秩序的成形，改变了生活中的具体的价值评价。……生活世界的现代性问题不能仅从社会经济结构来把握，也必须通过人的体验结构来把握。"③ 这对生活在民初的人们而言，更容易通过自身的经验体会到生活的细枝末节所呈现出来的现代痕迹，性别结构的调整也是通过生活世界的缓慢进程而逐渐改变。"现代性不仅是一场社会文化的转变，环境、制度、艺术的基本概念及形式的转变，不仅是所有知识事务的转变，而根本上是人本身的转变，是人的身体、心灵和精神的内在构造本身的转变，不仅是人的实际生存的转变，更是人的生存标尺的转变。"④

---

① 余英时等：《五四新论：既非文艺复兴，亦非启蒙运动》，联经出版事业公司1999年版，第19页。

② 福柯著，李康译：《何为启蒙》，转引自汪民安、陈永国、张云鹏主编：《现代性基本读本》，河南大学出版社2005年版，第652页。

③ 刘小枫：《现代性社会理论绪论》，上海三联书店1998年版，第16页。

④ M.Scheler著，刘小枫编，罗悌伦等译：《资本主义的未来》，香港牛津大学出版社1995年版，第182页。

从这个意义上讲，报刊中呈现的女性的多种生活图貌以及女性在社会中的自我价值的确认和安身立命意义的寻求，恰恰是现代性语境中女性身体、心灵和精神结构发生了断裂之后重新进行的调整和接续。王一川也从这个角度阐发了"现代性是同人对自身的生存境遇的体验结合在一起的。人们不仅以自己的政治活动去推动或阻挡现代性进程，也不仅以自己的思想活动去认识现代性转型，而且从根本上说，以自己的全部的生命和热血去体验现代性的痛感和快感，忧郁或希望，灾祸或幸福"[①]。杂志作为与读者和市民生活息息相关的文本载体，不仅记叙了社会生活的细节以及社会文化变迁的痕迹，也在包罗万象的文本中呈现了人们在日常生活细微之处显露的面对新的历史境遇时的诸多情态。杂志本身就是编者、读者和作者精神气度和风貌的一种彰显，在某种意义上也是时代风度和地域文化特质的彰显。"启蒙"和"现代性"两个宏大复杂多义的主题都烙印在杂志上，或隐或显。

在"启蒙"的语境之下，女性传统生活样态在新的历史际遇中呈现多种可能性。"……'妇女'身为新文化运动中改造的客体，又是推动的主体，正是五四论述中洞见与盲点的最佳呈现。当性别成为文明进化的象征，成为历史书写的隐喻，一时间'传统'与'现代'被赋予性别的色彩，抽象的历史阶段从而变得形象化。"[②]从这个意义上讲，女性成为现代性对于传统批判的切入点，并且作为一个重要问题回应着社会文化的变迁和思想立场的选择，批判和研究她们并寻找解决之道，是建立新型性别关系的途径，也成为启蒙的重要任务。

[①] 王一川：《中国现代性体验的发生》，北京师范大学出版社2001年版，第3页。
[②] 刘乃慈：《第二／现代性："五四"女性小说研究》，台湾学生书局2004年版，第4页。

（二）女性如何进入现代性的视域

启蒙话语引发了社会生活的革新与重建，女性也随着整个历史逻辑的演进遭遇和现代有关的各种思想和生活的变化。《妇女杂志》利用日常生活的科学来祛除传统生活中的诸多迷魅；在科学和伦理话语中重构女性的生活世界和生存标尺；五四新文化运动之后关于"新性道德"和"自由恋爱"等命题的讨论，是对女性自身主体性的发现。个人被构想为一个具有社会权利、承担社会义务的法人主体，这是个人主体性的高扬，女性作为独立的人开始被纳入到社会思想和文化范畴中。《妇女杂志》既小心地寻求和社会现实相贴合的步履前进，又对新思潮辅以热情的拥抱，这样才能成为社会"时尚"话语的载体，以此来应和知识分子中男性与女性的共同要求。

但是，在整个现代性的语境中，女性并不具有充分自主选择的权利，其主体性的获得，更多的是黏附在一个又一个的"主义"或者"问题"之中。这些"主义"和"问题"，多是为了呼应男性知识精英的民族国家叙事和社会立场的选择。不过，没有民族和国家的宏大话语介入，女性自身的权利、欲望和诉求也很难实现，这是中国女性解放的宿命。

雷蒙·威廉斯认为，形式的分析必须建立在历史形态分析的基础上。因此，研究《妇女杂志》必须将之置于其存在的独特的历史文化和理论语境中，才能看出其对于这个时代的整体回应，无论主动避离还是主动迎向，都能见出形式本身与这个历史形态之间的有力互文。女性作为各种报纸、杂志、小说中的关键词，成为知识分子"批判的武器"，同时也对其进行着"武器的批判"，"我们似乎能够从对女性角色的迷恋中得出一窥现代中国社会的一条有意义之线索。因为女性是家庭社会结构的基本支撑，历史学家所记载的时代改变，最能够在中国女性地位改变之上显现"①。

现代性对于个体有两个重大的意义：第一，个人主义带来了个体的解放；第二，个人凭借理性，通过自主自律的观念倡导自我负责的生活方式。从晚清开始的"不缠足"运动，是对女性身体的尊重，也是从身体上开始解放女性；五四时期的"个性解放"以及之后的"女性解放"，突出了女性的个体意义，女性可凭借自己的知识和理性选择生活，这是从思想上解放女性。这些都成为女性进入现代性视域的重要表征。女性不但拥有亲历现代性的体验，而且自身的生存标尺也因为启蒙而发生改变，尤其重要的是性别结构发生松动和改变——从附属和屈从过渡到独立和平等。

理性是启蒙运动用以代替上帝，作为价值之源批判现存事物的标准，对人的重释和对世界的理解依靠科学理性。理性是挑战传统神学的，是给予人类的最高的肯定，用科学理性来祛除世界的迷魅，进一步彰显人在世界中的价值。利用日常生活的科学化来祛除传统生活中的诸多迷魅，在现代性体验中实现生活世界的转型，是《妇女杂志》隐藏的意图。"现代性，标明的远远不只是一种单纯的思想转型，而是整个生活方式或生活世界的转型。它涉及的不仅有思想或认识而且有更为基本的日常生活方式、价值规范、心理模式和审美表现等。"②启蒙话语引发了社会生活的革新与重建，社会生活的变化必然导致社会观念的变化，而新的社会观念的出现又引起社会的新变化。作为处在千古变局中的女性，必然会随着整个历史理性和历史逻辑的演进脉络而遭遇到现代性的挑战。从身体到精神，从家庭到社会，女性的生存时空和生活方式都遭遇到了现代性的拆

---

① 周蕾著，蔡青松译：《妇女与中国现代性——西方与东方之间的阅读政治》，上海三联书店2008年版，第82页。

② 王一川：《中国现代性体验的发生》，北京师范大学出版社2001年版，第2页。

解，这也建构了"新女性"这一理想的女性形象。

现代性既包含着对历史事实的陈述，又具有价值诉求和规范意味。现代性，不仅是一个时间意义上的断裂，更是激变和渐变相对应的过程。现代性谋求与过去的决裂，并将这种决裂作为自己的起点，这在新文化运动中有着生动的体现。女性在性别文化结构中具有沉重的历史惰性，这成为现代性对于传统批判的切入点。"1919年，胡适的《新思潮的意义》一文，开宗明义即点出，'新思潮的根本意义只是一种新态度'，这种新态度可以叫作'评判的态度'。该文稍后继续罗列了三个特定的任务，并在下述的评判精神指引下加以实践：首先是'研究问题'。中国有很多具体的问题——社会的、政治的、宗教的、文学的等等——皆需要我们立即关切。必须评判地研究它们，才能找出解决之道。其次，乃介绍来自西方的新思想、新学术、新文学、新信仰。它们不但满足中国知识分子的精神需求，而且在他们找寻中国具体问题的解决之道的过程中，提供给他们理论引导……"① 在这样的历史语境下，女性成为一个重要问题，批判和研究她们并寻找问题解决之道，以期建立新型的性别关系。在一个多元复杂的历史变动时期，文化选择的多源性、价值立场的多变性，给了传媒一个独特的话语空间。女性，也成为不同选择立场中的样本，被贴上不同的标签以适应选择的需要。

二　晚清到民初的女性思想图谱

身处"千古变局"中的女性，在晚清到民初的一系列历史事件中构筑了自身的演进脉络和思想图谱。"历史本身就是事件，因为，

---

① 余英时：《文艺复兴乎？启蒙运动乎？——一个史学家对五四运动的反思》，载余英时等：《五四新论：既非文艺复兴，亦非启蒙运动》，联经出版事业公司1999年版，第17页。

历史总是事件的历史，事件构成历史本身。离开了事件，历史只能成为被理性抽象演绎的历史。作为事件的历史才是鲜活的曾被体验或正被体验着的历史。现代性问题的提出正是建立在一个个历史事件之上。"[1]女性思想地图的形成需要在一系列的历史事件中寻找它的脉络，晚清到民初的重大历史事件构成了女性自身的演进的重要参照。

在戊戌变法（维新改良）的政治文化背景下，女性首先被维新知识分子阐释和改造，成为"强国保种"的重要承担者，开始进入对国家改造的重要范畴。以"废缠足"为始的女性身体的解放，改变了传统女性既成的生命轨迹，女性从家庭开始逐渐进入到社会公共空间中；"兴女学"成为女性启智的重要途径。"废缠足"和"兴女学"分别从"身"、"心"两个方面松动了女性对自身的固有认识。这是戊戌变法之前和变法过程中，女性解放方面取得的实绩。

辛亥革命前后，"革命"话语召唤女性成为"女豪杰"，"勿以贤妻良母为主义，当与女英雄豪杰为目的"。在陈东原《中国妇女生活史》一书中，他在"新潮之蠢动时代"里，以"辛亥革命"作为一个分期的标志。辛亥革命以前，出洋留学、为革命而牺牲，以及为恋爱而牺牲的女性成为"新潮蠢动"的表征。但是随着辛亥革命的失败，家庭很难接受这些革命女性，一些革命女性或者背叛革命，或者堕落，有的甚至选择自杀，革命并没有许给女性一个"想见"的未来。女性在革命和救亡需要的时候担当和男子一样的分量，但是胜利之后，并没有得到两性共同创造的成果。辛亥革命后成立的孙中山南京政府参议院颁布的《临时约法》并没有男女平等的规定。同盟会唐群英等人先后上书总统孙文，要求在《临时约法》"无种族阶级宗教之别"中添上"男女"，据说在参议院敷衍之后，和参

---

[1] 宋一苇：《事件哲学视域中的现代性与后现代性》，载《社会科学辑刊》2005年第2期。

议院发生了剧烈的冲突，最终经总统调停才得以平息。不过此后，"女子参政运动就同瀑布流于平地，打击了个漩涡后，再也掀不起风鼓不起浪了……这正暴露了维新十几年来女权运动的短处——浅薄、无实力、不彻底！但是它的贡献，至少可以使世人知道中国女子不再是从前那样驯服的了，这在妇女生活史上，实在有不可磨灭的价值"①。正是女权运动的陷落和低迷，使王蕴章时期的《妇女杂志》所提供的依靠家庭帮助女性"生利"的方式，以及对女性文明生活的指导，成为辛亥革命之后女性追求解放遭到挫败时的务实选择和有效引导，这不仅符合当时社会环境中的指导思想，也是稳定社会结构的必然选择。

新文化运动是一次与传统文化的深层决裂。以《新青年》为阵地，女性解放的问题再次被放到了显要的位置。从对"贞操"的批判到"娜拉的出走"，再次唤醒了女性的自我意识，"新女性"成为女性的理想的"想象"，"娜拉"成为重要的精神偶像。新文化运动回落之后，鲁迅认为，出走的娜拉不是回家就是堕落，觉醒之"惑"再次使女性感到无望。女作家陈学昭1923年在上海《时报》发表了《我所理想的新女性》，"新女性是有思想有追求，具有谋生一技之长的新一代，而且在生活的各个方面，包括衣食住行很具时尚，与传统家庭妇女有着明显的角色差异。她们是社会进步中女性逐渐获得种种权利的受益者，体现女性自尊、自立的精神，是时代的产物。"② 这是一个理想的"新女性"，而现实中，这个"新女性"层叠着各种矛盾，遭遇着"伤"和"殇"。

本书在勾勒晚清到民初女性思想地图的时候，基本上遵循了以

---

① 陈东原：《中国妇女生活史》，上海商务印书馆1928年版，第361页。
② 吕美颐、郑永福：《近代中国：大变局中的性别关系与妇女》，载杜芳琴、王政：《中国历史中的妇女与性别》，天津人民出版社2004年版，第423页。

历史中的重大事件来勾连女性思想转型的脉线。在这个思想脉络中，女性的思想地图始终纠结着两个伴生的矛盾：想象和焦虑。想象和焦虑只是"浮出地表"的特征，在这个地表之下潜藏着巨大力量的制衡和角斗，即男性/女性、西方/中国、传统/现代、民族危机/自我拯救、家/国、自我/他者之间互相对峙的多重矛盾。

在巨大的文化网络中，女性作为一个连接点，不断地遭遇着各种力量的冲击，使整个文化结构发生形变，在历史意志作用下，不断地演进。正是有着这样一个女性地图的存在，《妇女杂志》中始终呈现出一种混音的特征，一方面是男性和男性主导的社会对女性的理想预期，另一方面是在男性知识分子启蒙之下，女性自身的个体意识觉醒。男性书写与女性应和之间，存在着某种程度上的偏差，同时也在不断修正女性的选择。

跌宕起伏的女性觉醒和自立之路，显得那么漫长和荆棘丛生。只有将《妇女杂志》置于这样的女性思想地图中，才能呈现杂志中的女性精神、生命、心理、生活层面的背景，才能显出《妇女杂志》的时代特征及历史意义。君平在《告读本周刊者》一文中说，"压伏在数千年，'无才是德'……忽地十数年间，轩然醒觉，还我自由！可是久被束缚的，一旦去其绳结，虽能意志活动，起坐自如，但久受不规则的压缚，忽地弛禁，或不免反动的失当，措置的乖方，所以历年来妇女奔走社会，服务而徒劳无效的，也许和这理由有点关系吧！"[①]《妇女杂志》通过17年的变迁，呈现出女性命题在历史中的不断流转。

---

① 《妇女周刊》第一期，1924年12月10日。

三　女性进入公共空间——传媒的视角

　　大众媒介将女性从私人领域带入"公共空间"。本书在这里使用了"公共空间"这个词，是指女性已经走出闺阁，进入公众领域，成为公共活动中的参与者，也成为报刊媒介表现的主体。这里的"公共空间"带有汉娜·阿伦特对"公共"的理解意味，是指"凡是出现于公共场合的东西都能够为每个人所看见和听见，具有广泛的公开性"。①梁启超在办《清议报》时曾经引用西人的话说："报刊是'国家之耳目，喉舌也，人群之镜也，文坛之王也，将来之灯也，现在之粮也'。"女报是进入女性生活启蒙女性的重要途径。"一批主要以女性读者为对象的报刊应运而生，在近代报界别具一格，引人注目。近代报刊原本是西学东渐的产物，由传教士开始操办，到中国文人士大夫接续自办，早期主持人都是男性……而女报的产生，才是女性独立意识反映于报界的标志。"②晚清以及民初的很多女报，虽然仍是"小众"的，但却是女性启蒙的重要实绩。

　　1898—1918年出版的妇女报刊，已知的有五十余种，其中辛亥革命前创刊的有二十余种，比如《女学报》《女报》《女子世界》《中国女报》等。从晚清到民初的二十年时间里，女报命运多舛，由于受资金、发行等限制，很多如昙花一现，但是女报中的"这些妇女文学作品，以其细腻的笔触，形象的描绘，表现出妇女的命运、抗争、苦闷与思索，其意义不仅仅限于文学方面，尤其是具有妇女学、社会学的认识价值，弥可注意"③。在各种妇女报刊中，女报内容大

---

① 汉娜·阿伦特：《公共领域和私人领域》，载汪晖、陈燕谷主编：《文化与公共性》，生活·读书·新知三联书店2005年版，第81页。
② 夏晓虹：《晚清社会与文化》，湖北教育出版社2001年版，第272页。
③ 姜纬堂、刘宁元：《北京妇女报刊考（1905—1949）》，光明日报出版社1990年版，第19页。

体如下：妇女解放的启蒙，妇女解放的实行，妇女问题的探讨，妇女生活的指导等。随着女性思想地图的不断变线，女性刊物中的内容呈现出不同的走向，偏重于"妇女思想修养、恋爱与婚姻的进行与抉择，再婚与再嫁的参谋，家庭关系的处理，夫妇感情的维系，妇女生理与保健，节制生育的理论与技术，性教育的实施，婴儿哺育，子女教育乃至妇女衣饰、化妆美容以及缝纫，烹调，家庭陈设布置的方法之类，五花八门，应有尽有。初视之，或不可免琐，其实恰能给予妇女读者具体的帮助与指导，亦借而可以宣传新观念，新思想，培养新作风，新生活方式，实未可厚非，其对于吸引读者，扩大报刊销路，意图，也是明显可见的，以故，这类所谓'软性内容'向受青睐"①。保持日常生活世界的细碎和通俗以及对女性生活的关注始终是《妇女杂志》重要的特色。夏晓虹认为："报刊之深切影响于中国社会生活的各个层面，已为有日共睹的事实，而由其形构的公共空间，对于改变国人的思维、言谈、写作定势以及交流方式，都具有不可估量的作用。"②印刷媒体形成女性话语空间，创造出新的读者群，并以此开启女性智识，女性从身体和精神的启蒙进入到"人"的发现中，这在《妇女杂志》《妇女周报》以及其他报刊等女性栏目中显现出来。"许多传播形式在晚清以前未必没有类似者存在……因此这里的'新'并非是指在传播内容与形式上的与所谓'传统'之间的断裂，而是指在新旧混杂当中，传播媒体在社会、政治、思想文化上的地位的新变动。其中当然有延续与继承的部分。"③从晚清到民初，印刷技术、出版机构、社会关系和文化变迁等对《妇女杂志》的出版发行以及对女性生活方式、生活态度、人生诉求、

---

① 姜纬堂、刘宁元：《北京妇女报刊考（1905—1949）》，光明日报出版社1990年版，第17页。

② 夏晓虹：《晚清女性与现代中国》，北京大学出版社2004年版，第2页。

③ 李仁渊：《晚清的新式传播媒体与知识分子》，稻香出版社2005年版，第16页。

主体意识产生了重大的影响，其中混杂着新旧过渡以及各种思想意识的轮换，这使杂志中的女性话语乃至性别空间构建呈现阶段性的变化。"《妇女杂志》在过去的十年间，对于妇女解放思想的改革，知识的启发，趣味的增加，曾经尽过极大的劳力，尝过不少的艰苦。务使《妇女杂志》完全成为浅易平近的软性读物，适合人人的趣味，不为少数人所专有，如有欠缺的地方，仍请读者随时赐教，力求改良。"(《妇女杂志》，1925年1月1日)"所谓的'不同'或'变迁'并不意味着与过去一刀两断的差别，更常见的情形是新中杂旧、或旧里掺新。"[1]

媒介也构建了一个"二万万女性同胞"的"想象的共同体"，这个社会心理学上的"现实"，成为认同的开始。所谓"认同"，是指个人因拥有相近的取向和目标，从而产生了认同感，构成群体的内在聚集力。由于女性个体容易陷入湮没和孤立的状态，不同群体的诞生和聚合，为个体提供了安身立命的基点。"书籍对'人类有心理和社会的影响，改变了以前的文化边界和模式'，'印刷文化能容纳一切东西，使一切东西各就其位。在这一点上，没有任何东西能与之匹敌'。"[2]报纸、杂志等媒介通过对阅读者的潜在和直接的影响，使传统的"男尊女卑"的性别结构也因此松动，为建立两性平等的关系奠定了基础。女性会依据媒介中呈现的女性生活图景思考自身的生存处境和生活状态，男性也会因此反思两性之间的关系构成。《妇女杂志》恰是在这样的历史语境中有了不可被遗忘的意义和价值。

---

[1] 李仁渊：《晚清的新式传播媒体与知识分子》，稻香出版社2005年版，第366页。
[2] 李家驹：《商务印书馆与近代知识文化的传播》，商务印书馆2005年版，第193页。

第三章　启蒙与改良:"微物新知"与"新贤妻良母"

用新知识和新思维启发女性、改良生活,体现在《妇女杂志》第一任主编王蕴章那里,这也说明普通女性的启蒙之路仍旧是温和且渐进的。王蕴章时期的《妇女杂志》,侧重从"微物新知"对女性进行改造,使其成为具有现代科学常识、持家方法和教育儿童新理念的"新贤妻良母",进而推进社会的基本结构——家庭的改变。女性作为社会辅助角色进入现代话语,由此构成了这一时期《妇女杂志》"新贤妻良母"的女性表述。

王蕴章(1884—1942),字莼农,号西神,别号窈九生、红鹅生,别署二泉亭长、鹣脑词人、西神残客等,室名菊影楼、篁冷轩、秋云平室,江苏省金匮(今无锡市)人。光绪二十八年(1902)中副榜举人,曾任英文教师。后任沪江大学、南方大学、暨南大学国文教授,《新闻报》编辑,正风文学院院长,博通诗词,擅作小说。1915年1月任《妇女杂志》主编,同时担任《小说月报》主编。1920年,他在新文化思潮的冲击之下离开了商务印书馆。[1]

---

[1] 关于王蕴章的生平以及相关内容,参考了百度百科"王蕴章"词条对其的介绍。

王蕴章担任主编期间，《妇女杂志》设立"论说"、"学艺"、"小说"、"译海"、"文苑"、"传记"、"余兴"、"杂句"等多个栏目，并刊发了他自己撰写的多篇文章。不过有研究者指出，王蕴章"并没有直接引导此刊物的宗旨，或至少没有做代言人的角色"①，其多数作品发表在"小说"、"杂句"、"余兴"、"学艺"、"家政"等栏目中，具有舆论引导和观点争鸣功能的"论说"和"社说"等栏目却鲜见他的文章。实际上，主编的立场、趣味和价值取向能够主导杂志的风格、基调以及内容，甚至包括杂志封面和插图的设计与编排等，其选择什么样的"论说"与"社说"刊登也能够代表杂志的基本舆论立场，认为王蕴章并没有形成对《妇女杂志》的代言，是有失偏颇的。王蕴章时期的《妇女杂志》坚持稳健的办刊立场，不仅成为"女学"的帮手，也成为塑造优秀家庭女性的务实选择。改良家庭、培养儿童、塑造自己，从服务于社会发展的微观政治学角度而言，同样是重要的。刘慧英也认为，"在晚清以来的女性杂志中它的倾向和立场都是独一无二的，它不同于以往和当时的所有关于妇女的刊物——它既缺乏主流女权启蒙的'宏大叙事'风格，又不像当时旧式文人所办的女性刊物以妇女为观赏和把玩的欲望对象"②。无论王蕴章是否有意识塑造，《妇女杂志》确实形成了独立的品性和风格：以生活实用和辅助女学为目的，在看似絮叨的生活琐屑的叙事中，循循善诱地将现代日常生活常识和闲情逸致呈现出来，创造一个与女性生活极为贴近的微观生活世界。王蕴章创造的平静无澜的女性日常生活话语空间，把救亡和革命话语中的女性还原到微观日常生活的常态中。读书、断字、作文、家政、常识、理财、游

---

① 陈姃湲：《〈妇女杂志〉(1915—1931)十七年简史——〈妇女杂志〉何以名为妇女》，载"中央研究院"近代史研究所：《近代中国妇女史研究》(2004)，第7页。
② 刘慧英：《被遮蔽的妇女浮出历史叙述——简述初期的〈妇女杂志〉》，载《上海文学》2006年第3期。

戏、种植、饲养等，这些在历史大叙事中被抹杀和忽略的日常生活，在《妇女杂志》中生动鲜活地呈现出来。台湾学者胡晓真在《知识消费、教化娱乐与微物崇拜——论〈小说月报〉与王蕴章的杂志编辑事业》[①]一文中，探讨了王蕴章在编辑《小说月报》时的一些基本策略，这对研究王蕴章如何主编《妇女杂志》具有很好的参考价值。她认为，"闻、理、识，大都在所谓的'知识'范围内，所以杂志所预期要建立的知识系统乃是中西合璧、新旧兼并的。既要灌输，又要增进，则教育目的自然也在杂志的原始规划之内"。王蕴章确是在细微琐碎的女性生活中，找寻女性传统生活和现代生活的结合点，悄然改变女性的生活方式、态度和自我认知。

第一节 改良时期《妇女杂志》的样貌

一 科学、实用与新知——现代性资源之一种

《妇女杂志》从诞生之日起就被打上了"家庭"的烙印，从栏目的设计到文章的选择都偏重于生活实用。例如，栏目设计中有"家政"、"学艺"（一度改为"家政门"、"学艺门"），"常识"，"杂句"，"补白"等；内容选择也集中在家庭卫生、烹调、缝纫、家什制作、儿童养育以及治家方法等方面，比如家庭新智识、妇女卫生谈、日用理化学、简易家庭看护法等。

《妇女杂志》第4卷第10号"悬赏募集"如下：

[①] 胡晓真：《知识消费、教化娱乐与微物崇拜——论〈小说月报〉与王蕴章的杂志编辑事业》，载梅家玲主编：《文化启蒙与知识生产——跨领域的视野》，台北麦田出版社2006年版，第154页。

一、论著："促女学之进行，谋教育之普及，晨钟木铎福我坤维本社同人将于是观国民对于女学之心理及童蒙养正之成效，倘荷惠稿毋任欢迎。"

　　二、译稿："凡东西各国最新发明之科学精蕴以及时事要闻足为我国女学之观摩者皆所欢迎。"

　　三、图片："各女学美术成绩；爱读本杂志者小影；各地风景。"

　　四、小说："以关于科学及妇女德性有关系者为限篇幅毋取冗长，文字尤须浅显。"

　　五、杂文："凡与本杂志家庭俱乐部所载各种文字相同者一律欢迎，下列数种尤为企望：（一）家庭适用之浅显科学；（二）妇女常识；（三）有益于儿童修养之童话；（四）各种新游戏（附有图画者尤佳）。"

　　需要注意的是，译稿"凡东西各国最新发明之科学精蕴以及时事要闻足为我国女学之观摩者皆所欢迎"，小说"以关于科学及妇女德性有关系者为限篇幅毋取冗长，文字尤须浅显"，杂文"凡与本杂志家庭俱乐部所载各种文字相同者一律欢迎，下列数种尤为企望：（一）家庭适用之浅显科学；（二）妇女常识"，这几个方面都涉及"科学"，与杂志开蒙启智的意图是分不开的。

　　西方的科学传统为其确立的现代社会优势使偏向于"启蒙救国"的商务印书馆非常看重科学新知，这也是现代性重要的文本资源。这里涉及的"科学"有三个偏向：第一，偏向于浅显科学；第二，偏向于趣味科学；第三，偏向于实用科学。这些偏向无非要使科学新知日常化、生活化、易习得和可操作，使具备一定智识能力的女性能够将科学新知应用到居家生活的各个方面。这些与"科学"

有关的内容和日常生活息息相关，也有关于物理、化学、生物的趣味常识，其意图同样非常明显，即帮助女性建立对周围世界的科学认知方式，祛除迷魅。周国真在《女学生自修用书之研究》一文中说"近日海上出版女报，有四五种之多，或专重文艺，或注意美术。惟《妇女杂志》趋重实用，为最合女子之心理"①，恽代英曾经提出"报刊传播面向整个社会的通俗科学或其他通俗知识，以'为一般社会得借以获得正确知识'，提高整个民族的智慧水准，不可把报刊简单办成某人或某一阶级、集团或者政治意志的传声筒。那些内容为人间奇闻、世上轶事，诸如奇特变异的自然现象、生理现象和社会现象等知识，人们大多会有浓郁的兴趣。……'加意选材料，使对于阅者有极大兴趣'，力求把趣味性和知识性结合起来，寓教育于趣味之中"②。可见，当时很多报人都意识到报刊趣味性的价值。从科学的趣味中实现对民众的开蒙启智，这是考虑到当时大众总体知识水平以及报刊对读者的吸引两个方面。《妇女杂志》从创刊时起就肩负着女子教育、家政训练、文化培养的任务。虽然时隔近百年，其中的知识性、趣味性仍旧让人感觉到亲切。

民国初年的女学内容集中在贤妻良母的培养上，因此十分重视家事训练和道德维持，从内容上来看这无关宏旨，但却是从微观政治的角度对晚清"强国保种"话语的具体落实。"民初女学生于知识和生活技能家事应两者并重，毋有偏废，以期能为贤妻良母，为夫之贤内助，子得完美之母教。道德方面则宜遵循传统礼教，贞敬顺良，勤淑端俭，不宜以知识自炫，或专事妆饰，浮华奢靡，甚或提倡男女恋爱，自由结婚及作女子参政之论，因女子

---

① 《妇女杂志》第1卷第5号。（注：本书所引用《妇女杂志》的相关文献，以线装书局出版的《中国近现代女性期刊汇编》2006年版为准，其中《妇女杂志》共72册。引用均是原文引用，仅将繁体字转为简体，其中一些标点和字词用法与现代汉语不同，特此说明）

② 胡正强：《中国现代报刊活动家思想评传》，新华出版社2003年版，第68页。

之责任'在齐家而不在济世，在阃内而不在阃外'。"①《妇女杂志》的图书广告推荐的课外读物是配合女学宗旨的，以有益家庭实用的常识为多，涉及男女婚恋、女子参政议政以及智识女子职业选择方面的几乎很少，整个社会关于女性的表述和建构仍在"弃国还家"的叙述之中。

二 艺美和娱情

柔性审美与智性启发是王蕴章时期《妇女杂志》的特征之一。王蕴章较为注重女性自身的文艺修养。《妇女杂志》中的"图画"、"小说"、"译著"、"文苑"、"记述"、"杂句"、"补白"等栏目涉及绘画、诗歌、小说、散文、杂文等多个方面。王蕴章对《妇女杂志》中的文艺作品比较偏重，其原因有三。

第一，女学生是《妇女杂志》主要读者群之一，文艺作品作为陶冶和消遣的重要内容，比较容易吸引读者的关注，也能实现辅助女学的意图，尤其是它所开设的"国文范作"栏目，刊载的多是女学生的习作。

第二，很多"旧学才女"在阅读文艺作品时与杂志形成互动，能够撰写一些文章，使杂志能够聚集女性写作群体，确保杂志的稿源。

第三，早期《妇女杂志》刊载了不少鸳鸯蝴蝶派的小说，这和当时鸳蝴派小说盛行有关，也和主编的身份有关，王蕴章一直被学界认为是鸳蝴派作家，这也是主编个人擅长的方面。

中国传统的"兴于诗、立于礼、成于乐"就是强调文艺的修身立身功能。民初的多数女性，已经在"兴女学"的风潮中，成为具

---

① 《妇女杂志》第1卷第4号。

有一定智识的人。通过阅读和撰写一些文艺作品，她们不仅可以增加自身的修养，也能通过阅读文艺作品与其他女性形成"共同的想象"，拓展自身的精神世界，确立自我意识。《妇女杂志》中刊载了大量的国文范作，著名文学史家钱基博也多次在《妇女杂志》上撰写国文范作。"作为一份通俗的女性刊物，当然不会放弃刊登鸳鸯蝴蝶派小说。不过《妇女杂志》主要以女性读者为诉求，又负有教育妇女之责，所以刊登的作品主题多和妇女有关，而且其读者群又以中上阶层受过教育的知识妇女为主，面对良莠不一的写作情形，它在作品的选择和素质上，都必须很小心，有所顾忌，以免得罪名教。"[1] 王蕴章鸳蝴派作家的身份以及他对"闺秀文学"的研究，使其能从文本和现实的双重角度对女性有比较深刻的理解，因此，在编辑过程中能将自身独具的经验性的东西向女性充分地表达出来，对于文苑作品的选择也能够呈现女性在当时社会的处境和心理状态。《妇女杂志》中涉及文艺小品文，使读者在《妇女杂志》的阅读空间内获得某种共同的想象和经验。王蕴章处于新旧杂陈的时代，又是一位旧式文人，杂志中不免涉及贞烈的文章，如果仅用封建保守来形容，又显得过于武断。正是这种新旧杂陈，反映出过渡时期一本大众通俗读物的多棱特点。

三 以"西方美人"为参照系

对西方女性的呈现也成为王蕴章时期《妇女杂志》重要的内容，《妇女杂志》"发刊词一"中写道："本杂志有见于是，知殖学之不可缓，为之培其本而濬其源。"[2] 在"译海"、"国文范作"、"记

---

[1] 周叙琪：《一九一〇～一九二〇年代都会新妇女生活风貌——以〈妇女杂志〉为分析实例》，台湾大学出版委员会1996年版，第67页。

[2] 《妇女杂志》第1卷第1号。

述"、"名著"、"妇女新消息"、"杂载"中都有关于西方女性的图片和对她们个人修养以及职业社会生活方面的介绍。不过，对家庭女性介绍较少，精英女性较多，如演讲家、女军人、女商人等，主要涉及的是女性在社会事务和公共领域的生活，当然也不乏贵族女性的生活。需要注意的是，《妇女杂志》规避了西方女性日常生活的一面，强化了异域女性的"优秀"、"知性"、"报国"、"兴业"的形象，成为女性读者观赏和羡慕的对象，这和晚清以来中国男性对"西方美人"的欣赏和崇拜有关，也意图对本土女性读者形成某种潜在的召唤。

在晚清关于西方女性的叙述中，"西方美人"的形象作为一个强势的他者，映衬着中国女性的"弱小"。因此，大众媒介中介绍的西方女性不断建构一个优秀的"他者"，成为一道风景，被中国女性仰视和称叹；成为一个榜样，被中国女性效仿；成为一种理想，形塑中国女性的形象。西方（异域）女性一方面成为可认知效仿的理想女性，另一方面也不断制造话语压力，使传统女性能够接受女学的启蒙，从"分利"女性成为"生利"女性。媒介借助话语形成的舆论优势，促使女性在不自觉中转换着自我的设计，以适应社会对现代新女性的要求。这与杂志的贤妻良母立场并未构成一致，异域女性并不是作为典型的贤妻良母形象出现，而是职业化和社会化的女性形象。这种对比和反差形成了女性自我认同时的矛盾，新家庭女性和社会女性哪一个是女性的最佳范本？对西方女界精英的介绍，使杂志在"新贤妻良母"之外还有一层不易察觉的意图，那就是理想女性的身份包括"贤妻良母"和"社会精英"的双重想象。王蕴章时期《妇女杂志》从微观世界中嫁接中西文化，意图建立"新型贤妻良母"——既有中国传统血统，又有现代文明知识。

王蕴章时期的《妇女杂志》对传统家庭女性的教育和启蒙，以及基本的"生利"培训，意在增加女性在家庭中的经济分量，同时帮助女性用科学健康的方式照顾儿童和完善家庭生活。王蕴章也组织一些文章来探讨什么是理想女学生，如何实现妇女解放等，但是，这并没有使王蕴章摆脱"五四"新思潮对他的批判和否定，使他在五四新旧文化思潮的博弈中黯然退场。"王蕴章也在1920年同时辞去《妇女杂志》主编，结束了该杂志发展上的第一期，亦即所谓保守的、鸳蝴派时代。商务这两份杂志在早期发展上显然具有平行关系，而王蕴章同时弃守，也似乎昭示了旧派阵营被迫全面撤退——鸳蝴派文艺让位给新式小说，保守的贤妻良母妇女观被新女性主义挑战。"[1]但是，王蕴章的编辑策略务实、稳健，也不乏文人的抒情与浪漫，在软文的可读性中，杂志也潜移默化地将强势的西方女性引入，了解和熟悉为次，建构和培育新女性的用意明显。

四 关注家庭生活改良

王蕴章主编《妇女杂志》期间，几乎很少涉及宏大政治话语，也很少鼓吹女权革命，只是在1919年和1920年的"社论"中，偶尔涉及一些女子社会责任的话题。《妇女杂志》创办初期，民国政治环境尚不稳定，其躲避政治和革命的话语，与商务印书馆在商言商的立场有关，也和主编的价值和审美趣味以及初期的"帮助女学"的宗旨有关。《妇女杂志》在这一时期，有大量介绍家庭改良的文章，比如《世界小家庭主义观》（第1卷第8号）、《改良家庭问题之研究》（第2卷第10号）、《理想之模范家庭》（第3卷第7号）、《理想中之家庭》（第4卷第7号）、《美国家庭可供取法之优点》（第4卷第10号）等，同时通过学艺、家政等新知着力培养"新贤妻良母"，

---

[1] 胡晓真：《知识消费、教化娱乐与微物崇拜——论〈小说月报〉与王蕴章的杂志编辑事业》，载梅家玲主编：《文化启蒙与知识生产——跨领域的视野》，台北麦田出版社2006年版，第125页。

这一时期的《妇女杂志》，共刊发学艺、家政、居家等常识的文章五百多篇。"辅助家政"，培养新家庭女性、新儿童，也就是未来的"新国民"，暗含服务社会发展的微观政治学意图。关注家庭，实现社会基础的改良，在一定程度上，有稳固社会机体的作用，同时有助于改善社会的环境。在商务印书馆"辅助教育，有裨文化"的文化宗旨中，《妇女杂志》更多地承担了女性教育启蒙的责任，这对维新以来和民国初期女性教育启蒙起到了很好的承继作用，但这种保守立场为后来王蕴章遭到批评并且离职埋下了伏笔。

《妇女杂志》在1921年之前，栏目的设定和内容的选择都是配合当时的女子教育和家政服务的，它所设的"论说"、"学艺"、"家政"、"小说"、"文苑"等栏目与社会需要的女性教育和培养是一致的。面对关于"女权"和"女学"不断游移和改变的诉求，王蕴章时期的《妇女杂志》以"女学"作为一个支撑点，适应社会思潮转换带来的变化。这种立场选择，为后来的儿童教育、传统家庭制度的革新以及女性婚姻的变革奠定了基础，尤其是通过培养新家庭女性、造就新儿童、改良家庭，从微观政治的角度为社会发展服务。

第二节 "微物新知"——女性日常生活的启蒙

一 "微物新知"——知识成为话语权力

胡适在《科学与人生观》的序言中说："这三十年来有一个名词在国内几乎做到了无上尊严的地位；无论懂与不懂的人，无论守旧和维新的人，不敢公然对它表示轻视或戏侮的态度。那个名词就是'科学'。这样几乎全国一致的崇信，究有无价值，那是另一问题。"[1]科学在五四时期,已经上升为一个时代的价值尺度,一个社会普遍的、总体性的话语。正如汪晖所言:"到五四时代,科学文化逐渐上升到普遍公理的地位,就成为反传统运动中一个最重要的知识上的支撑,一个价值上的取向。"[2]知识结构的更新,特别是关于两性科学知识的介绍,无疑对中国传统性别观念是极大的冲击。"科学也许不能解释性别政治学,但是它可以提供理论化的基础。"[3]作为西方话语中最重要的"赛先生",在新文化运动之初就在《妇女杂志》中有比较多地使用。《妇女杂志》秉承着商务印书馆书刊发行的宗旨,启蒙是其最主要的目的,科学则成为启蒙的途径。在《妇女杂志》中,科学并不是一种元叙事,而是一种开智和祛魅的策略,在日常生活层面,它以常识科学的形态出现。康德认为,"启蒙"是一种过程,这过程使人们从"未成年"状态中解脱出来。"它也是人们给自己下的指令和对他人的指令。这指令是什么呢?'要有取得知识的勇气和胆量'。"[4]民族国家救亡话语中的"赛先生",在进入到民众日常生活中时就改变了高高在上的表情,成为零碎和微细的新知,渗透到日常生活,影响和改变着人们的认知和行为。

王蕴章时期《妇女杂志》最鲜明的特征就是"微物新知"对女性的默化启蒙。杂志一般的特点就是"繁杂和琐碎",《妇女杂志》会根据栏目的设置和每期的主题进行资料的译介和选编。因此,杂志中的知识构成和传播不是宏大和系统的,而是细微和零散的。在

---

[1] 张君劢等:《科学与人生观》,辽宁教育出版社1998年版,第9页。
[2] 汪晖:《科学话语共同体和新文化运动的形成》,载《学术月刊》2005年第7期。
[3] 托马斯·拉克尔著,赵万鹏译:《身体与性属——从古希腊到弗洛伊德的性制作》,春风文艺出版社1999年版,第12页。
[4] 福柯著,李康译:《何为启蒙》,载汪民安、陈永国、张云鹏主编:《现代性基本读本》,河南大学出版社2005年版,第650页。

阅读《妇女杂志》的过程中，这种印象尤其突出，新知的介绍、科学常识的普及以及自然生活的趣味，并不是建立在宏大的科学主义之下，而是在日常生活的讲解、叮咛和嘱咐中让人们认识和接受的。《妇女杂志》在传播内容上尤其注重微物新知对女性日常生活的启蒙，包括女性吃穿住用行的居家生活、女性身体保健和养育儿童等方面。这里所谓的微物，是指《妇女杂志》新知的构成方式，具有零散、微末、琐碎、细小、点滴的意味，这些新知对应的日常生活也是琐屑和细微的，以趣味和实用呈现的"科学"大命题因此才有可能进入人们的生活，使家庭女性体验、感受、认知和应用，这是科学启蒙开智的一种方式。《妇女杂志》依靠编译所的强大翻译力量，比其他杂志有更多的机会向女性介绍实用科学常识，这对从"旧经验"过渡到"新智识"的女子而言，不失为一种切实有效的启蒙途径，也成为一种话语权力，使女性在日常生活和公共空间中有了表达的可能和内容。

在这里，需要说明的一点就是"微物"和"博物"的关系。微物，尤指知识的构成方式不是庞大的、系统的、整体的知识体系的布局和结构，而是片段的、零散的，这种微物的构成方式，符合杂志杂陈式和柜铺式的知识"零售"方式，可以使这些处于家庭生活初等知识以上的女性能够理解和应用这些新知，并迅速将新知转为实用的生活智慧。

所谓"博物"，指的是杂志中"新知"的总体内容构成。广义的博物学概念，指自然科学的总称；狭义的博物学概念，特指动物学、植物学、矿物学、生理学。西方学科分类意义上的博物学引进之后，新式学校设立了博物课程，博物教科书随之编辑出版。"博物学所研究者，以动植矿为范围，但通常以人身之生理卫生，与动植矿并重，盖人身生理，本在动物生理之范围以内，以其切要于吾人，故特为注重，别立一门，单称之曰生理，至卫生为生理学之应用。其知识之切要，与生理同，故是编以动植矿及生理卫生为范围。"① 商务印书馆下设的编译所中有专门的博物部，《妇女杂志》的主编杜就田就曾在这个部门任职，其堂兄杜亚泉还亲自编写《博物学初步讲义目录》。《妇女杂志》中涉及的这些内容属于西方自然科学范畴内的博物学之下。与中国传统知识构成方式不同，对于熟悉诗词歌赋的中国旧学人来讲，它们是新颖的、新鲜的。虽然中国也有"博物"观念，其目的在于"多识"；而西方的博物学，其目的在于"科学"。"日本人山内繁雄、野原茂六著，杜亚泉译《博物学教授指南》，在光绪三十四年（1908）由商务印书馆印行，此书是'师范学堂用'教材，包括人身生理卫生学、动物学、植物学、矿物及地质岩石学，还介绍了标本采集制作、器具机械药品等内容。书的封页上刊登了商务印书馆的图书广告，列有小学校教授动植矿物应用之标本器械模型图、博物图谱、博物标本图、博物集览图等。"② 商务印书馆1915年出版的《辞源》，解释比较简明："Natual History 其说有广狭二义。广义谓研究自然界各种事物之学。狭义为动物学、植物学、矿物学、生理学之总称。普通皆用狭义。"《妇女杂志》中的"新知"，博物学是其知识谱系上的分类，微物是这些知识在杂志中的构成方式。

　　《妇女杂志》以"学艺"、"家政"，包括变更为"学艺门"、"家事研究"，以及后来的"趣味之科学"、"常识谈话"、"科学谈屑"等栏目，涉及女性身体的卫生常识，包括生育、节育、性知识、身体的保养、儿童的优质抚育等，这使传统生活按照更加文明健康的方式继续进行，是人们生活的进步和发展。科学常识对日常生活的渗透和改良，不是激烈的，而是温和的、循序的，读者在杂志的耳

---

① 杜亚泉：《博物学初步讲义目录》铅印本（无出版标识）。
② 于翠玲：《从博物观念到博物学科》，载《华中科技大学学报》2006年第3期。

濡目染之下，逐步改善自己的生活、改变认识世界的观念，朝向现代、健康、文明的方式行进。依靠商务印书馆的书籍出版和外文翻译，《妇女杂志》有了较好的思想和知识资源，其中涉及的日常生活中的细微、零散、琐屑的科学常识和实用新知、新技术，或许不关整个时代总体的科技水平和先进生产力，但促使人们以新的方式感受和体验生活世界的改迁。这种方式看起来有些日常和琐屑，但是却以潜隐的方式参与了人们新生活方式的建设，使之逐步向现代生活过渡。"对一般民众的启蒙不仅是宣讲有关科学的道理，明白科学精神对人的思想的重要意义，科学在社会发展变革中的作用，而且还在于使一般民众通过接受科学知识以达到启蒙的目的。这项工作是具体琐碎的，甚至不如倡导科学让人心动令人陶醉，但却具有实践层面的意义。"①《妇女杂志》在微观层面上参与完成这项琐碎具体的工作，并取得实绩。

《妇女杂志》以"家庭"为整个新知的指向，使女性在接受这些新知的同时参与到日常生活的变革中，与将女性纳入到民族国家的叙事中相比，这更具有微观实践的意义，其促使社会基本单元结构发生改变，对上层建筑亦产生了巨大的影响。"关注家政新知识的时代意义究竟是什么？男性知识分子对女性的家庭责任的不断强化是显而易见的。西化的科学治家理想也在日常生活中将女性的身份潜移默化。代表现代都市的符号，借助杂志影响广大女性读者，考察历时性和空间性的文化过程，杂志也成了力求在家庭生活内塑造人们的'现代性'。"②强调女性在处理家庭日常生活事物时，乐于学习新知，关注家庭成员健康，改变传统的生活习惯和方式，这对

---

① 周海波：《现代传媒在启蒙运动中的意义》，载《文学评论》2007年第6期。
② 侯杰、习晓敏：《民国时期天津都市女性生活的媒体表达——以〈大公报〉副刊"家庭与妇女"为中心的考察》，载《南方论丛》2008年第6期。

塑造现代积极健康的家庭日常生活方式是重要的，但是不能忽略的是，器物层面和生活方式的现代化，在一定程度上也影响着社会性别的关系以及都市生活的现代演进。王蕴章时期的《妇女杂志》呈现的是一个日常女性生活世界，日常生活中的改变，是微观生活的调整，正是这种细微和循序的改变，一点点的积累，逐渐使人们从家庭的微观结构中改变了社会的基本构成体。微物新知构成对女性生活世界的启蒙，帮助女性逐步打开生命格局，促使女性易辙生命路径以及转变自我认同。生活世界的启蒙，对女性而言，其意义也指向未来。

《妇女杂志》有意无意地将现代的生活渗入到传统的日常生活结构中：从表层来讲，是帮助人们科学健康地生活，实现开蒙启智的目的；从深层意义上说，这些新知不断调整、修正、改变人们对日常生活的看法，日常生活就变成了一个意义世界，人们对于这个世界的认知和理解也随着新知的不断渗入而发生改变。按照福柯的理解，权力绝不仅仅是与国家机器联系在一起的，在现代社会中，权力已经处于弥散的状态，渗透到人类生活的每一个微观的领域。这些微物新知，以不起眼的方式组成了一种权力载体，这种权力不断划分着人们在新与旧、传统和现代、时髦和落伍、先进和保守之间的势力范围。以微物方式构成的新知，作用的是人们生活的细微处，但就是这种微妙的作用和改变，规定和控制着人们的生活方式。知识是一种权力，掌握新知的女性也在为自己赋权：话语和实践的双重权力。"科学并不能真实地反映我们这个客观世界的真实图景，每一个为人们传输科学知识的人都不可避免地受到历史和意识形态的影响，从而决定了他科学描述的偏向：'科学是现有社会和文化图式所决定的故事叙述，不同图式所建构的故事并非同样好，科学的主要任务正是建构好的故事的斗争.'"①科学可以成为元叙事,倡导宏大科学主义,也可从微观的常识和趣味入手,把人们从生活的懵懂和蒙昧中解放出来,这种"微物"式的新知识构成方式以及杂志不断推介和传播新知识,从细微处作用于人们思维和习惯中。"微物新知"成了一种与众不同的科学叙事,为人们提供阐释和实践新的生活的可能性,在日常生活中催生了人们对于现代生活以及两性之间关系的新的认识。这种微物新知在《妇女杂志》的各个阶段都有呈现,但是王蕴章时期属于比较鲜明的,这与其所处的社会时期有关,也与其帮助女学辅助家政的宗旨有关。做这种典型特征的区分是为了更好地呈现杂志在不同历史时期的变化脉络以及女性表述的变化,尤其是不同时期的《妇女杂志》的主导任务和主流话语促使杂志传播的内容转向。

对《妇女杂志》不同时期"新知"内容的分析发现:王蕴章主编时期,"新知"的内容多偏向家庭生活衣食住行方面的基本常识以及生计,主要集中在"学艺"和"家事"两个栏目中,之后的"学艺门"和"家事门"是二者的变更,内容上并无太大差异。这与其创刊宗旨是吻合的,即辅助女学,帮衬家事;经营家庭的科学新知的普及,也符合杂志塑造新型"贤妻良母"的意图。章锡琛主编时期,主要是在"趣味之科学"和"科学谈屑"这两个栏目中,介绍各种"声光化电"以及各种自然科学的常识和一些奇异的科学现象等,比如"接电话可以不用手了"、"电气自动车"等,"家事研究"中也包括一些生活常识和实用技巧。1923年之后,《妇女杂志》就已经不再专设栏目介绍这些实用新知了,只是在"补白"中有所涉及,但是会有专门文章介绍妇女卫生等方面的知识,在"通讯"中也有关于健康方面知识的询问和回答。杜就田主编时期,这种"实

---

① 吴小英:《科学、文化与性别:女性主义的诠释》,中国社会科学出版社2000年版,第324页。

用新知"涉及得更少了，但是专门开设了程翰章主持的"医事卫生顾问"和杜就田主持的"摄影顾问"，提供专门针对卫生和摄影方面的实用新知和技术。从这个脉络中可以看出，王蕴章主编时期《妇女杂志》侧重家事和新型贤妻良母的塑造，因此有关家庭生活基本常识的介绍相对较多；章锡琛主编时期《妇女杂志》转型为女性解放和女性问题研究的思想性刊物，这些实用新知已经被新思想和新书籍取代；杜就田主编时期，《妇女杂志》更像是"文艺"型女性读物，征文和绘画以及各种图片占居主导，对于科学和实用新知基本上很少涉及。这种变化与读者从最初对"实用新知"和新生活方式的试探性尝试到逐步认可这种生活方式有关。

王蕴章接受过比较全面的旧式文人的培养和训练。"王蕴章曾积极参与革命，他还熟悉英文，对外国新事物很有兴趣，大量从事翻译，同时根据他本人的记述，他还有不少国内与国外的旅行经验。"[①] 这使他能够翻译很多国外新知识和科学趣闻以及生活风情记闻，通过媒介以细碎、琐屑的方式"零售"给读者。我们似乎可以做这样的一种判断：中国的现代性发生似乎也并不是以某种"铺天盖地"和"玄妙"的方式出现的，它就是在人们的日常生活中，一点一点发生变化，女性重新思考自身也不是基于西方女权的宏大体系，而是在日常生活中获得重新认知世界和自我的可能。

二 微物新知与女性日常生活启蒙

微物新知如何与女性日常生活启蒙关联？

第一，现代文明生活初体验。启蒙运动是一次生活世界的全面

[①] 胡晓真：《知识消费、教化娱乐与微物崇拜——论〈小说月报〉与王蕴章的杂志编辑事业》，载梅家玲主编：《文化启蒙与知识生产——跨领域的视野》，台北麦田出版社2006年版，第128页。

更改，王蕴章从务实的科学常识方面帮助女性逐步树立了现代文明生活的意识，以科学的视角重新关注周围的世界。这些识文断字的家庭女性的新知识结构也逐步形成，虽然这里的科学仅仅是常识、趣味和博物学知识，但是其建立起的对问题的思考方式和知识结构却是以往女性不具有的。学艺、家政还有科学常识等内容，既是对女性以往生活经验缺陷的补足，又能帮助她们建立新的生活体验。

第二，女性对身体的重新认知。对于隐晦和私密，以及只能通过春宫图去了解的女性基本生理结构和性常识，在媒介上以公开、健康和积极的方式介绍给女性，这对女性建立科学的身体观以及与男性平等的身体观非常重要。

（一）现代科学常识初体验

通过对《妇女杂志》中涉及实证和科学常识方面的文章进行统计发现，这些"微物新知"从内容分类上说，涉及家庭生活的衣食住行、健康、休闲、教育、美化以及家庭生计等；从学科分类上说，涉及数学、物理、化学、植物、动物、生理、地理、天文、医学等，几乎囊括了科学常识的多个方面，比如"日用理化学浅话、衣类污点拔除法、布质上之印像法、胭脂制造法、家庭教育简谈、简易家庭看护法、家庭医病法、烹调学、各种兽肉之研究、食物之腐败及防除法、家庭蔬菜园艺学论、推广幼稚园之必要、中国秤之分度、生理学研究之心得、动物之自卫、植物之知觉、妇女之皮肤养生、烹饪学、鸡卵之研究、雏鸡饲育法之大概、家庭博物馆、果树盆栽法、对于女子制丝之概要、造纸术、养鱼术、简明实用母之卫生及育儿法、鸡卵贮藏法、人体卫生谈、家事经济谈、研究女性与男性之别及适宜之教育"等。《妇女杂志》向读者输送新知和一些基本的科学持家的方法，启发女性通过熟悉和掌握这些科学常识，培养科学料理家庭、照顾家庭生活的能力,从而改变家庭生活中的旧有习惯,使女性能够在"宜家善种"方面更充分地实现母教的任务。朱汉民《中国传统知识的审思》一文认为,中国传统知识具有功利性的特点,科学知识也以实用性为主,多解决生活实际问题而较少做概念性基础理论的思考。《妇女杂志》中的微物新知也是以实用性生活常识和科学趣味常识为主,这有利于人们认可实用性科学知识,以及易于接受新知。《妇女杂志》"通讯问答"栏目,针对上述问题,经常进行编者和读者之间的互动。

读者:

> 自贵社发刊《妇女杂志》,于兹三载,弟按期购读,未尝或辍。自维日处于家庭之中,而居家所应具备之常识,从前本无所知,今乃稍得其梗概。①

王蕴章回复:

> 科学不必其甚深微精妙,惟求其适合于家庭之实用,以通俗教育为经,以辅助家政为纬,务使读者对于普通常识,不必他求而已足。②

一来一复中,可见读者之期待与编者之意图相呼应,主编王蕴章的回复表明了《妇女杂志》刊登实用科学常识的目的和初衷。这是从生活的基础层面上建立对科学认知的态度,确立起遵从真理的

---

① 《妇女杂志》第3卷第7号。
② 同上。

科学旨趣。这些文章，科学性与实用性并重，符合了《妇女杂志》帮助女学、辅助家政的初衷，正如李欧梵在《上海摩登》中所认为的，对西方文明的接受，在"妥协而温和"的态度下，还是存在着"某种暧昧和矛盾"，不过，还是得感谢这些杂志对于西方文明"成功的引介"。对于商务的期刊，"即使读一下广告，也会发现它们的一个共同目标和章程：简言之，它们在向读者提供于日常生活有实用价值的知识……"利用西方文明来开启民智，进而改良中国传统的家庭生活，这种务实策略使民众在触手可及的生活层面得到启蒙。

科学的重要实绩就在于它破除了迷信以及对不可知事物的确定性的寻求，因此，这些新知对处于传统和习惯经验生活的普通家庭而言，就是用科学来重新认识家庭生活。但是，在积习已久的传统生活方式和依靠科学新知建立的新生活方式之间存在着某种矛盾。面对"新知"，一方面是拥抱的热情，知识分子和崇尚新生活的人，不断地尝试和变换生活方式，以求改善生活；另一方面，对于守旧和传统积习较深的人来讲，有些新知不啻于"洪水猛兽"。《妇女杂志》提供的关于健康、科学、文明的生活方式在某种程度上改变了人们的文化心理和社会心理，并由这种心理影响到群体的行为方式。杂志将生活新知从细微处源源不断地传递给读者，这就使人们在接受新知的同时也在接受一种新的生活方式，特别是对传统积习中涉及迷信的、粗蛮的生活方式的调整和改变。比如《妇女杂志》专门对生命的诞生过程做过科学的图文解析等，这些可以使读者能用一种科学理性的方式对待生活中的常见现象。《妇女杂志》对女性身体，包括女性生理卫生、避孕、生产以及身体锻炼等方面的介绍，使女性能够科学地认识自己，通过科学的方式去保护自己的身体。特别是避孕和节育的诸多问题，使女性不至于一生陷入怀孕生子的过程，这不仅解放了女性的身体，也提供了从精神上解放女性的可能，女性开始具有了自由支配自己身体的可能，从而可以选择自己认可的生活方式。

（二）身体与健康——科学普惠女性的努力

这些实用新知，构成了女性"新"的日常生活经验，通过对女性的祛魅和引导，重建女性对自我的认知。所谓的"祛魅"，英文disenchant，基本的意思是：使某人对某人（某事物）不再着迷和崇拜。这里主要是指对某种生活方式和习惯的迷信的解除。葛兆光在《思想史研究课堂讲录》中说："近代西方的启蒙，主要就是'祛魅'，用理性的怀疑的精神，科学实证的精神，来反对宗教信仰和神圣崇拜，解除过去对于地方、家族、神圣、阶层的认同和迷信。"《妇女杂志》虽无法承担女性整体生活的祛魅，但是其通过科学新知以及思想启蒙，完成了两种形式的祛魅，第一是祛身体生理之迷魅，第二是祛身体观念之迷魅。

所谓"祛身体之魅"，是指通过对女性生理，包括身体、性、生育、节育以及少女青春卫生等做科学的解释和介绍，帮助女性从科学的角度了解和认识自己的身体，祛除旧俗中对身体的暧昧、迷信和无知，实现女性对身体的健康认识和科学理解。《妇女杂志》围绕女性身体的科学化叙述，不但提供女性对身体认知的知识论基础，更重要的是这种全新身体观念的确立，从心理和精神上确立了对女性身体认识的合法性依据，解放了传统文化和伦理对女性的束缚。《科学在人生上的地位与现代妇女》（第7卷第12号）一文中说："科学对女性而言在于解放，在于澄明，在于赋予其理解和认知事物的力量，破除传统积习的惰性，而伸展自身的创造性和新生。"

通过对《妇女杂志》涉及女性身体方面的文章进行统计（详见附表1）可以发现，这些围绕女性身体的生理知识，从科学的角度提供了女性身体的健康常识，比如月经、性、妊娠、生产、避孕等，这是基于女性身体特征改变的几个节点——从女孩到少女，从少女到女人，从女人到母亲，女性的生命过程因为身体的阶段性变化而被清晰地划分。这些被视为隐私只能隐晦地通过私人传承的内容，在公共媒介中被清晰表述，并且在科学知识的谱系中被重新加以解释，比如从科学的生理角度对月经进行解释，祛除了女性经血不洁的思想偏见。这对女性来讲，无疑是巨大的冲击，也使女性身体被遮蔽和被包裹的状态一点点松动。乔峰在《现代性道德的倾向》中认为，不同民族都有认为月经是不洁的偏见，"这种思想，蔓延很广，于妇女的歧视是有极大影响的。（虽然有的地方迷信，并不认月经为秽亵，或者反以为神圣……但无论被视为神圣或秽亵，对于妇女身分不平等待遇是一样的。）妇女既有以上那种生物学上和心理学上的原因，以致被视为比男性低微的人类。……迷信有极大的势力，也是不可否认的"①。迷信的力量是具有摧毁性的，在传统社会中，女性身体的自然状态被认为是禁忌和不洁。巴金的小说《家》中，觉新的妻子瑞珏在即将生产的时候，赶上了高家大院给高老太爷过寿，而女人生产被认为是血光之灾、不吉利，于是瑞珏被送出了高家大院，最后在难产中死去。通过科学的方式对女性身体进行生理解释，祛除的是对女性身体的迷信和偏见，女性的身体并不比男性低微，一切都是自然的生理现象，这也帮助女性从身体上建立与男性平等的精神意识。中国传统中的身体观念，始终是私人化和隐秘化的，正因为此，才有了窥奇的欲望，将其纳入媒介公共空间讨论，是对与身体有关问题的澄明，也是一次思想的越界。"对性作科学现代而冷静的讨论，始终在二〇年代报刊上的医学咨询栏目中……在科学的旗帜下，对贞节与美德相连进行了质疑，成为与科学事实有关的事情。对读者来说，转入医学讨论，不那么令人激动，

---

① 《妇女杂志》第11卷第1号。

也没有如《性史》那样的商业成功价值，但是，这种讨论为公众构建现代性观念提供了合法化的语言。"[1]

当这些隐晦的内容公共化和公开化之后，人们的身体观也发生了变化：由陌生到认识，由窥奇到了解，由贬抑到尊重。基于身体观念的改变，性别关系也开始调整和变化。科学具有解释的权利，并且这种解释负载着权威的意识形态功能。"主体结构的变迁使身体以及与身体细节密切相关的日常生活成了现代认同得以建立的重要场域。'具有特定特征和特点社会的位置的身体对于人们的日常认识和认同是极为关键的。'"[2]科学提供新的解释尺度，以科学的名义，这些隐晦的、私人化领域内的身体叙事，已经进入公共领域，对女性而言，这不仅是一种知识的传播，也促使其从精神上能够接受这种开放和公共的身体叙事，并且据此改变自己的身体观和生活方式。那些包裹在长裙下的小脚，那些有着高高的元宝领的衣服，以及那些只能在闺房中窃窃私语的关于身体的体验，现在已经在公共空间中，很清楚地告诉人们，如何才是健康的、科学的、人性的身体观。这些现在看来习以为常的知识，对于1910年代中后期和1920年代的女性而言，不啻为身体和思想的双重革命。戴锦华认为，"从近代起就不断有人提出那些重大的女性解放命题，诸如女子政治和伦理地位、婚姻家庭、女子教育、女子行为规范、女子经济问题，包括女子缠足等等，至今，这些问题似乎都早已不是'问题'了。但是，那些女性性别生活中独有的问题却似乎一直被忽略不计，至少没有被明确列入妇女解放的总命题内，譬如女性的各种生理—心理经验，包括性行为、妊娠与成为母亲、女人一生的周期性等。尽

---

[1] 顾德曼：《向公众呼吁：1920年代中国报纸对情感的展示和评判》，载"中央研究院"近代史研究所：《近代中国妇女研究史》（2006），第188页。

[2] 王宇：《性别表述与现代认同——索解20世纪后半叶中国的叙事文本》，上海三联书店2006年版，第202页。

管女性浮出了历史地表，但有关她们自身的真正问题，甚至没有进入人们的视域，它仍然是似乎也应该是隐晦的神秘之物。"①从《妇女杂志》的情形来看，关于女性身体所遭遇到的种种被视为隐秘的方面得以公开化地表达，补充了戴锦华认为的不足，且女性身体和女性意志的关系有了达成统一的可能。女性身体观的重建对女性解放而言具有重大且不易察觉的意义。

  肇始于王蕴章时期的对于女性身体问题的探讨，在以后的杂志中得到延续。1923年，《妇女杂志》连续五期刊载《女子之性知识》，由性起源的科学话语开始，作者宴始从性发育、性生活、性疾病、性健康等角度，诠释女子"性与身体"的知识谱系，将性、健康等科学话语导入两性关系之中，从身体的角度确立平等的两性关系模式。章锡琛任主编时期的"通讯"栏目部分内容，以及后来的"医事卫生顾问"栏目，更加细致地回答了读者关于身体方面的若干问题，他们不但精心选编了倡导节制生育、防止纵欲、预防性病、提倡婚前检查以及培育健康性心理的文章，而且通过编读往来解答读者在性和身体方面的困惑。后来，金仲华在《罗素的"婚姻与道德"》一文中就认为，"这许多人大半是心理学者，生理学者与人类学者，他们对于近代性道德的贡献有一大共通点，就是站在科学的立场上去排除传统的性道德中的迷信的成分。因为他们的努力，使一般人对于性道德的观念开明了许多。……而且在科学的研究上有许多人不再以为性的知识为猥亵的了。"②《妇女杂志》有关女性身体的相关文章，引导女性建立科学健康的身体观和性爱观，也使男性从科学的角度对待女性的身体，建立了一个两性

---

① 孟悦、戴锦华：《浮出历史地表——现代妇女文学研究》，中国人民大学出版社2004年版，第24页。

② 《妇女杂志》第16卷第11号。

互识的空间。此外，从科学和身体的角度出发，《妇女杂志》提供了两性平等的可能性选择。道格拉斯在《自然的符号》一书中写道："社会身体制约着我们对物理身体的理解。我们对于身体的物理的经验总是支持某一特定的社会观点，它总是被社会范畴所修改，并通过它被了解。在两种身体经验之间，存在着意义的不断转换，这样，任何一种经验都强化着另外一种。"[①] 根据道格拉斯的观点，身体的物理特征是文化的起点，由此可以过渡和转化到有意义的象征。金仲华也认为，以科学为基础对于女性生理和身体，包括性的诸多解释和介绍，总不会让人觉得猥亵或低俗。这些触及人们心理、情感和习俗深层结构的"入侵者"，逐渐被人们接受和认可。女性对自我的认知也由模糊到清晰，由暧昧到真实，她们的自我意识也因为身体的彰显而明澈。《妇女杂志》对女性身体问题的涉及，其意图可能很简单，就是帮助女性建立健康科学的生活，但任何一个简单的意图在历史的波云流转中都会有意想不到的价值，这些女性生理问题的相关文章为后来的新性道德讨论提供了科学的支撑，不至于让读者感到措手不及。

在科学的旗帜下，女性的身体观已经发生了巨大的改变，作为早期的两性问题讨论空间，其所形成的身体和性的话语以及相关的问题域仍是当下两性关系讨论中非常重要的内容。"社会历史的观念范畴总会对物理的身体横加干涉，以便使之成为表达文化意蕴的媒介——这便有了躯体的社会形象的塑造与解读。"[②] 这些关于身体卫生和健康方面的话语，形成一种权力运作的微观环境，通过杂志的传播渗透进入女性的日常生活。李小江认为，是生活和女人的生

---

① 转引自乔安妮·恩特维斯特尔著，郜元宝等译：《时髦的身体——时尚、衣着和现代社会理论》，广西师范大学出版社2005年版，第12页。

② 王宇：《性别表述与现代认同——索解20世纪后半叶中国的叙事文本》，上海三联书店2006年版，第203页。

命本身帮助女性走出封闭和桎梏的环境。因此，杂志中关于女性新的身体观念的确立以及通过科学对女性身体的祛魅都有解放女性的意义。"真实的生命感觉可能是颠覆作为武器的话语的最有效的武器。在丧失把握语言的能力乃至丧失思维能力的时候，生命体验本身就是一种潜在的话语，它会冲破封锁思维的语境，向已成规范的意识符号质疑，以真实的生命感觉向企图塑造生命的话语说'不'。"[①]

1920年代，《妇女杂志》对身体观的祛魅，对人们的心智开化起到了重要的作用。经过1920年代的洗礼，人们已经在心理上更容易接受媒介中关于性和身体问题的讨论。到了1930年代，《西风》等杂志也有非常充分的性和性别的讨论。通过这些基本的身体知识的普惠和推广以及后来新性道德的讨论，女性从科学和伦理的双重角度重新确立身体观和性爱观，身体观偏重于个体的自由伦理范畴，而性道德观念则偏重于社会的伦理范畴。

第三节 "旧学女子"向"新贤妻良母"的过渡

主编的气质往往决定一本杂志的气质。王蕴章主编的《妇女杂志》旨在关注女学和家政，"贤妻良母主义"的期刊定位得到学界的认同。[②] 从《妇女杂志》的内容上看，"贤妻良母主义"这一判断显然很容易做出。主编虽没在具体的言论中阐述其塑造新式贤妻良

[①] 邱仁宗：《中国妇女与女性主义思想》，中国社会科学出版社1998年版，第108页。
[②] 台湾学者陈姃湲在《〈妇女杂志〉（1915—1931）十七年简史——〈妇女杂志〉何以名为妇女》以及刘慧英在《被遮蔽的妇女浮出历史叙述——简述初期的〈妇女杂志〉》中也持有这种观点。因此对王蕴章时期《妇女杂志》"贤妻良母主义"的定位其实并无太大争议。但是笔者认为，其塑造的是"新贤妻良母"。

母的意图，但是进入文本，或许可以发现，其建构的女性身份不是传统意义上的"贤妻良母"，而是新式贤妻良母。

一 "新贤妻良母"的"新质"

晚清关于女性解放路径存在着"兴女学"和"争女权"的论争。兴女学是渐变式的改良和塑造，争女权是激进式的革命性颠覆重构。相对于当时整体的社会状貌以及中国女性总体的成熟程度，争女权只在辛亥革命前的话语中得到呼应，辛亥革命之后，争女权的运动没有得到国民政府的支持，逐渐势弱下去。而"兴女学"却不断开展，并且媒介通过舆论和实际的支持，使女性教育从民间进入官方的正统教育体制中。"新贤妻良母"之"新"，主要由于它是在女学蓬勃兴起的背景下展开的。

（一）关于传统贤妻良母

第一，传统的贤妻良母是建立在"男尊女卑"的性别结构基础之上的。《大戴礼记·本命篇》说："妇人，伏于人也……在家从父，适人从夫，夫死从子，无所敢自遂也。"日常生活中，以"妇德"、"妇言"、"妇容"、"妇功"为准则，"三从四德"确立了女性对男性"顺从、守贞"的责任和义务，女性只能在夫贵子荣中获得肯定和满足以及社会的嘉许。

第二，传统的贤妻良母遵循"女子无才便是德"的古训。虽然古代也不乏才女，但是大多数女性在这样的话语结构中主动放弃或者被动接受，成为无知无识的女性，不得不依附于男性和家庭。

第三，传统的贤妻良母在"男主外、女主内"的社会分工中，生命路线被限定，家庭成为女性生存界限的最大范围。"传统社会从'修身，齐家，治国，平天下'的思想出发，极力主张女性为妻'贤'、为母'良'，制定了一系列为人妻和为人母的'贤'、'良'规范，形成了一套具有特定内涵的传统'贤妻良母'观。"①"贤妻良母"成为传统社会女性的理想模式和道德典范。"日本社会性别和女性史方面的研究表明，'贤妻良母'并不是中国或日本古代妇女的规范，作为近代的产物，是在女性作为'女国民'被国家利用的过程中塑造出来的近代新形象。"②即便如此，贤妻良母仍旧与中国传统的"贤妇贤母"存在女性身份塑造上的某种共通，或者可以这样认为，这是中国传统的"贤妇贤母"遭遇的现代身份转换。

晚清以来的中国变局使传统女性的身份和形象遭到改写，女性被晚清男性精英知识分子应用在强国保种和救亡图存的叙事策略中。因此，传统"贤妻良母"在近代"贤妻良母主义"中有了新的含义。吕美颐在《近代中国：大变局中的性别关系与妇女》③一文中，就提到相夫教子、宜家善种是贤妻良母的"新内涵"，它较之传统贤妻良母的优势在于能够承担一定的社会义务，为善种强国做贡献，"不惟酒食是议"。梁启超认为，新型女子的两重优势，一是可变"分利"为"生利"，"皆可各执一业以自养"；二是有了文化知识可以真正承担母教之责，对子女可"因势利导之"，有利于改变国民素质。吕美颐的文章倾向于从梁启超的观点中获得对良母贤妻的"新内涵"，简单概述并未深析。林吉玲在《中国贤妻良母内涵的历史变迁》一文中提到"新贤妻良母"一词，她认为新贤妻良母的"新"，主要体现在两个方面：第一，针对"女子无才便是德"的旧观念，提出兴女学、开女智，倡导新的女子才德观；第二，男女平等思想对

---

① 钟小红：《试论近代学者对"传统贤妻良母观"的改造》，湖南师范大学2007年。
② 王秀田：《20世纪初期女性话语中的"贤妻良母"》，载《石家庄学院学报》2008年第7期。
③ 杜芳琴、王政：《中国历史中的妇女与性别》，天津人民出版社2004年版，第420页。

传统贤妻良母形象的冲击。但其并没有给定这个变迁的具体时间脉络，因此显得有些不清晰。余华林在《20世纪二三十年代"新贤妻良母主义"论析》一文中提到的"新贤妻良母主义"偏重于五四之后女性解放思想和个人主义冲击下贤妻良母的重新定位，以及在男女平等的意图上"母职"和"妻职"的提倡。余华林的讨论集中在二三十年代这个历史范围中，由于社会语境已经发生变化，余所讨论的"新贤妻良母"与笔者在这里谈的"新贤妻良母"还有诸多差异。"新贤妻良母"在《妇女杂志》中虽然并没有明确提出，而多以"贤妻良母"、"良母贤妻"等语词出现，但是，这个"贤妻良母"是具有新质的"新贤妻良母"，其逻辑前提是《妇女杂志》"微物新知"的知识构成背景，据此来探寻新贤妻良母的"新质"。

（二）"新贤妻良母"的特质

基于《妇女杂志》创办的理论和现实，以及发刊词中女性作者对《妇女杂志》的期许和盼望，以"提倡女学，辅助家政"为宗旨的《妇女杂志》很容易成为一本倡导"贤妻良母主义"的杂志。因此，王蕴章任主编时期的"贤妻良母主义"的指向是非常明确的。那么，王蕴章时期"贤妻良母"有哪些新质，又是如何成为"新贤妻良母"的呢？

1. 新知识结构

第一，女性新知获得途径的改迁。

以往女性获得知识大多是通过传统私塾性质的"闺塾师"。旧式女子中有很多才女，能诗善文，才情丰厚。王绯在《空前之迹——中国妇女思想与文学发展史记（1851—1930）》一书中对文学的闺阁操练进行过分析，胡晓真也在《才女彻夜未眠》一书中分析过晚明女性弹词,这些与闺塾师进行的知识传授有关,一些开明家庭请的私塾师为男孩上课的同时女孩子也可旁听而获得知识。郑观应认为:"女学最盛者,其国最强,不战而屈人之兵……女学次盛者,其国次盛……女学衰,母教失,愚民多,智民少,如是国之所存者幸矣!"1898年中国第一所国人自办的女子学校——经正女塾在《女学会书塾开馆章程》中提出了"其教育宗旨,以彝伦为本,所以启其智慧,养其德性,健其身体,以造就其将来为贤母为贤妇之始基"①。1907年,学部颁布《学部奏定女子小学堂章程》和《学部奏定女子师范学堂章程》,标志着女子教育被纳入国家官方的教育体系。民国伊始,教育部就颁布了《普通教育暂行办法》及《普通教育暂行课程标准》,这两个条例中提到了女子教育,其中主要包括初等小学可以男女同学,女子不另设课程标准,但就各级学校增损其学科。之后,教育部不断修改原有的学制,以使女子教育的学制更加完善。从商务印书馆刊载的图书广告中,我们也可以看到在"教育部审定"、"全国通行范本"确立的女性必读书目和必修书目中,有《女子修身教科书》《女子修身教授法》《女子国文教科书》《家计薄计教科书》《女子家事教科书》《女子缝纫教科书》《女子烹饪教科书》《女子园艺教科书》《刺绣教科书》《新撰女子尺牍》《女子新唱歌》《体操范本》《新算术》《药物学》《家庭进化新论》等。这些由教育部审定的初等和中等师范的女学用书,基本上都是偏向于家庭之用的书籍。这些"女子必读之书",着力塑造的是一个与传统才女不同的"智识的家庭型女性",以此培育具有一定智识修养和料理家庭生活能力的"新贤妻良母"。这些由教育部审定的书籍,代表了官方主流的意识形态,官方的女学造

---

① 谈社英:《中国妇女运动通史》,载《妇女共鸣》,转引自刘慧娟:《浅论中国近代女学贤妻良母式教育思想》,载《中华女子学院山东分院学报》2008年第4期。

就的并不是和男性一样能够进入公共空间的女性，而是谙熟家事、知晓现代文明知识，能够料理家庭的"新贤妻良母"。除了官方女学为女性提供的教育，使女性获取知识的途径发生了改变，女报的兴办也提供给女性新的获知方式。"女子教育在晚清毕竟还属于新兴事业，因而小学堂的学生仍占受教育者的最大多数。这些粗通文理的女性，也构成了女报拟想读者群的主体。"①特别是女报的通俗化倾向，以及对婚姻家庭、社会习俗、时事政治等问题的关注，颇受女性的欢迎。

第二，微物新知下的"新视野"。

"微物新知"是王蕴章时期《妇女杂志》传播知识的内容和方式，这对女性认识新事物、了解新科学常识、掌握持家教育子女的新方法以及如何修炼自身的能力起到了重要的作用，不但使阅读变得饶有趣味，也改变了女性的知识构成。"新知"总体内容涉及西方知识体系中的博物学、算术学、实用经济学、儿童教育方式等，比如现在仍非常流行的"蒙台梭利式"教育方法在《妇女杂志》中就有很多介绍。杂志中涉及自然方面的科学常识与中国传统知识结构不同。中国传统知识结构偏重哲学、政治、宗教、历史、道德、文化、艺术等方面，这种重文史轻科技的倾向导致了史学和文学知识丰富、发达，科技知识相对薄弱，涉及的科技知识，也多集中在兵术、数术和方技等方面。因此，无论传统士大夫、文人，还是闺秀才女，都能够熟读历史，擅长诗文，但是缺乏科学认知世界的思维方式。《妇女杂志》的"微物新知"，是基于科学进行的科目分类，这些现代科学实用常识的推广和普及不仅为女性提供了新的知识视野，也使女性的文史知识结构中增加了科学知识的内容。

这是平湖淑英女校教习张芳芸为《妇女杂志》撰写的发刊词：

---

① 夏晓虹：《晚清社会与文化》，湖北教育出版社2001年版，第282页。

比年以来，杂志界风起云涌，离奇俶诡，二三浅学之流，各树一帜，……一考其内容，则写情小说、游戏文章，连篇累牍而未有已，在作者洞悉社会心理，欲达其金钱主义之目的，俾令不胫而走。……以文字毒人，曲学阿世。……陷风俗于淫靡。……女子责任大且重，沾沾于此中觅生活未免玩物丧志耳。上海商务印书馆，营书业有年，所出各种杂志，宗旨正大。今者妇女杂志发刊，应时世之需要，佐女学之进行，开通风气，交换知识，其于妇女界为司晨之钟，徇路之铎，其于杂志界为藏智之库，馈贫之粮，所谓沈沈黑幕中放一线曙光者，此物此志，抑余有进者。……文字务求浅显，持论不必过高，以适社会，至诙谐嘲笑之作，奇丽香艳之文，伐性汩情，长恶败德，当然在屏弃之列。①

从发刊词中可以看出，当时的杂志界还是比较混乱的，尤其是香艳杂志，容易惑乱女子性情，并不为有识女子所钟，而且其"长恶败德"，尤其不能为女子读阅。《妇女杂志》的新鲜知识为当时的杂志界注入一股清流，帮助女性从流布甚广的小说和游戏文章之外获得清新的知识启迪，读者对其也甚为注目。"开通风气，交换知识"，《妇女杂志》正是通过"微物"的方式"零售"了若干新知，不但丰富了女性的知识，也参与培养了女性思考世界的新方式。

上海函授国文学校校长倪无齐也撰写了发刊词：

欲女权之振，必求女德之尊，智识者，德之基，文艺者，德之符，各努力学问，职业之途，勿纷驰声华煊烂之场，以巾帼而并须眉，何多让焉？然而晚近风气更张，活泼者

---

① 《妇女杂志》第1卷第1号。

则太过，谨恪者或不及，沈沈黑幕，终难廻一隙之光。……今妇女界之智慧不相谋，学术不相师，缩而闺门，推而学校，一步以外，则鲜见闻，以是而望女德与女权之进，不戛戛其难乎？余乐观妇女杂志之出版也，通四方之声气，现七宝之庄严。①

这些微物新知作为"学校一步以外"的新见闻，拓宽了女性的新知视野，培养了女性的有为德性，丰富了女性的知识构成，帮助女性成为能运用新知识和新方法治家育儿相夫的"新贤妻良母"，深得有识之士的欢迎肯定，并对《妇女杂志》寄予了厚望。从"编辑余审"（第1卷第1号）中可以看出，王蕴章对实用之学非常看重，然而从投稿情况看，"实用之学稀如麟凤与记者初心相反"，但是借助于商务印书馆编译所的实力，一些西方的实用科学常识也能被翻译过来，以飨读者，这也是"微物新知"成为《妇女杂志》特色的原因。除此之外，"新女性的才学知识已经大幅度超越传统才女的学养范畴，而以政治、社会方面的学识为标杆，这当然是因应时代需求所产生的。然而，就此也可看到女性参与公共事务，参与创造时代的契机"②。女性借由这种"新知"，萌发了从家庭走向社会的念想。

2. 新"生利"观

这里谈到的"生利"能力，与梁启超认为的女子"皆可各执一业以自养"相似，都是使女性具备自养的能力，女性可以通过缝纫、刺绣、采摘、纺织、养殖等劳动创造价值，自食其力。《妇女杂志》

---

① 《妇女杂志》第1卷第1号。
② 黄锦珠：《晚清小说中的"新女性"研究》，文津出版社2005年版，第218页。

还专门就这些方面进行了详细的讲解，培养女性为家庭谋利的能力，使其摆脱"分利"的角色。虽然这只是从"分利"到"生利"的转变，但是女性通过劳动创造价值，实现"自养"，这也是促使女性走向独立的重大过程。

《妇女杂志》中的新"生利"观，具有为家庭"生利"和为社会"生利"的双重目的，从以家庭为主，进而具有进入社会领域的服务意图。《妇女杂志》以图片和文章的形式介绍了很多进入社会服务的女性，她们多集中在女校工作，职业也多是女校教员、校长和医务人员等，但也促使女性读者意识到自己不仅可以"宜家善种"，还可以进入社会，实现为社会服务，为家庭生利。王蕴章主编时期的《妇女杂志》虽然并没有直接召唤女性进入社会领域，但杂志作为复杂的文本载体，很多观念并不是直接叙述的，潜移默化中已经包含这些内容。杂志从家庭生活的多个领域帮助女性成为贤妻良母，杂志刊载的杰出女性的图片、世界各地女性的社会生活照片以及各门类的艺术作品，也都在召唤着一个可以走出家门，通过自己的努力给家庭生利、为社会服务的女性。虽然在晚清民初的社会语境中，还不能够给女性提供更多生利的途径，但是《妇女杂志》中的"新贤妻良母"，是能够给家庭生利，同时具有为社会服务意识的。王蕴章时期的《妇女杂志》中，实际上对女性产生了"家庭女性"和"社会精英"的双重想象。因此，这个"生利观"中包含了"家庭生利"和"社会生利"的双重意图，1920年代职业女性开始出现并增加与此不无关系。

3. 新才能观

《妇女杂志》尤其看重女性的才艺，前面分析《妇女杂志》的内容特征时，就涉及文艺作品对女性性情和修养的培育。《妇女杂志》发刊词一（第1卷第1号）中，确立了杂志栏目和内容以及相关的要求，"图画"栏目，"丹楹轮奂，笔垂古戒；或娴丹青或妙挥洒"；"小说"栏目"奉之无失，曰'思无邪'"；"作文"栏目"一篇才出，万口能详"；"美术"栏目"金石刻画，音律校勘，才多为富，业精于勤"。"编辑余审"（第1卷第1号）中写道："美术为吾国国粹玉台艺乘之辑于近人绝少见闻，读者倘就各自所知罗列事迹著述示俾得彙录成帙蔚为大观亦女界之盛事也。"从这些涉及文学艺术类的栏目和要求来看，《妇女杂志》的旨趣在"雅"、"正"、"美"三个方面，意图培养中正文雅、优美涵真、富有才学的"新式贤妻良母"。

从王蕴章主编时期的《妇女杂志》封面中选择两幅图片（图1、图2）来说明其形象修辞中"新贤妻良母"的"才女"形象。图1是《妇女杂志》第1卷第1号的封面，图中一个瘦弱纤细的年轻女子，身着元宝领、小开襟、八分袖的衣服（这是20世纪初女性典型的着装），宁静安详，手执一卷书，正在阅读。这幅图像清晰地呈现了一个民初读书女子的形象，"兴女学"的运动中，女子读书也成为一种时尚，杂志一定要契合时代的话语，因此以读书女子为封面，是对女子成为知识女性含蓄的召唤。图2是一个正在作画的女性和若干绘画工具组合的图像，墙壁上的画意指这是一个颇有艺术气息的女性。女子能够进入与男子同样的公共空间，艺术是一个非常重要的途径。女性的艺术教育成了个人修养的重要体现，并且成为择偶的有利条件，艺术也是女性寻求和男性对话的渠道。这是《妇女杂志》早期的封面女郎形象，其意指"新贤妻良母"，并且有意彰显女学的重要意义，这也和商务印书馆启蒙的策略相一致。早期《妇女杂志》的封面女郎昭示的不是对性和欲望的消费，而是新式母亲和妻子。

"新贤妻良母"的新质不仅体现在才学方面，还体现在"新能力"上。《妇女杂志》从儿童教育、家庭卫生、饮食、经济、健康锻炼、

图1　　　　　　　　　　图2

疾病防疫、园艺、修饰等方面培养和锻炼女性的持家能力,女性在家庭内部的职责也开始变化。借助于杂志的修辞策略,普通的家务劳动被描绘成"家庭科学","新贤妻良母"也像"家庭工程师"一样具备应付家庭各种问题的能力,并能依据一些科学程序、方法和技巧去安排家庭生活。

4. 新身体观

"新身体观"是新贤妻良母又一重要"新质"。所谓"新身体观",是基于"微物新知"对女性身体的科学启蒙建立起来的。传统女性的身体同时存在着"贞洁"和"不洁"的矛盾含义,"贞洁"是男性社会为女性制定的一个身体尺度,这个尺度既有身体的自然意义,也包括身体的文化意义;"不洁"是对女性生理身体的迷魅。"微物新知"中对于身体和健康的问题做了清晰的解释和区分,帮助女性了解、熟悉、正确认识自己的身体,女性的生理现象是自然现象,并不是什么不洁和禁忌,女性身体也并不比男性身体低级。生养是女性的天职，也被认为是传统贤妻良母的美德，但是女性的一生不能陷入到不断生育的过程中，《妇女杂志》中关于女子"避妊"的话题有多篇文章，就是为了帮助女性科学健康地对待自己的身体。避妊不但有助于诞育佳儿，亦可以改变女性对自己身体的态度——我可以为自己的身体做主，这是女性确立自我意识非常重要的一个方面。身体的解放引发思想的解放，女性通过放足以及避妊等形式主导自己的身体，这是对身体的尊重，也促使女性自我意识的萌醒。因此，这个"新贤妻良母"是具有新知识、新才学、新能力、新观念的"贤妻良母"。

贤妻良母的新特质的形成，与晚清的兴女学有关，也与媒介的参与塑造有关。从《妇女杂志》刊载在《学生杂志》上的广告文案就可看出端倪：

促女学之进行，谋教育之普及，文字浅显，趣味浓厚，科学、美术、趣味要闻，无不应有尽有。

《妇女杂志》是"以提倡女学，辅助家政为宗旨"，而教养儿童知法尤为注意，既是为一般良母贤妻之模范童蒙养正，尤为研究教育者必当参考之书，其取材通俗，内容又避免高深，是为了要"实行通俗教育以其对于社会稍进动导宣传之责"，而又需具备趣味，则是因为"杂志之作所以备课余之补习，常识之灌输"。

《妇女杂志》发刊宗旨：以提倡女子学问增进女子智识为宗旨，内容完备，体例谨严，冀于女子教育界上有所贡献，以尽本社之天职。①

---

① 王飞仙：《期刊、出版与社会文化变迁——五四前后的商务印书馆与〈学生杂志〉》，台湾政治大学历史系2004年版，第46—48页。

从晚清开始的兴女学，使女性有机会进入学堂，学习新知，成为具有新智识的女性，这是晚清以来女性要求权利所取得的重要实绩，兴女学也成为昌明女权的条件。时代和社会环境的变迁，为贤妻良母注入了新的时代内涵，使贤妻良母具有了"新质"。媒介也参与了"新贤妻良母"的塑造。女性报刊的勃兴不仅给女性带来新鲜知识，而且通过新观念的鼓动启蒙女性的思想，特别是以图片和文字的方式，介绍异域女性的生活状态和生活方式，这直接拓宽了女性的视野，使女性在"自我"和"他者"的对比中，反思和重构自我。《妇女杂志》并没有明确提出"新贤妻良母"的口号，但是从杂志的内容已比较容易分析出"新质"来。媒介参与塑造了新贤妻良母，使女性开始进入社会，接受这个社会对女性精神和思想的洗礼，女性意识开始苏醒，"新贤妻良母"逐渐成为女性家庭角色的新范型。

（三）"旧学女子"向"新贤妻良母"角色转换的可能性

"新贤妻良母"的这些特质已经将很大一部分女性排除在这个理想范式之外，这从《妇女杂志》的读者群主要是以女学生和城镇中智识女性以及男性为主就可以看出。在王蕴章主编时期，很多文艺作品都出自旧式才女和女学生之手。正如前面所述，官方女学教育的意图和指向是"贤妻良母"，女学生未来的生活轨迹朝向的就是"新贤妻良母"。除了新式女学生，《妇女杂志》也参与和帮助旧学女子向"新贤妻良母"进行角色转换，这基于：

第一，旧学女子具有一定的学识，具有向新知识家庭女性转变的可能。旧学女子虽然通文史更甚于科学常识，但是其具备一定的学识，能够通过阅读去调整和修正对自己和家庭的看法。

第二，旧式文艺女性，富有才情。从《妇女杂志》的文艺作品来看，虽然笔者并未考证有多少作者属于旧学才女类型，但是从文字的婉约、清秀、绮丽和行文的韵脚来看，她们受传统诗词文章影响很深，才情丰赡，因此在这一点上也与"新贤妻良母"具有共通性。

第三，旧学女子具备能力，但缺乏生利的培训。《妇女杂志》关于女性"生利"的培训以及相关的家政培训，清晰浅显，旧学女子可以通过培训具备持家和生利的能力，比如通过刺绣、纺织、制棉、种花等，为家庭服务，摆脱依附性。

第四，旧学女子闺秀气质浓，缺乏新文明体验。《妇女杂志》中的微物新知，提供了新生活体验方式，这对旧学女子而言是全新的文明体验之旅。因此，旧学女子具备了转换成"新贤妻良母"的必要条件。

从这个角度而言，杂志已经预设了其潜在的读者群——女学生或者具有一定知识的都市女性，农村劳动女性或者不识字的女性是很难成为"新贤妻良母"的。

二 "新贤妻良母"旧底子

《妇女杂志》的话语空间中混杂着各种声音和立场，杂陈着各种观点和态度，彼此之间有相互映衬，也有相互抵牾。对于民初的社会，尤其是被传统文化浸淫得如此彻底的社会而言，接受新知和新观念仍旧需要一定的过程。特别是辛亥革命的成果被军阀和政客窃取后，复古倒退的风气日显。洪宪复古潮流使"孝行贞烈"成为被鼓赞的对象，男女之间的交往再次被严格规定起来。从《妇女杂志》中可以看出微物新知方面塑造"新贤妻良母"女性理想范式的努力，但是社会正处于一个传统强势、新潮蠢动的时代，由此也可发现这件"新贤妻良母"的外衣下还衬着一个陈旧的底子。

（一）贞烈观的根深蒂固

《妇女杂志》遭到同时代一些人的批评，并被后世学者认为是保守落后的女性杂志，这与其发表了很多有关贞烈女子的文章有关。罗家伦说，《妇女杂志》专让女子做些奴隶的事情。这些贞节烈妇在杂志中被记述和介绍，是对传统理想女性的重新崇拜，与受新知识和新观念思想影响的女性构成一种对峙，使女性在接受新事物、新体验、新智识和新观念中不断受到传统价值体系的影响。

王蕴章主编的《妇女杂志》，许多撰稿人脱胎于旧式传统教育，同时也接受了西方的新的知识和观念。在《妇女杂志》的话语空间中，新知识与旧观念、新观念与旧知识混同的"知识阶层"的人很多。民初的教育是"新知识与旧道德不可不兼收并蓄"，特别是对中国传统的历史，各有其坚持的做法和态度，《妇女杂志》中的"新贤妻良母"的新貌与它的旧底子也是混同的，所以鼓吹"贞节烈女"的文章也不在少数。同时，这和官方意识形态也有关系。1914年3月，袁世凯颁布了《褒扬条例》，该条例规定"妇女节烈贞操可以世风者"，"得受本条例之褒扬"，受褒人及其家族愿立牌坊者，得自为之。[①] 1917年，冯国璋颁布了《修正褒扬条例》，并发布实施细则。这个条例规定，"以年在三十以内守节至五十岁以上者为限，若年未五十而故，以守节满十年者为限"，符合这些条件的女子为节妇。贞烈观是对女性个体生命的压抑和限制，已从他律转而成为女性自身的主动选择，女性视此为平常，不容易改变。伴随着新文化思潮的言论势强和讨论的深入，1919年、1920年王蕴章主编的《妇女杂志》为应对新文化思潮进行了内容上的调整，不合时宜的贞节烈妇话语已经很少提及。但传统贤妻中最重要的评价标准，已经内

---

① 《政府公报》第662号，印铸局发行，1914年3月12日。

化为女性自身对待性别关系的参照，并不会因为杂志的提及与否而消失。

王蕴章主编时期有关"贞节烈妇"文章一览

年度	卷号	期号	标题
1915	1	5	《黄烈妇传》
1915	1	7	《万烈妇传》《周烈妇传》
1916	2	1	《李贞女传》
1916	2	4	《节孝金母袁太君墓志铭》《季明烈女传略》
1916	2	7	《书焦烈妇》
1917	3	2	《毛贞烈诔》《沈节母传》
1917	3	6	《向烈妇诗》
1917	3	8	《吴烈妇纪实》
1917	4	8	《陈烈女殉夫事略》
1918	5	4	《贞孝坊记》

（二）女性精神和身体的双重"孱弱"

从王蕴章时期《妇女杂志》的广告中可以看到，女性的很多形象都是弱小的和被讽刺的。女性的"弱小"不能排除生理上的原因——"缠足"影响了女性的身体发育；除此之外，女性在教育方面的欠缺和生存空间的狭窄，使女性只能委身于家庭，经济上依附男人，这导致了女性在精神上的矮化。身体和精神上的双重欠缺导致女性成为"弱小"的代名词。虽然建立女性与男性平等关系的努力并未搁浅，但在由男性主导价值观的世界，男性由于自身的优越所形成的自大和自足再次将女性置于被嘲笑和讽刺的地位。女性仍旧被视为是"弱小"的，她们始终无法在平等的男性目光中获得尊严。在杂志若干有关女性的药品广告中，犹能显现对女性身体孱弱的形象修辞。在图3这样的一幅广告图片中，一身体有恙，手托腮部的年老女性侧坐在椅子旁，中间的男性身材高大，俨作读书状，显现出权威，一纤细女子小心翼翼站其身后，也作观看状，谨小慎微，低眉顺目，带有讨好的意味，身材弱小。两个女子一个是病态，一个是弱态，这与男性想象中强健的"国民之母"相去甚远。

另外一则"韦廉士大医生红色补丸治愈"的广告（见图4），"内人头昏心跳遍身抽扯如机器打动"。如果按照罗兰·巴特的分析模式，一张图片可以提供三个讯息：语言学的讯息，被编码的图像讯息和非编码的图像讯息。"内人"是"妻子"的代名词，确定了女性的身份和生活的空间，使阅读者先行接受某种限定的意义，"头昏心跳遍身抽扯如机器打动"是女性孱弱身体的表现，这是由语言

图3   图4

83

提供的讯息；被编码的图像则是，一年轻女性坐在椅子上，佝偻上身，呈痛苦状，旁边一男性仿佛是呵斥，又仿佛是训导，让年轻女性服药，其身旁又站立一年长女佣人，手里端了一个药壶，静候。一病一老两位女性之间的男性，健康、高大、有权威，是一家之主。他与生病的妻子构成了对比：高大—矮小，强健—病弱，主导—顺从，命令—遵守，这种二元对立的关系再次强化了性别结构中的男性的主导身份和强势地位。在广告这种微妙而并不十分明确的部分里，实际上也在强化性别之间的既成结构，将女性弱化和矮化。《妇女杂志》中与上述两图类似的广告很多，这些广告以某种叙述的策略再次刻板化晚清以来女性病态弱小甚至丑陋的印象。广告通过某种看似直观的表述，实际上隐喻着思维的结构和方式，并且"……这种媒介—隐喻的关系为我们将这个世界进行着分类、排序、构建、放大、缩小、着色，并且证明一切存在的理由"[①]。广告隐喻了男女性别之间一直存在的稳定结构，在这些不被注意的细节里可以看出，两性的既有结构并未发生实质性的改变。栏目内容指向的是"新贤妻良母"的理想，其中又不乏对传统女性贞烈观念的宣传，广告中也不断呈现传统女性孱弱形象，可见，杂志本身也是一个巨大的矛盾体。

在王蕴章主编时期的《妇女杂志》中，既可以见出其培养有知有识、科文兼修的新家庭知识女性的意愿，又能看出"这个女性"具有温顺恭良、孝贤守贞的传统女性的特点。《妇女杂志》是一个复杂的载体，承载着新知识分子对女性的理想期待和旧式男性对女性的规约。

[①] 尼尔·波兹曼著，章艳译：《娱乐至死》，广西师范大学出版社2004年版，第12页。

第四节 "杂而不越"——稳健务实的主编策略

一 如何稳健务实

学界一般认为王蕴章主编《妇女杂志》的这段时间（1915—1920），持守的是"家庭和贤妻良母主义"，带有明显的保守倾向。其实，这是妇女"浮出历史地表"之后，非常务实的路径选择。《妇女杂志》以实用为主、坚持稳健的办志方针，在细微处着眼，既保守着某种既成的传统，又不动声色地改变着人们的生活方式。启蒙的话语激荡了潜隐在历史"地表之下"的女性，现代性的语境将女性的个体意识和自我意识唤醒，而以软性的"家庭和贤妻良母主义"为主旨的《妇女杂志》则将晚清到民初的妇女问题做了有力的承接。"铁屋中的女性"被唤醒之后，有了自己的呐喊，但是更多生活在"铁屋"中的女性，需要一个缓进和稳健的救赎过程。因此，以培训知晓和善用现代生活器具以及懂得现代料理家庭方式的"新贤妻良母"为目标，成了启蒙之后《妇女杂志》最切实的路径选择。

前面提到的1918年的征稿启事清晰地呈现出王蕴章实用的办志态度，以女学和经世致用的治家育儿方法为主要内容，体恤女性在新学启蒙之中的不足以及在家庭生活之中的困惑；对文学艺术的偏重，也能看出主编力求通过审美趣味和文艺培养来提升女性的个人修养；而对"妇女常识"的介绍和普及，则帮助女性树立对身体的正确态度，以祛除身体之迷魅；他不断强调文字要浅显，非常明确地以女性读者为指向，再次证明了《妇女杂志》的务实。

在《本杂志今后之方针》中有：

我们主张按照我们现在的社会情形，根本的去求女子解放的实现，所以我们不主张急进的方法；但我们至少有个高于现社会情形的理想，和前进的精神，但是同人等到底见闻有限，学识浅薄，时常很盼切的愿和海内通人讨论商榷。①

王蕴章稳健的主编立场，表现在他对《妇女杂志》整体内容和风格的确定上。《妇女杂志》既要迎合社会大众对女性的舆论建构，又要和商务印书馆"启蒙"和"教育"的文化理想相偕。社会学家帕森斯认为，社会主要表现在人的行动上，只有在人的社会行动中才能看到一个社会的真实意义，才能看到社会所出现的各种现象和过程。王蕴章作为主编的个体行为，其实关联了社会出现的各种现象和过程，因此，《妇女杂志》的内容选择、宗旨以及风格虽然是由主编个人决定，但是仍旧是整个社会现象的凝结和释放。

（一）符合商务印书馆的立场

前文对商务印书馆的"文化和商务"立场做过分析，《妇女杂志》作为商务印书馆旗下的杂志，是商务印书馆整体出版思想的一个载体，也是商务印书馆文化立场和商业立场的重要体现。商务印书馆始终致力"文化启蒙的现代化事业"，《妇女杂志》也为女性启蒙提供了一条务实的路径。从1915年创刊到1932年1月在战火中停刊，17年的时间里，《妇女杂志》主编、作者以及读者，共同搭建了一个"女性声音"的空间，使之成为女性启蒙和性别关系建构的重镇。张元济主持商务印书馆期间，"一个非常显著的个性特征

---

① 《妇女杂志》第5卷第12号。

就是'趋新',正如他自己所言,'生平宗旨,以喜新厌旧为事'"[1],但是,他并不是一味求新,放弃传统,而是保持各自文化上的优势,相互调剂,这也形成了商务印书馆"趋新"和"念旧"的双重文化价值观。所以,王蕴章时期的《妇女杂志》还带有文化保守主义的色彩,其通过渐进的方式改良家庭、性别关系以及塑造健康文明的生活方式。王蕴章时期《妇女杂志》通过"微物新知"实现女性生活启蒙,并由此建构了"新贤妻良母"的理想女性范式,虽然还不能完全脱掉传统女性的陈旧,但是已经朝向现代的方向前进了。商务印书馆坚持的"文化与商务"的立场,一方面使之能够始终向读者提供相对较新的书籍和期刊以及相关的言论,另一方面商人的诉求使这种文化担当始终和经营利益相结合。商务印书馆不标新,但是很策略地宣传新思想、新文化和新阅读。《妇女杂志》对"新知"的推崇,也是迎合了大众对新知识的明显需求。

从废缠足、兴女学的女性身心启蒙到成为一个女国民的豪情壮志,裹挟在民族革命中的女性成为了无性别差异的国民,辛亥革命失败之后,女性轰轰烈烈救赎自身的运动陷入低潮,已经"苏醒"的女性再次陷入一种尴尬的困境,在这样一个女性对自身想象无法实现的时代,杂志如何将女性纳入到一个能够被接受的潜移默化的启蒙中,就显得很重要了。《妇女杂志》正好衔接了这样一个女性精神"空窗期"。《妇女杂志》从女学方面将晚清女性的教育更系统化和科学化,其中为女性进行的各种职业培训,虽然以家庭为主,但这也是对康、梁倡导的由"女性分利说"到"女性生利说"转变的有效落实。务实选择,新贤妻良母主义,稳健的策略,缓进的立场,以及对启蒙的有效续接,是对《妇女杂志》在1915—1921年的一个全新理解和评价。

---

[1] 史春风:《商务印书馆与中国近代文化》,北京大学出版社2006年版,第75页。

（二）符合社会的合法性指导

维新改良和辛亥革命给女性思想和生存选择带来了很大的影响。维新改良确立了"近可宜家，远可善种"的女性想象，并通过兴女学的方式帮助女性成为具有一定智识、能够诞育佳儿的"贤妻良母"；辛亥革命之后继续采纳以"昌明女学"为主的女性培养的途径。晚清民初兴办的女学，绝大部分还是承袭了维新派倡导的"贤妻良母主义"。在当时的社会语境下，这是比较容易被接受的具有合法性的指导思想，"（《妇女杂志》）代表着最为正统也最为官方的意愿和指向，与其他一些言论激进，与传统相悖的刊物相比，该杂志与救国保种、贤妻良母目标走得是如此接近：'与时事同进退'似乎成为早期《妇女杂志》最大的特色"。[1] 通过对《妇女杂志》图书广告中的女子必读书的分析发现，这些广告中经常会出现"教育部审定"、"中学师范规定用书"等宣传用语。女学所涉及的用书，指向的是家庭和培育未来的"新贤妻良母"，商务印书馆印制的女学用书，符合官方的女学需要，其在"微物新知"方面的重点传播，也符合商务"开蒙启智"的立场。《妇女杂志》顺应社会一般主流话语，以社会合法性为指导，即使在"贞烈节妇"这个问题上，也因洪宪复古造成的社会潮流，而顺应社会的一般需要。当然，这与商务印书馆保持与政治之间的某种微妙的关系有关，主编王蕴章已经将商务的基本立场融入到文章的选择和内容的设定中。

杂志总是要切合时代的思潮、立场、人文生活以及当时人们的实际心情，同时要在文化和商业之间做出一种平衡。《妇女杂志》既要适应社会主流价值观，也要照顾读者的阅读趣味，同时要顾及商务的文化资源以及开蒙启智的宗旨。王蕴章时期的《妇女杂志》，

---

[1] 李康化：《漫话老上海知识阶层》，上海人民出版社2003年版，第56页。

虽然在新文化运动前后甚至今人看来仍显得市井、守持和落后，但是如果把其放置到当时的历史语境下，会发现其新知内容符合启蒙的诉求，文艺作品符合女性读者消遣的需要，这既呼应当时社会的基本情形，也遵循社会的合法性指导。"贤妻良母主义"论调更切合辛亥革命之后女学兴办的主旨。但是，其中的"新质"又是不能被忽略的，毕竟王蕴章时代已经历了辛亥革命前后轰轰烈烈的女权运动，女性思想已被洞开一角，尽管还未彻底打开，但是新鲜空气已经进入，这是客观的。

（三）社会稳固系统的需要

王蕴章时期的《妇女杂志》所持的稳健务实的编辑策略，与社会话语保持同行和一致，并没有超越时代本身以及社会的总体价值系统，而是维持现存社会的生活方式、文化道德和价值系统。社会学家帕森斯认为，维持社会固有的行为模式，就是维持现存社会关系、生活方式、文化、道德、行为规范和价值系统。对于新旧思想共处于一体的知识分子王蕴章而言，与原来的文化叙事、道德体系、精神类型以及社会生活方式完全决裂，是很困难的。首先，一个文人知识分子很难有这样的勇气和力量；其次，身处其中的人易于接受以改良为基础实现的平稳过渡。杂志的舆论主张对于社会的稳定性具有很大的影响，因此，保持稳健的立场也是维持现有社会关系和生活方式的一种选择。虽然这种文化保守主义的立场，被斥为落后、庸常和缺乏勇气，但回到历史现场而言，王蕴章的选择至少是无可厚非的，并且也为《妇女杂志》长久生存提供了可能。

帕森斯社会理论认为，"均衡"和"整合"是社会系统运动的基础和归宿，也可以理解为服从和适应社会以及保持社会稳定性，这可用来解释王蕴章时期《妇女杂志》的基本样态及其立场选择。

从上述的分析中可以看出，他试图均衡各种关系和立场，而这种平衡也体现在《妇女杂志》栏目的设置中："图画"是对西方杰出女性的展示，"论说"是对女学中存在问题的说明和如何改进的建议，"学艺"、"家政"是对"微物新知"的介绍和传播，"传记"是对烈女节妇的介绍。王蕴章时期的《妇女杂志》就像一个中外新旧女性同时起舞的舞台，你方唱罢我登场，而对于观众而言，各取所需，都能找到共鸣的声音和相近的立场。帕森斯的理论恰好可以为社会转型时期的保守立场背书，其通过稳固的统治形式可以使社会结构与社会秩序都能在社会变迁中保持一种连贯和持续，并实现渐进式的改变。《妇女杂志》作为一个话语空间，是某种文化价值的具体表征，其启蒙的立场、稳健的策略和文化保守主义的态度，正是社会过渡和转型时期文化系统的各种力量博弈和制衡的结果。这种均衡和调节也保证了社会的稳定和潜移默化中的改良。正如帕森斯所言，"大众文化的价值和成分为社会成员共享，并且内化进他们的个性中去以及社会结构中被制度化的情况。……价值通过调节社会不同的主要关系综合体的制度被卷入更加分化的社会结构里的情况……"[①] 杂志总是代表一种立场和价值观，"说什么和怎么说"都在这个空间展布，这种取向和认同既是对社会文化系统的回应，也是在各种力量之间保持"均衡"。《妇女杂志》不断提出并且恪守稳健的立场，是符合社会实际状况的。在帕森斯看来，变迁不是对社会均衡的破坏和干扰，而是增加和强化社会均衡，其结果是造成一种新质的均衡，他比较偏重于渐进的、平缓的调整。这与王蕴章在社会转型时期的立场选择是一致的。

---

① 帕森斯著，梁向阳译：《现代社会的结构与过程》，光明日报出版社1988年版，第140页。

二 更迭的无奈——王蕴章的离职

王蕴章是清光绪壬寅科副榜举人,早年在文明书局任编辑,具有民族主义思想倾向,后入商务印书馆,在文学上被认为是"倾向于鸳鸯蝴蝶派",他始终带有旧式传统文人的印记。袁世凯的复辟,使整个社会处于杂乱无序、新旧更迭、守旧势力占据上风的状态。这体现为《妇女杂志》里有多篇文章宣传贞烈观,歌颂传统家庭的旧式建制。《妇女杂志》的这副面孔不能不遭到新文化运动精英的批评和指责。在1910年代的过渡时期,多重社会力量和社会思潮进行博弈,争夺自身的话语立场,新旧生活方式的争夺也可视为文化领导权的争夺。"北京大学及北京高等师范学校被誉为中国近世文艺复兴的策源地。特别是北京大学的教授与学生在新文化运动时,对于一些守旧传统的杂志、书籍,大加挞伐。"① 在五四新文化运动的冲击之下,商务印书馆多家杂志销量日减。王蕴章对微物知识、家庭生活以及鸳蝴文艺的倚重,并不适应新文化运动全新的话语以及人们在五四新文化运动中表现出来的巨大热情。商务印书馆因传统保守而导致杂志的销量下降,促使其调整出版立场和发刊宗旨,这也使《妇女杂志》逐渐转变了内容、风格。"以印制教科书为大宗,具有垄断性质的商务印书馆,它出版的几种杂志,在当时被视为专为牟利、头脑混沌,提倡名教纲常的思想落后的刊物……王会吾在《中国妇女问题——圈套——解放》一文中说:'我从前在嘉兴女子师范里,修身一科的结晶体是'服从'和'敬顺',又有什么'贤妻良母',什么'三从四德',时时总要接触着我的耳鼓。商务印书

---

① 刘曾兆:《清末民初的商务印书馆——以编译所为中心之研究(1902—1932)》,台湾政治大学历史研究所,第142页。

馆的《妇女杂志》，也是脱不了这个主义'。"①

在这样的舆论攻势下，一向稳健的商务印书馆开始调整自身的经营策略，对旗下的杂志进行了改革。1919年，《妇女杂志》中贞节烈妇之类的文章鲜见，其言论内容已经向妇女问题靠近。下面是《妇女杂志》刊登在《学生杂志》上的改版预告广告：

> 《妇女杂志》出世已经六年了，每一年出版的时候，必有一种什么"进步"、"改良"、"刷新"的广告，读者看了反疑它是具文，此番却是实实在在改良了一下，要请读者判断判断：
> 　　迎接新潮变换体例这是根本的改良
> 　　多用白话简明切要这是文字的改良
> 　　采用新图趣味浓厚这是图画的改良
> 　　选择要闻灌输新知识这是译件的改良
> 　　妇孺修养无所不被这是家政的改良
> 　　家庭俱乐部另列专栏这是余兴的改良②

从1920年《妇女杂志》的各期目录上可以看出，其改革的口号已经贯彻在具体的编辑过程中。在"社论"栏目中，沈雁冰不断以佩韦为笔名发表《妇女解放问题的建设方面》《评新妇女》等文章，并且成为1920年《妇女杂志》的主要撰稿者，王蕴章请他做社论主笔，可见其改进《妇女杂志》的努力。但是，这并没有改变王蕴章最后辞职的命运。

---

① 周叙琪：《一九一○～一九二○年代都会新妇女生活风貌——以〈妇女杂志〉为分析实例》，台湾大学出版委员会1996年版，第135页。
② 王飞仙：《期刊、出版与社会文化变迁——五四前后的商务印书馆与〈学生杂志〉》，台湾政治大学历史学系2004年版，第101页。

作为传统知识男性，王蕴章对女性视角的转变，不是革命式地与传统断裂，而是在稳健的基础上逐步改良，这也是当时多数知识分子的选择。王蕴章同时又是矛盾的，这种矛盾体现在他"保守立场"和"纳新启智"的双重态度上。在王蕴章主编《妇女杂志》期间，旧文人的保守固执以及西学东渐之后的启蒙始终左右着他对《妇女杂志》内容的设定。不能否认，王蕴章面对新文化运动已经做出了调整和改变，但是在新旧压力下，他试图调和的努力却使两个阵营都无法认同，其改良式的意图也因为不彻底而遭到诟病。王蕴章的辞职，是新旧思想一次交锋，也是新旧知识分子争夺话语权下的无奈选择。

小结 "开蒙启智"策略下的新家庭女性

王蕴章担任《妇女杂志》主编的六年时间里，最大的贡献就是通过"微物新知"实现其开蒙启智的宗旨，并确立"新贤妻良母"的理想女性范式，杂志中的栏目设置都意图培养一个有新观念、新知识、新体验、能生利的家庭女性。王蕴章在"开蒙启智"的社会命题中，通过"微物新知"培养新家庭女性，使"旧学女子"通过培训成为"新贤妻良母"。这是从微观政治的角度入手，通过"新贤妻良母"实现家庭的改良，这对整个社会有机体也是重要的改进。

王蕴章时期《妇女杂志》稳健务实的价值立场，是维系稳定社会系统的应然选择，也在商务印书馆经营策略许可的范围之内。杂志中涉及的科学趣味以及现代文明生活的体验，诸如科学、生活、家政、学艺这些和女性日常生活息息相关的内容，正是"旧式才女"向"新贤妻良母"转换的重要步骤，它们以感性直接的方式渗入到妇女的日常生活中，改进或者改变女性深层的社会心理、社会适应度以及她们的思维方式。他选择的稳健立场，更是一种选择策略。

王蕴章在《妇女杂志》中没有什么鲜明的言论和振聋发聩的呼声，他用一种不温不火的"调和"的方式，对传统女性进行科学启智和"生利"导引，并借助西方优秀女性产生的召唤价值，意图建立家庭新女性的形象，务实且稳健。虽然王蕴章最后黯然离去，但是其对《妇女杂志》的贡献以及对女性的启蒙依然具有光芒。

第四章　颠覆与重建："新性别伦理"与"新女性"

　　章锡琛接替王蕴章成为《妇女杂志》[①]第二任主编，直接改变了《妇女杂志》的女性话语，使其成为新文化启蒙运动中女性问题有力的发声者。不同主编的价值立场和人文选择都会形成不同的杂志风格和内容，章锡琛接任主编后，女性启蒙也从"新知"进入到了振聋发聩的"新观"层面。章锡琛时期的《妇女杂志》尤其偏重新性别伦理的建设，个人主义、婚恋自由和妇女解放等问题与新文化思潮形成有力呼应。《妇女杂志》成为探讨女性解放问题、家庭革新和婚恋自由问题的重镇，是当时女性杂志中的"第一把椅子"。同时，其上万册的发行量为商务印书馆带来了很好的经济效益，成为改革的重要成果。

　　章锡琛任主编时期，《妇女杂志》的女性话语与王蕴章时期有明显的区别，"贤妻良母"被"新女性"取代，这是《妇女杂志》

[①]《妇女杂志》在17年的时间里，有很多现代历史上的名人成为其撰稿者，比如钱基博、吕碧城、向警予、邵飘萍、成舍我、鲁迅、胡适、周建人、周作人、沈雁冰、恽代英、陈东原、叶圣陶、李健吾、丰子恺、叶浅予、陶希圣、庐隐、陈望道、陈伯吹、金仲华等。

中着重探讨"两性问题"的时期，杂志也由家庭生活类读物成为性别问题讨论的空间，女性由他者命名转换为自我命名，男性开始要求并召唤女性成为与之平等的"社会人"。其中"新性道德"、"恋爱自由"、"离婚自由"等言论，对女性乃至时人来讲，无疑都是有巨大震撼力的。任何一个社会，"激进"和"先锋"的言论及实践带来的结果无非是两种，第一，有后续的言论和实践双重跟进，确保探索的成果和价值；第二，遭到保守和传统的拒斥，导致"先锋"沉默，"激进"平和。1925年，章锡琛因《妇女杂志》出版"新性道德号"提倡新的性道德，引发了《妇女杂志》与《现代评论》之间的争论，不同话语集团为捍卫各自观点和立场而发声，从而引发社会争鸣。章锡琛因此受到商务印书馆内部的批评和审查，最后辞去主编职务。章锡琛的辞职，是商务印书馆自身"在商言商"、"保守稳健"的出版立场使然，商务内部保守同人群体的反对也是重要的原因之一。

第一节　章锡琛主编时期的杂志转型

章锡琛（1889—1969），原名锡櫰、锡椿，后改锡琛，字雪村，又字君实。浙江会稽（今绍兴）人。16岁入县城东文传习所学日文，17岁入本县东湖通艺学堂学习。23岁到上海，进商务印书馆，跟随杜亚泉任《东方杂志》编辑。1921年，接任《妇女杂志》主编。1922年，兼职编辑《现代妇女》旬刊，为《民国日报》编辑《妇女周报》副刊。在此期间，章锡琛翻译和介绍了很多日本和西方国家关于女性问题的文章，这为他探讨性别问题的新锐立场奠定了理论基础。章锡琛时期的《妇女杂志》最有影响力，发行量也最大。《妇女杂志》从遭到新文化运动的批判转而成为女性杂志中讨论女性问题和妇女解放的"第一把椅子",章锡琛的调整和改革功不可没。

一 创导性的《妇女杂志》改革

(一)附和新思潮进行的内容调整

五四运动的狂飙对奉行文化保守立场的商务印书馆是一次强烈的冲击,罗家伦在《新潮》杂志上对《妇女杂志》以及商务印书馆旗下的其他期刊进行了严厉的批评。为了改变《妇女杂志》的旧貌,附和新文化运动的思潮,章锡琛接手后进行了重大的调整和改革,在既有的家庭生活杂志的基础上,把《妇女杂志》打造成妇女问题讨论的新阵营。"新女性"也成为章锡琛时期《妇女杂志》中比较鲜明的符号(尽管"新女性"内涵比较复杂和多变)。

这一时期《妇女杂志》最鲜明的特征就是展开的"新性别伦理"问题的讨论。新性别伦理讨论特指《妇女杂志》以"新贞操观"和"新性道德"为主要内容,涉及新婚恋自由以及与性别关系相关的家庭制度的改革的讨论。新性道德是新婚恋自由的逻辑起点,新婚恋自由促进了两性关系的调整和家庭制度改革。虽然章锡琛时期的《妇女杂志》也涉及科学新知、诗歌、征文和民俗生活等内容,但是其最大的建树就是确立"新性别伦理"的舆论主张,并且章锡琛认为,婚恋自由是妇女解放的根本路径。章锡琛主编时期的《妇女杂志》对女性解放以及新性别伦理的关注,无论是其他几任编辑,还是同期杂志,都无出其右,这也成为其主编时期《妇女杂志》最重要的特征,新性别伦理也成为探索女性解放的重要的路径。"离婚问题专号"、"新性道德号"等专号,使《妇女杂志》以新锐的势头,成为妇女问题讨论的核心。这些新思想和新生活方式直接"蛊惑"着新青年男女，与旧式家庭、旧婚姻以及传统生活方式进行抗争。这些问题直接指向女性个体意识的确立，并且促使两性共同思考新道德伦理问题以及其他自身问题。

（二）栏目调整突出舆论引导

章锡琛1921年接任《妇女杂志》主编，对《妇女杂志》的栏目做出了一些调整，设立"世界珍闻"、"趣味之科学"、"家事研究"、"常识谈话"、"风俗调查"、"民间文学"、"笑苑"、"读者俱乐部"、"补白"等栏目。"补白"的内容大多是对于各国妇女，主要是美国、苏联和日本等国家的女性生活、工作、学习情况的介绍；"趣味科学"和"科学谈屑"等栏目是对王蕴章时期科学进入日常生活的推进；"民间文学"和"风俗调查"这两个栏目虽然一直被研究者忽略，但是却有巨大的历史文献和民俗研究价值。此外，每卷的内容都有些微的调整，增加了"自由论坛"、"读者文艺"、"评坛"、"妇女消息"、"征文选登"等栏目。章锡琛主编时期的"通讯"、"编辑余录"栏目建立了读者与编者、作者与编者、读者和作者沟通的渠道，三方针对一些问题展开深入的探讨，这是研究《妇女杂志》不能忽略的地方。"读者俱乐部"、"自由论坛"是言论社说的空间，特别是"主张和批评"栏目，直接表明杂志的立场和意图。这里集中了妇女婚姻、恋爱、职业、学习、经济独立、新家庭改良等诸多问题的探讨。从这一部分可以看出，这一时期明显增加了关于女性解放问题的讨论，这和五四时期"人"的发现和觉醒相关。1921—1925年，章锡琛主编的《妇女杂志》有一种清新明快之风，与王蕴章时期的持重典雅之风相比，更易被青年知识男女接受，这不仅是一个言说女性的空间，就其接受者来看，更偏向于具有新思潮的女性和男性读者。

（三）白话文的使用与成熟的编辑策略

白话文代替文言文是新文化运动在语言学领域的实绩之一。章锡琛时期的《妇女杂志》也顺应潮流，将杂志的语言从文言文改成白话文。罗家伦说："文学是生活的表述和批判，最好的思想要有最好的表达……显然，口语最适于用来表露我们的想象和我们的感情，为什么呢？就因为这是在日常使用中表露了我们的日常的想象和感情。"[1] 白话文改变了人们的阅读习惯，不仅重新建立了人们的阅读感觉，还是对人们深层思维方式的一种改造。虽然后来有读者认为，白话文的使用反而不如文言文阅读使她们畅快，但是，这让她们更亲切地感受到新思潮气息的扑面而来，也让女性对新文化运动有了身心体认。

章锡琛有着非常成熟的杂志编辑策略。章锡琛时期的"通讯"栏目很受读者欢迎，读者对杂志中一些作者的文章和编辑的观点有质疑、赞同等，都可以通过"通讯"与之沟通和交流。这形成了非常好的编读互动，不仅可以增加讨论的话题，还能深化问题讨论的程度，也有利于保证稳定的读者群。此外，章锡琛在舆论主张和征文之间也形成互动，比如从妇女的职业化舆论主张到"我的职业生活"征文，再现了妇女进入公共空间之后的体验和遭遇的困境。特别是在章锡琛主编时期推出的"产儿制限号"、"妇女运动号"、"娼妓问题号"、"配偶选择号"、"男女理解号"、"新性道德号"等，以专号形式回应了当时讨论的热点问题。读者经常在《妇女杂志》上刊登求某专号杂志的启事，可见读者对专号的认可和欢迎。1923—1925年，章锡琛主编的《妇女杂志》连载《妇女之性的知识》《女子之建设新生活与性的道德》《性教育与配偶的选择》《男女社交与

---

[1] 转引自戴仁著，李桐实译：《上海商务印书馆1897—1949》，商务印书馆2000年版，第28页。

性的意识》《贞操观革命的呼声》等文章，这些文章以及由此逐渐建立的言论导向必然会促使主编利用专号以求问题探讨的集中化，经过一系列的"话题"讨论之后，才有"新性道德号"，而与之呼应的是"新性道德"的征文，等等。这些都是成熟的编辑策略的体现，章锡琛时期成为《妇女杂志》17年中最辉煌和最有影响的一段时期。

二 "与时共进"的性别话语空间

王蕴章时期的《妇女杂志》帮助那些识文断字的传统家庭女性和女学生更好地承担家庭的责任，章锡琛时期的《妇女杂志》则针对新思潮影响下的女学生和智识女性，试图培养具有自由思想、独立人格、服务社会意识的新女性——尽管"新女性"作为一个符号不断被人们以各种目的加以利用。追随五四新文化运动思想风潮，已经成为当时知识青年中的"时尚"，因此，章锡琛时期的《妇女杂志》的言说立场与其说是激进、新锐，不如说是"与时共进"。经过章锡琛的系列改革，《妇女杂志》的读者由二三千人增加到一万多人。"杂志风格与内容的转变，对商务而言，成效在于提升销售业绩；对致力于改革的学者来说，求新求变，与时俱进，对社会有所贡献，才是他们所关心的焦点。"[①]

"启蒙仍是妇女报刊的第一实绩"，在章锡琛担任主编的五年时间里，其主要编辑内容为妇女问题的探讨、实践以及妇女生活的指导等。五四新思潮运动中，"娜拉"作为一个标志性的符号成为知识女性告别旧式家庭的重要引导，很多知识女性都以"告别家庭"

[①] 刘曾兆：《清末民初的商务印书馆——以编译所为中心之研究（1902—1932）》，台湾政治大学历史研究所，第139页。

走向"新天地"的姿态与传统"作别",比如鲁迅小说《伤逝》中的子君。小说是以故事的形式完成女性身份转换的叙述,而杂志就是用最直接的方式告诉女性读者,为什么会离家出走,离家出走的目的是什么,走之后能做些什么。《妇女杂志》在章锡琛主编期间,关注的是女性人格、尊严、独立、贞操等,尤其关注女性的社会问题,比如自杀、再婚、独身、妇女运动、经济独立等,并通过专号的方式将讨论的问题集中化、深入化和系统化,使读者深刻认识问题并且从认知转向实践,给苦闷、彷徨、无望的过渡时期女性以参照的标准。

章锡琛主编时期,对"论说"和"主张与批评"等栏目的关注以及对读者和编者之间互动沟通渠道的建立,展开了有价值的性别问题讨论。尤其是在"通讯"栏目中,章锡琛每期都予以认真的回复,表明其对女性问题的思考倾向并给出一般的解决方式,同时他充分利用征文的形式,比如"对于妇女杂志的希望"(第7卷第12号)征文等,把读者转变为作者,表达对杂志的看法和阅读趣味,编者也能够由此获悉读者解码的方式。章锡琛主编《妇女杂志》期间,其主要立场倾向于女性问题的研究,《妇女杂志》也从王蕴章时期的偏向于生活性和消遣性转到深刻的女性问题的探讨和研究上,并且从"发现人"的立场上去还原女人应该具有的社会权利和责任。章锡琛对《妇女杂志》的改革确立了其探讨女性问题的前沿视角和新锐的主张,并且他也在为《妇女杂志》的前沿、先锋和前卫的话语空间构建不断寻求事实和价值上的支持。《我们今后的态度》中写道:

> 现在正当本志出版后的第十年……不用说,在本志最初出版的时候,原预备作为一种家庭妇女的读物,关于家政的一方面,较为注重,近来则渐有注重于妇女问题研究的倾向,

这大约读者诸君所都能察觉的。但我们仍然承认,妇女在家庭中,的确有极重大的责任。所以这方面的讨论,决不想完全抛弃,并且承认家庭的改良与国家社会实在有非常密切的关系,不过不应该把妇女局限在家庭的小天地罢了。……但我们有一个坚决的信条,以为妇女问题,并非专是妇女的问题,实在是两性问题,是全人类的问题;把妇女和男子分成两种的人类,加以种种差别的社会的待遇,实在是不自然,是人类的极大的谬误。所以我们现在所应该研究的,不宜专限于妇女的一方面,必须着眼于全人类的生活,才是合理。

因此之故,第一应该确立的,就是正当的性的观念……所以我们的意见,以为改正性的观念,是今日唯一重要的急务,解决妇女问题的最初入手方法,我们今后想对于这方面的工作,尽我们所能尽的力量。

关于两性关系首先遇到的问题,就是所谓恋爱问题……①

"但我们有一个坚决的信条,以为妇女问题,并非专是妇女的问题,实在是两性问题,是全人类的问题",可见,《妇女杂志》创造的女性话语空间,实际上是男性建构的女性问题讨论空间,男性基于新文化、新思潮和建构社会新的解释体系的需要,必须得从各个问题入手,《妇女杂志》显然提供了讨论这样问题的公共话语空间,男性对女性问题的激烈讨论是与传统某些因袭的力量抗衡,以此获得新的话语权。"这群对妇女问题有兴趣的男性知识分子,一方面掌握住当时的社会情势与大众要求,一方面则基于他们接受外来思潮的学识与语言能力,兼顾了该刊的市场走向与传播学理的两

---

① 《妇女杂志》第10卷第1号。

大层面。"① 改革之后的《妇女杂志》发行上万册，其中有相当一部分购买者是男性，这些男性知识分子从《妇女杂志》中读到拯救女性的可行路径和合法性的依据，他们试图把女性从旧式家庭中带出来，以期重新建立两性关系。"第一应该确立的，就是正当的性的观念……所以我们的意见，以为改正性的观念，是今日唯一重要的急务，解决妇女问题的最初入手方法"，从章锡琛时期《妇女杂志》的这个态度来看，1924年后，恋爱问题是杂志主要探讨的问题，在主编看来，"性"的观念问题以及相关的婚恋问题，成为解放女性、改革两性关系的重要途径。章锡琛利用《妇女杂志》表达舆论主张，持续引导读者思考和建立关于两性问题的新立场，他和其他的主笔翻译爱伦凯、罗素、与谢野晶子等有关婚恋和性道德的理论，改良女性的生育观念、婚恋观念和家庭观念，帮助女性寻找"人"的个体存在价值。"大体上，由章锡琛所主导的'参与并积极回应新思潮'的编辑策略应该可以说是成功的。……许多人接触了这份杂志，并且乐于投书表达自己的观点，有机会在该刊中进行某种程度的意见抒发与交流。我们也可由此感受到，此时期编辑群积极想要引导新思潮议题，创造一种讨论风气的中心。……但是章锡琛等编辑群也承认，并非所有读者都喜欢这个偏重新道德、提升女子地位的讨论方向。编辑群的自我辩护是，为了'追求家庭的圆满'——而这些正是部分读者认为改革后的《妇女杂志》较为欠缺讨论的内容——必须先健全与巩固爱情这个创造圆满家庭的基础，所以他们才比较注重讨论有关爱情或婚恋的课题。"②

---

① 许慧琦：《〈妇女杂志〉所反映的自由离婚思想及其实践》，载《近代中国妇女史研究》2004年第12期。

② 同上。

三 转型的"是非"

从章锡琛创设和改进的《妇女杂志》的栏目来看,他的新锐色彩和新潮主张并不是一蹴而就的,是在逐渐的编辑和积累过程中实现的。章锡琛本人也强调自己对女性问题并不是很熟悉,在担任主编期间,他利用自己的日文优势经常翻译一些日本有关妇女问题的文章,《妇女杂志》逐渐加大关于女性解放的新观点和新思想的介绍和讨论。正是这些先锋的言论和观点,使他受到了一些指摘,在"通讯"中也有读者提出反对的意见。他也在为自己辩论,"言论固然不能不顾到事实,但也不妨表示超过事实的理想的。"正是这样的一种态度,关于贞操和性道德问题的讨论在1925年"新性道德号"中有了集中的阐述。这些观点对过渡时期的青年而言,无疑是新锐和先锋的,甚至带有某种"蛊惑"性。但这些激进言论并不具有主流阅读者的接受基础,新性道德论旋即遭到《现代评论》陈百年等人的质疑和反驳,认为可能成为"流弊"。该讨论愈演愈烈,由理论争鸣变成利害关系判断。章锡琛和周建人回复的文章在《现代评论》不予以全文发表,《妇女杂志》又不准刊登,无奈之下求助于鲁迅,最后在《莽原》上得以刊发,鲁迅在编后记中也说,他们的言论有超出时代之嫌。

"新性道德号"之后,《妇女杂志》成为众矢之的。商务印书馆认为章锡琛的文章有失体统,将其调离《妇女杂志》,在国文部点校。[①]虽然无法证实编译所所长和杂志主编之间究竟出现了怎样的对话和争执,但是,有一点是清楚的,文化保守立场是商务印书馆的基础,"在商言商"、"开蒙启智"是其"文化与商务"的双重坚持,

---

[①] 刘曾兆:《清末民初的商务印书馆——以编译所为中心之研究(1902—1932)》,台湾政治大学历史研究所,第142页。

不能因为《妇女杂志》激进的言论将商务印书馆多年确立的企业风格改变。从商务印书馆的角度考虑，缓和激进立场，不引起社会言论的纷争，这对商务印书馆作为文化企业而言是有益的。《妇女杂志》隶属商务印书馆，而激烈的社会争鸣引起当局的不满，对商务印书馆而言是毫无益处的。而且，这种分歧的出现，不仅是激进和保守的矛盾，也不仅是不同文化立场的人们进行的话语权的争夺，恐怕还攸关一个企业的生死存亡。

随着章锡琛的辞职，一批代表五四新文化运动精神的人也相继离开，《妇女杂志》构建的关于女性问题和性别话语讨论的空间，也因为他们的离开而"解体"。随着五四新思潮热度的降温，关于女性问题的探讨和研究也逐渐冷却下来，但是章锡琛担任主编时期《妇女杂志》所创造的性别话语空间，尤其是它对晚清和民初的女性启蒙的承续以及对后来上海出现的"摩登"女性的思想和文化双重开拓，都是一个有价值的过渡。

第二节 "新性道德"讨论与贞操观转换中的性别结构调整

章锡琛时期《妇女杂志》不断进行价值观的输出，其中关于女性的表述，在某种程度上形成整个社会对女性的想象和期待，尽管在两性关系问题上还打着明显的过渡时代的烙印：对"新式"盲目追求以及对传统彻底摒弃的态度；对理论过度依赖而导致与现实的错位；男性精英话语立场在新思潮中主导社会话语的方向；女性对男性思想立场盲目追从；新思想旧道德，新话语旧习俗，新家庭旧生活；等等。《妇女杂志》创建的性别话语空间，清晰地呈现了过渡时期两性关系以及人们精神生活的基本样态。正如前面所说的,《妇女杂志》继承了肇始于《新青年》的妇女人格独立与解放的问题,成为女权主义(feminism)讨论的主要话语媒介,它关于"新性道德"问题的讨论开辟了全新的性别话语空间,杂志中关于性爱问题的科学话语也影响着人们对性爱问题与传统不同的理解,对性问题的看法从身体扩大到人生层面。在《妇女杂志》中,新性道德建立的不仅是新的性爱观,还以此为基点进行思想辐射,使人们对女性身体建立起科学与文化的双重理解,以此重构两性关系,乃至改变整个社会的伦理观念。

一 "新性道德"引发的争论

(一)争论的由来

关于"新性道德"争论的旧闻,前面已经有所涉及,这里再简要地勾勒一下。自1921年章锡琛接任《妇女杂志》主编以来,就开始了关于贞操观、恋爱自由、离婚自由、性道德等一系列问题的讨论。通过对《妇女杂志》中关于性道德和贞操的相关文章的统计(详见附表2)可以看出,关于两性问题的讨论是从1920年开始的,1922年逐渐递增,这为后来的"新性道德号"出版奠定了言论基础,也促使新性道德的讨论直接进入沸点。"新性道德号"出版以后,《现代评论》第1卷第14期刊登了陈百年的文章《"一夫多妻"的新探讨》,质疑"新性道德","不料以指导新妇女自任的《妇女杂志》的'新性道德号'中,竟含着一种议论,足以为一夫多妻的生活的人的藉口,足以为一夫多妻的新护符"[1],并认为这会造成"流弊"。这个"一夫多妻的新护符"可是一项具有复古守旧色彩的帽子,章

---

[1] 陈百年:《"一夫多妻"的新探讨》,转引自章锡琛编:《新性道德讨论集》,梁溪图书馆1925年版,第18页。

锡琛和周建人自然不能接受，双方一来一往，展开辩论，影响颇大。鲁迅的《莽原》杂志也介入进来，北京的《妇女周报》也对此展开讨论，引起了较大的社会反响。商务印书馆编译所对此开始实行"内部审查"，打破了主编负责制，干预杂志的编辑，这导致章锡琛辞去《妇女杂志》主编职务，后离开商务印书馆。围绕这次讨论，章锡琛还出版了《新性道德讨论集》，比较详细地介绍了双方讨论的来龙去脉，并且针对各自的立场和理论缺陷进行了思想的攻讦。肇始于"新性道德号"展开的论争，实质是针对个性解放、"人"的价值确立、两性之间的关系以及社会道德平衡之间的论争。这次论争也使《妇女杂志》主编更迭并调整办刊理念和杂志风格，由社会思潮讨论引发的杂志的总体转型，既是对社会某种权威理念的屈从，也是商务印书馆商务与文化宗旨调和的产物。新性道德的讨论对新性别伦理的形成起到了重要作用，并且成为当下两性关系一般伦理范式和价值观念的雏形。

　　章锡琛在《新性道德讨论集》[①]的序中说："把这几篇文字编辑成书的用意：第一，这问题至今少有人注意，虽然经过这样剧烈的辩论，终于没人理会，所以想使它流布得广远一点。第二，因为我自己的生活——周先生也是这样——会因了这几篇文字而起一番变化，藉此想留一个小小的纪念。""新性道德"讨论之初并没有一个宏大的思想布阵，而是随着女性解放问题的深入以及女性个体意识苏醒而终有一个朝向，偶然中充满必然。虽然作为思想先锋的个体知识

---

① 笔者基于讨论的需要，直接引用了《新性道德讨论集》中的文章，这其中章锡琛和周建人的文章，《新性道德是什么》《性道德之科学的标准》《恋爱自由与一夫多妻》等几篇是发表在《妇女杂志》上的。由于商务印书馆的干预，《妇女杂志》上已经不能发表类似的文章，后发表在鲁迅的《莽原》上。这个文集中同样收录了陈百年的文章《一夫多妻的新护符》《答周章二先生论一夫多妻》，顾钧正发表在《妇女周报》上的《读"一夫多妻的新护符"》，以及许言午发表在《京报副刊》上的《新性道德讨论》等。

分子在与时代的整体力量进行对峙的时候，往往以个人的失败告退，但是其意义并未因之终结。

（二）争论的实质

什么是新性道德？简而言之，就是章锡琛和周建人等在爱伦凯的性道德理论基点上，主张一切以爱为中心、为神圣的内涵，主张缺乏爱情的婚姻是不道德的婚姻，不是自由恋爱而成的婚姻虽然手续全面也是不道德的。新性道德的关键在于，两情相悦而产生的爱情和婚姻才具有合法的意义，两性主体间以非自由意志的结合则是不道德的。"道德的定义，在于增进个人及社会的幸福，而以爱他又不妨碍于自己的利益为最要，在性道德上，对于这一点尤其应该注意。……著名性欲学家福莱尔（Forel）认为，你不可依了你的性的冲动及性的行为而故意伤害自己及任何人，应该尽力增高两者的幸福及价值。"[①]"爱他又不妨碍于自己的利益"，"你不可依了你的性的冲动及性的行为而故意伤害自己及任何人"，这种新性道德论无疑是对个体人格和尊严的尊重，女性曾经是男性的一种"财产"，"新性道德"已经认定这是不道德的。"在性的生活上，能够涵养爱他主义的，方可说是性道德的极则，最不道德的是无利于己而有害于他人的行为。"[②]没有任何的两情相悦而以家族利益或者是财产和门第上的相当使两个陌生男女成为夫妇，这是不道德的。新性道德是对传统婚恋观，即基于家族、繁衍和社会关系的利益对等而由父母代替包办婚姻的一次沉重的思想捶击。

章锡琛、周建人等主张的理想的两性关系是尊重双方人格，以合意为前提，否则是可以离婚的，这是对双方的尊重，也是两性的

---

① 章锡琛：《新性道德讨论集》，梁溪图书馆1925年版，第5页。
② 同上书，第7页。

自由,"新性道德"遂成为"自由离婚"的前提和基础。

> 原以当事人互相尊重人格的合意为原则,这种尊重人格的合意,在结合的时期以内,应该永远保持着,倘使有了相争相闹的纷扰,便已丧失了所谓尊重人格的根本原则,这时的结合关系便早就应该破了。①

不仅如此,章锡琛将"新性道德"的内容进一步放大,他认为:

> 甚至如果经过两配偶者的许可,有了一种带着一夫二妻或二夫一妻性质的不贞操形式,只要不损害于社会及其他个人,也不能认为不道德的。②

周建人在《恋爱自由与一夫多妻》中认为:

> 一夫一妻的道德也可以不必严限,同时"恋爱两人以上",只要他们自己没有什么问题,旁人也用不着干涉。③

根据他们所认同的"道德"定义,"爱他又不妨碍自己的利益","同时'恋爱两人以上',只要他们自己没有什么问题,旁人也用不着干涉",这种论调构成对现代"一夫一妻制"婚姻秩序的威胁,把新性道德推向了一个容易引起误会的境地。《现代评论》陈百年教授对此予以反驳,并认为这是一夫多妻制的护身符。陈百年认为,恋

---

① 章锡琛:《新性道德讨论集》,梁溪图书馆1925年版,第88页。
② 《妇女杂志》第11卷第1号。
③ 章锡琛:《新性道德讨论集》,梁溪图书馆1925年版,第42页。

爱是给予的，也是占有的。"把人当作物件而专有当然是蔑视人格的……若把人当作恋人而专有，把人当作自己灵魂中的神圣而专有，似乎不至于蔑视对方的人格。因为蔑视自己的人格，正如蔑视他人的人格同样不应该。"①陈百年在现代婚姻制度的理想形式"一夫一妻制"的基础上提出，真正的恋爱是专一和排他的，不是把对方当作"财产"专有，而是精神和灵魂上的神圣相互专有，并认为这种"新性道德"容易成为一夫多妻人的借口，甚至会成为一种"流弊"。这种质疑的产生也未尝不是"新性道德"理论缺陷的表现，"只要他们自己没有什么问题，旁人也用不着干涉"，这种带有强烈个人色彩的自由主义，其论述本身未必有鼓吹"一妻多夫"或者"一夫多妻"的意图，但是论述的漏洞难免被人钻了空子，特别是在中国传统性别结构关系以及现代婚姻制度下，引起这样的质疑是难免的。

因此，双方争论的分歧是，章、周认为新性道德是基于两性之间的灵魂和肉体的合一，而陈百年则从中解读出"续妻纳妾"的意思，恐其成为"流弊"。双方争论的实质是，"新性道德"旨在建立平等的两性关系，呼唤个体的独立和自由，以及对两性人格和尊严的尊重；其内容涉及的恋爱自由、离婚自由、两性贞操观，指向的是传统旧道德的诸多弊端，"我在新性道德上是什么的主张，也无非说明了性道德应该自由的意思，为什么却因为有了借自由去行罪恶的人，便说了该由自由负责呢？"②"新性道德"意图成为现代两性自由平等关系的伦理基础。陈百年则是在现代婚姻制度上为"一夫一妻"辩护，恋爱是精神和身体的专有性，他也强调"不过我以为即使在一夫一妻制之下，仍然不妨承认两性关系的自由"。③

---

① 章锡琛：《新性道德讨论集》，梁溪图书馆1925年版，第77页。
② 同上书，第34页。
③ 同上书，第77页。

君萍的《新性道德与一夫一妻》①一文是针对周建人、章锡琛与《现代评论》陈百年教授之间关于"新性道德"的论争而写的：

> 总之，陈先生似乎是立于现在的婚姻制度下去观察，所以以为由恋爱为中心而作成的一夫多妻或一妻多夫的议论，容易被陈腐老先生和志士留学生们，引为蓄妾的护符……至于章周两先生的思想，虽然离着现实世界还不知有多少远，并且也不过是在现实世界里做个游天国的大梦，但在思想上总值得梦一次。因为一夫一妻制在现实世界里，的确露了破绽，而人们又不定能于各对爱人间自己努力创造，不断的创造他们的灵肉合抱的爱，则与其以法律和舆论掩盖着虚伪和黑暗，何若把性道德的目标稍稍放宽，使一切虚伪黑暗的两性关系，都变作光明磊落的事情。

作者认为陈百年的立论是以现代婚姻制度为基石的，但是其也"露了破绽"，章、周两个人的想法超越现时代并具有理想主义的特质，但"总值得梦一次"，这也与鲁迅所说的超越现时代基本态度是一致的。

（三）争论的影响

"新性道德"作为一种自由的询唤，对解放女性、重建两性关系、尊重个人意志意义重大，其思想启蒙的价值是要予以肯定的，特别是在这个传统积习深厚、历史惰性强大的现实中国面前，虽然看似昙花一现，但是其勾勒的新性道德的雏形，影响深远。正如云

---

① 《妇女周刊》，北京蔷薇社编辑部第26号，1925年6月10日。

鹤在《性的新道德之基础》①一文中认为的,"性的道德是正义、人道、自由",新的性道德是在两性平等的基础上,对"人道"和"自由"的实现。在这里,要提及章锡琛《驳陈百年教授"一夫多妻的新护符"》这篇文章,"我虽是极弱的弱者,但在这'生死关头'的当儿,怎敢不作最后的挣扎,所以不得不再向陈教授诉说几句;即使仍然免不了一个死刑,也可以使少数不曾染到下流脾气的人,知道我们的所以理屈,并不是为什么,只为了我们不会做大学教授。"②从章锡琛的这段叙述可见其有许多无奈之言,这使"新性道德"的讨论由是非判断转入了基于各自文化立场的话语攻击,落入了争夺各自话语权的窠臼。鲁迅后来也介入了这场争论,在《莽原》编后记上,鲁迅写道:

> 近几天收到两篇文章,是答陈百年先生的《一夫多妻的新护符》的,据说,《现代评论》不给登他们的答辩,又无处可投,所以寄到我这里来了,请为介绍到可登的地方去。诚然,《妇女杂志》上再不见这一类文章了,想起来毛骨悚然,悚然于阶级的不同的两类人,在中国竟会联成一气。但我能向那里介绍呢,饭碗是谁都有些保重的,况且,看《现代评论》的预告,已经登在二十二期上了,我便决意将这两篇没收。
>
> 但待到看见印成的《现代评论》的时候,我却又决计将它刊登出来,因为比那挂在那边的尾巴上的一点详得多,但是委屈的很,只能在这无聊的《莽原》上……可是我总以为章、周两先生在中国将这些议论发的太早,——虽然外国已

---

① 《妇女杂志》第8卷第8号。
② 章锡琛:《新性道德讨论集》,梁溪图书馆1925年版,第74页。

经说旧了，但外国是外国。可是我总觉得陈先生满口"流弊流弊"，是论利害的，不像论是非，莫名其妙。……章先生的驳文似乎激昂些，因为他觉得陈先生的文章发表以后，攻击者便源源而来，就疑心到"教授"的头衔上去。……但教授和学者的话比起一个小编辑来容易得到社会信任，却也许是实情。

章锡琛和周建人是旨在确立两性关系新的道德评价体系，其中，流布最远影响最深的就是"没有爱情的婚姻是不道德婚姻"，以及确立的先恋爱后结婚的模式，其鼓动或者成为"一夫多妻"的"护符"的意图却是不明显的。只不过在提倡新的思想的时候恰巧可以为某些人的行为做"掩护"，他们之间争论的关节点在于，事实层面上总有人会打着"新思潮"的幌子去做一些违背道德和伦理的事情。

章锡琛和周建人试图从"新性道德"的角度去实现女性的解放和女性个体自由，在1920年代的文化和思想疆域中还显得过于急躁，最终导致个人的失败。从价值层面来看，章锡琛的立论点在爱伦凯的自由主义性道德理论上，强调个体自由和独立意志，并且认为恋爱神圣至上，是可以超越一切社会关系的，但这存在诸多事实层面的问题：首先，对于缺乏社会交往经验的新女性而言，追求恋爱自由，视恋爱至上会导致自身的不幸。例如一些男性以"自由"和"爱情至上"博得新女性的青睐，实现其对女性身体欲求的目的，始乱终弃，而对爱情充满幻想的"新女性"遭到欺骗、伤害和抛弃之后，选择独身、遁世或者殉情而死，这可以从后来很多征文的叙述中看出这一点。其次，对于很多旧式女子来说，如此时髦且强大的理论依据，使抛弃她们的男子有了义正词严的辩解和堂而皇之的理由，要么是离婚，要么就是隐忍男性寻找别的女子，这样的男性当中也包括很多著名的新文化运动的精英。这也是陈百年批判"新性道德"的一个重要原因。

正如章锡琛在"本志第八卷革新预告"中所言：

> 我们相信一个人的主张或行为，固然必须牢守一种的宗旨，至关于一个问题的研究和讨论，却不妨各人发挥各人的意见，而且还许能够寻出几多条可以解决的路径来。①

无论关于"恋爱自由"的讨论，还是"新性道德"讨论，章锡琛都不是固守某种理论而排他的，他在"通讯"栏目中和读者关于"恋爱自由"问题进行探讨，在"新性道德号"征文中刊发了与其观点相左的一些文章，这种包容和兼收的立场也凸显其问题意识。不过，参与讨论的读者仍是以男性为主，而女性在征文或者其他文艺栏目中对婚恋自由带来的各种影响的表达，以带有自传色彩的个人化叙事较多。从以"对于本志的意见"（第11卷第12期）为题的若干讨论文章中也可以看出，读者对章锡琛时期《妇女杂志》中关于妇女问题的剖析和讨论是非常肯定的，但很多读者认为它存在内容深奥、立场激进、实际问题讨论少、理论介绍多等问题，从而使《妇女杂志》成为男性知识分子发挥其理论批判的舞台。过于晦涩和长篇大论式的介绍并不能真正实现女性思想的启蒙，"软性读物"仍旧是女性读者期待的。

在这样激进的话语争辩中，女性只能作为一个观看者，在舆论影响下，或者是大胆追随，或者是中庸地作壁上观，或者是小心翼翼地避开。女性自身的选择使激进的言论充满了悖论——个体解放，尤其是女性解放的诉求在现实层面上遭到诸多抵制，在思想层面上

---

① 《妇女杂志》第7卷第11号。

遭到曲解，使"新性道德"成为尴尬的"鸡肋"。

（四）争论的余音

章锡琛在《妇女杂志》展开的"新性道德"的讨论，实际上有他自己的意图，在他看来，"主张以恋爱解决妇女问题，也并非是一种空想，因为所谓妇女问题，根本上原来就是两性问题。"① "新性道德"包括了"恋爱自由"、"结婚自由"、"离婚自由"等内容，以自由主义为理论基础的"新性道德"强调个体自由和"人"本身的生命价值和意义。

> 我（章锡琛，笔者注）以为提高妇女地位，图谋性道德的改进，第一，不可不增进个人的知识，发展个人的能力，尊重个人的自由，专靠法律的压迫，社会舆论的制裁是无益的。……我在新性道德是什么上的主张也无非说明了性道德应该自由的意思，为什么却因为有了借自由去行罪恶的人，便说该由自由负责呢？②

章锡琛意图确立个体自由价值的这一观点是不能抹杀的。退一步讲，"新性道德"能够接受的"一夫二妻"或"二夫一妻"，从理论上讲也是建立在两性平等的基础上，而不是只允许"一夫多妻"的男性主导。所以，这些争论也都是旨在建立新型的两性关系以及促进女性解放。

还要说明的一点是，关于新性道德的讨论并没有停留在个人主体意识确立和自由选择上，实现种族强大的意识形态始终潜藏在

---

① 章锡琛、王平陵：《关于恋爱问题的讨论》，载《妇女杂志》第8卷第10号。
② 章锡琛：《新性道德讨论集》，梁溪图书馆1925年版，第39页。

个体觉醒和个体独立表象的背后。"勤恳、聪明而且身体健康的男子，由高尚的，真正的恋爱，求得同样的配偶者而与之结合，他们互相敬爱，各能把自己才能用于社会有益的方面，相度自己的教养的能力与妻的健康，生养子女，而加以周到的爱抚和教育，这才是积极的利己主义和积极的爱他主义的结合，而为我们所认为是最道德的。"① 鼓吹自由和新性道德的爱伦凯也没有脱离改善人类的宏大取向，"人类的最重大的义务，就是图谋未来世代的进化及向上"。② 即使新性道德促进个体意识的觉醒，但在《妇女杂志》中关于新性道德的讨论与民族叙事中家国本位仍旧是一致的，在个体与民族之间，个体是从属于集体和家国的，个体生命意义的彰显仍旧要在家国的价值中体现出来。"照新道德上看，男女间的性的行为，只要他们的结果不害及社会，我们只能当作私人的关系，决不能称之为不道德的。社会对于男女间的关系，只有产生儿童时，才有过问的必要，其余都应该任其自由。"③ 可见，新性道德在涉及国家未来的儿童时还是有条件的。

二 贞操观转换建构的两性平等与"人"的确立

（一）"贞操观"的变迁

通过统计《妇女杂志》中贞操和性道德问题方面的文章（见附表2）可以看出，主编加大贞操观的讨论意图非常明显，涉及社会、文化、道德、生理、心理等多个方面，试图把女性从片面的贞操观中解放出来。破除片面的、单向的贞操观正是建立新性道德和新型

---

① 章锡琛：《新性道德讨论集》，梁溪图书馆1925年版，第8页。
② 同上书，第12页。
③ 同上书，第10页。

两性关系的重要环节。

所谓贞操观的变迁，可从以下两个方面考虑：

第一，从女性贞操观到两性贞操观。

贞操观是中国传统伦理中非常重要的观念。传统的贞操观就像一个无形的枷锁，桎梏住女性。女性的忠贞不断被历朝历代的男性规训并且强化，男性对女性贞操进行立法和监控，不但强化了"男尊女卑"的性别结构，而且使这种不平等由外界的规约逐渐化为一种内心的戒律，"饿死事小，失节事大"的贞操节烈观念成为女性自身的主动选择。贞洁牌坊牢牢地钳制住了女性生动活泼的个体，泯灭了人性的自然诉求。传统的贞操观就像历史的遮羞布，掩盖了无数鲜活的女性个体遭遇的不平等和生命枯萎的实情。

关于贞操观的讨论，热议于《新青年》杂志。1918年5月，周作人在《新青年》上发表了与谢野晶子《贞操论》的译文，文章涉及女性婚前婚后是否要守贞，男性是否也有贞操观，贞操是精神的还是肉体的，婚姻是否构成对贞操的约束等内容。1918年7月，胡适在《新青年》上做了回应，认为"烈女"殉夫是"贞操迷信"。鲁迅在《新青年》上撰文《我之节烈观》，对女子贞操问题迅速作出反应。此后，对旧贞操观的批判成为攻击旧文化旧道德的重要武器，并在1920年代初的《妇女杂志》上，形成了以周建人和章锡琛为主要论者的关于"贞操观"讨论的新阵营，推动了两性平等的贞操观的深入讨论，这也是对旧伦理观念的一次沉重打击。新文化运动中，片面的贞操观成为众矢之的，章锡琛时期的《妇女杂志》附和新文化运动也开展了贞操观的讨论，比如《新时代的新贞操》《女子贞操的科学研究》（第7卷第7号），在1922年开展的"贞操问题的讨论"中，针对女性片面的贞操观提出严厉批评，主张建立两性贞操观，特别是在"新性道德"的讨论中，"两性贞操观"成为论者一致的观点，用两性贞操观代替女性贞操观在两性关系中具有革命性的意义。

在贞操观变迁的谱系中,"首先是反传统的指向,以现代性爱的道德观反对当时甚嚣尘上的'表彰节烈'的复古风气"①。新性道德讨论直接批判片面的贞操观,认为:

> ……不贞操的所以成为不道德,只以一个人因了性的行为而加害于他人的为限。已婚的夫妇,一方有不贞操时,只须承认他方有离婚的权利便好,至于不贞操者的行为,对于彼方并没有何等损害,所以不该因此而受刑罚。②

新性道德对贞操观的要求有:第一,两性都需要灵肉合一而实现彼此贞操;第二,只要不加害于他人,对两性的不贞操都不必过于责罚;第三,不贞操的行为只限定是否有害于他人。这是从"贞操"的角度试图建立的两性平等的关系,这样不仅"除既有的男女性别机制,也是人格锻炼的要素"③。在"贞操观"的讨论中,论者们从历史、社会、文化、经济、伦理、科学以及中外比较等角度,阐述了从女性的贞操观向两性的贞操观转换的必然。虽然对男女两重贞操观标准的批判,只是新文化运动中的一个部分,但引起的反响并不弱于其他的宏大主题。

从《妇女杂志》女性贞操观转变的主张中,可以看到,从女性贞操到两性贞操,从性的禁忌到性的自由,这是对禁锢女性几千年的思想和身体枷锁的重击。解放身体、尊重个人感受,两性贞操观从理论上实现了男女平等,女性也实现了拥有身体的自主权和主导

---

① 徐仲佳:《性爱问题:1920年代中国小说的现代性阐释》,社会科学文献出版社2005年版,第24页。
② 章锡琛:《新性道德讨论集》,梁溪图书馆1925年版,第10页。
③ 帆足里一郎著,杨贤江译:《新时代的新贞操论》,载《妇女杂志》第7卷第7号。

权，由原来男性居于主导和立法的地位，转变为规则同样作用于男性，这也是《妇女杂志》对女性精神启蒙和建构两性平等性别话语的主要贡献。

第二，基于现代神圣恋爱而确立的"新贞操观"。

通过恋爱自由以期实现两性之间的平等，"爱伦凯说，贞节好似铜钱一般，在火里经过白色的煅炼出来的，因为贞节只能与十分完美的恋爱合在一起，可以向上发展，……而且使灵与感觉之间的要求不能分开"①。与神圣的恋爱相伴的必然是两性贞操观，并且新贞操观始终和爱关联在一起，如果因为没有爱而继续维持形式上的婚姻，这在当时一些人看来是旧贞操观作祟，没有爱的婚姻是不值得维系的。

《新时代之新贞操论》（第7卷第7号）一文认为：

> 有这种纯洁的爱的男女，是互相尊敬，互相赞仰的，能永续这种纯洁的爱，便是一种可称赏的贞操。……新时代的贞操，不只是以"不变"为理想的，爱已失去了，还想勉强维持，这是过去的贞操观，不是新的贞操观。新的贞操观，是已存的爱之永续的关系，由于两个人格的结合，不绝的去创造新爱的。所以因爱的消灭而破坏结婚生活，固然不错；但倘能有不绝的爱的创造，就不是定要"破镜"的，这是我所相信的。……
>
> 无爱的结婚是虚伪的，是肉欲的奴隶。等到没有爱，就破坏结婚，这是不足责的，若是结婚生活由于纯洁的恋爱并由于充分的思虑而成立的，那么无论如何，当事者终当有不破坏的觉悟。或则因为没有爱了，不得不出于破坏；但破坏

---

① 朱锦江：《贞操认识论》，载《现代妇女》下册，第270页。

以后，应当有不再结婚的觉悟。这个就是我的贞操观。倘能不出于破坏，而用爱的热火重燃已熄的夫妇关系，向着光的世界勇猛地做去，这是更伟大的贞操，也是人格锻炼的要素。①

这是对传统两性关系结构的一种重建，真正的贞操是"灵魂抱合"，是"相互敬仰、相互尊重、纯洁的爱"，"我的贞操观是立脚于人格的相爱不绝创造的努力的，必由于人格向上的努力，由于品性相互磨练，由于双方的爱的醇化、美化、净化、圣化，影响到子女的灵的生活，而勇往的做去，才能算为真贞操呢"。②贞操观不仅关涉性爱，关涉主体自由意志的选择，还关系到两性之间平等关系的确立，因此，这也是贞操观进入新文化讨论内容的重要原因之一。"经过贞操问题的讨论，现代性爱及其所蕴含的自由意志已经在新知识分子的头脑中扎下了根。它在改变着中国人的婚姻实质，同时也改变了'人'的自我想象。虽然它还不能在社会生活中占据主导地位，但作为知识界的常识却已经被广为接受：'现在一般人……先恋爱后结婚成为普遍的信念。'"③这种对个体情感的尊重，对爱情神圣的敬畏，以及对个体自由的肯定，实际上是"在新知识分子中间展开主要是源于对现代人主体性的不同想象，由此推进了以自由意志为核心的主体性在新文化运动中的接受"④。

在贞操观新的解释当中，两性都可以依据自由和对个体情感的尊重而选择，既破除了家长制的包办，也破除男性设立两性关系的

---

① 帆足里一郎著，杨贤江译：《新时代之新贞操论》，载《妇女杂志》第7卷第7号。
② 同上。
③ 徐仲佳：《性爱问题：1920年代中国小说的现代性阐释》，社会科学文献出版社2005年版，第29页。
④ 同上书，第25页。

规则，形成对女性的单方限制。两性贞操观是一次女性身体和精神对传统贞操观的双重突围，是女性依据自我意志而进行的自由选择，是女性对自我的重新发现，也是对自我生命感觉的尊重。不过，在对传统积习的破坏和重建的过程中，也存在着诸多的流弊。"没有自制的自由不是自由，自由并不是放纵自恣。所以，借恋爱自由的美名，而恣其放纵的乱行正和借社会服务的美名以饱私囊的欺诈犯一样。"① 由于对自由的曲解，一些青年男女在婚恋自由的"时髦"中，放纵自己的行为，结果都受到伤害。

（二）无法脱离家国叙事的"新性道德"观念中"人"的生成

五四新文化运动将"人"的价值从中国人的精神地表下挖掘出来，"现代个人观所包含的个人独立、自由和权利这些现代性的核心理念和价值，不仅是适应社会转型和时代要求所形成的，而且参与了对现代个人乃至社会秩序和组织架构的形塑，它们是现代人作为独立个体形成的精神条件"②。在对人的价值的寻求中，旧价值观受到巨大挑战，新价值观仍旧在探索建立之中，陈独秀提出"以个人主义代替家族主义的命题，揭示了新文化运动之伦理革命的基本方向"，性道德的转型也是遵循这一方向进行。周建人、章锡琛、沈雁冰等人在性道德问题上，主要利用西方女权主义、自由主义、个人主义以及唯物史观，提出了性道德的新的解释原则，从身体到精神，从恋爱到婚姻，从个体到家庭，无不在这样的新伦理想象中被建构。面对激烈的时代思想冲突，人的新的自由意识形成了。在章锡琛看来，不贞操之所以是不道德的，"只以一个人因为了性的

---

① 朱锦江：《贞操认识论》，载《现代妇女》下册，第158页。
② 顾红亮、刘晓虹：《想象个人——中国个人观的现代转型》，上海古籍出版社2006年版，第6页。

行为而加害于他人的为限"。这个颇容易引起争议的提法，却道出了一个根本性的问题，即贞操与财产和归属无关，因此，女性的贞操并不是注定地属于某个男子，甚至这个男子去世之后，以缺席的方式继续他的占有权。不贞操只是以加害他人为限，除此，便不涉及是否贞操。在新旧性道德观念的转型中，女性与男性的关系由从属附庸关系转为平等的关系，女性由财产性的隶属转为人性平等的存在，女性以"人"的身份被"发现"。以性和身体为主的对于女性生命个体的关注，确是有召唤女性自由生命的意图。

以往的研究者对新性道德中"人"的发掘较多，但是在新性道德观念中，无论是爱伦凯的性道德观，还是《妇女杂志》主笔们坚持的新性道德论，都有一个共同点，就是与家、民族乃至人类的主题关联在一起。爱伦凯既强调恋爱至上，也强调贤妻良母的家庭义务，尤其是繁衍对整个人类的重要意义。新型的婚恋对诞育新人和优秀的子孙是有利的，对家庭、社会、国家、民族兼有基础性的和长远的意义，比如爱伦凯《恋爱与婚姻》的基本观念不是说个人必须在恋爱的关系中得到最大的快乐，乃是说，社会必须改良到能使个人得快乐兼可扶助人种的进化。章锡琛在"新性道德"讨论中也认为两性之间性的关系，只有关涉到儿童，"才有过问的必要"。可见无论新贞操论，还是新性道德，在涉及儿童的时候都是有条件的。

《新时代之新贞操论》（第 7 卷第 7 号）中写道：

> 至于已有子女的夫妇，更不应该破坏他们的结婚关系。因为第二代的国民，必得从有纯洁的爱的双亲，得着真善美的感化，做父母的为了肉欲，或者破坏关系，或者另为嫁娶，都是对于幼儿的养育，发生不良的影响的。①

---

① 帆足里一郎著，杨贤江译：《新时代之新贞操论》，《妇女杂志》第7卷第7号。

旨在唤醒个体意识和尊重个体价值的意图仍在家国叙事的范围之内。彭小妍认为："新性道德的内涵如下：应该正视、了解男女生理差异的事实，打破因迷信而衍生的重男轻女的现象；性知识的传播目的不只教人享受性的愉悦，在情欲关系上女性应该享受充分的自主权，性不应沦落到由一纸婚姻买卖契约所掌控；唯有经过'自由母性'选择所生育的下一代才有抵抗强权的毅力，才是未来中国的希望。"① 她将"新性道德"与民族国家建构的文化想象关联在一起，新性道德—新女性—新母性—新下一代—中国新希望，这一套逻辑语汇编织出来的仍旧是裹挟在宏大叙事中的女性表述，新性道德再次成为民族国家叙事中的策略。"在这些女性身上，'爱'与'性'在建立常规生活方面的意义已经被一副与时代相关联的庞大价值系统所撷取，她们可选择地用自己的女性特质加以回应。"② 因此，"新性道德"观念中这个"人"的生成，也不是没有任何条件限制的。

《妇女杂志》关于"新性道德"的讨论，与其说是伦理问题，不如说是一个哲学问题，以新道德伦理的形式参与了生命个体意义的突围以及对生命价值的寻求。这对人们的两性观念是一次巨大冲击，恋爱自由、离婚自由等观念开始深入人心。任何一种思潮的影响都不是立竿见影也不是稍纵即逝的，新性道德的探讨，虽然由于其缺乏个体生长和繁荣的现实土壤，随后沉寂，但是其影响至今仍在。正如刘小枫所说："叙事不只是讲述曾经发生的生活，也讲述尚未经历的可能生活。一种叙事，也是一种生活的可能性，一种实践

---

① 彭小妍：《五四的新性道德：女性情欲论述与建构民族国家》，载《近代中国妇女史研究》（1995），第86页。

② 海青：《伤逝：对民国初年新女性形象的一种解读》，载杨念群：《新史学：感觉·图像·叙事》，中华书局2007年版，第93页。

性的伦理构想。"[①] 在新性道德叙事中,《妇女杂志》建构的理想的两性关系可能性想象,虽然在当时还属于激进和前卫,但是对今天的人们来讲,则是在将他们的可能性构想变成现实。

第三节　新婚恋的悖论——时髦的表象与守旧的内核

　　1920 年代的婚恋自由,是知识青年男女追逐新生活方式的一种表现。在仍处于新旧过渡时期的中国社会,被寄予良好希望的婚恋自由,也存在着诸多问题。《妇女杂志》清晰地还原了这一时期女性婚恋的基本样态,时髦的表象与守旧的内核始终贯穿于其对婚恋自由的讨论和叙述若干问题中。

一　婚恋自由的"变奏"

　　《妇女杂志》有关婚恋问题的探讨贯穿整个杂志的始终。统计发现(详见附表 3),1915—1932 年的 17 年时间里,关于婚恋问题的探讨呈现了一个抛物线形的变化,1920—1926 年处于讨论的高位时期,以翻译文章为多,比如爱伦凯、罗素、与谢野晶子、倍倍尔等人的文章,这些文章成为 1920 年代建构两性伦理体系的重要理论资源。

　　"自由"一词进入中国,不仅是个人主义精神的张扬,也成为知识青年突破传统格局时高举的旗帜。"自由"作为一种概念,不断构建新青年的情感选择范式,并影响他们的价值立场,以追寻个

[①] 刘小枫:《沉重的肉身——现代性伦理的叙事纬语》,华夏出版社 2004 年版,第 6 页。

体价值为核心的自由路径成为新青年"时髦且新潮"的选择。婚恋自由颠覆的是传统父权家长制，这对改造现实、解放个体生命有着重要的意义。在《妇女杂志》中，婚恋自由问题被放到一个重要的位置加以讨论和阐述，原因在于主编章锡琛认为这是解放女性、改善两性关系以及整个人类社会最基础的问题，恋爱因此具有了革命的意味，这也是章锡琛反复强调的，即为什么女性解放要先解决恋爱自由的问题。"恋爱自由"这一合法性基础的讨论，使青年男女开始有了对自我主体性的反思，强调爱情选择的自由性也就是对"自我"存在的肯定。在新女性和新式爱情中，到底是谁成就了谁，恐怕还是很难分清的。"这种新的个人，打破了家庭主导的包办婚姻，实现了爱的选择。这样独立的，自我决定的个人是新公民的首要条件。"①

《妇女杂志》中的婚恋问题，意指的不仅是婚恋内容本身，还有婚恋关系中再造的性别话语，即女性是如何呈现和表述自身的，女性有没有因为新的婚恋观出现而重新认识或者改变两性之间的关系？这是值得思考的。毕竟，具有新思想的人"希望出现一种与中国社会传统与'常识'泾渭分明的新型男女关系"②。

在婚恋自由的问题上，根据《妇女杂志》的叙述，实际上有三个递进的过程，第一是社交公开，第二是恋爱自由，第三是结婚、离婚自由。"恋爱自由"基于"社交公开"而确立，并成为"结婚自由"的前提，在逻辑上承上启下。男女恋爱和婚配的自由，是建立两性平等关系的前提，传统的婚配制度中，男性具有绝对的选择权、支配权以及离弃权，女性只能"从夫"。但是，以"自由"为

---

① 顾德曼：《向公众呼吁：1920年代中国报纸对情感的展示和评判》，载"中央研究院"近代史研究所：《近代中国妇女研究史》（2006），第188页。

② 杨联芬：《五四社交公开运动中的性别矛盾与恋爱思潮》，载陈平原：《现代中国》（第10辑），北京大学出版社，第49页。

基础的新型婚恋观，两性都拥有自由选择与谁结婚和放弃无爱婚姻的权利，这是对既有性别关系的重整。① 爱伦凯的理论在《妇女杂志》上被大量刊载，包括原著翻译和本土学者的释读，有力地传播了其自由主义的婚恋观。爱伦凯是以自由主义作为恋爱自由的逻辑前提，"没有爱情的婚姻是不道德的婚姻"一度成为新青年反抗传统婚配制的"旗帜性"的话语。

《近代的恋爱观》一文也认为：

> "无恋爱的婚姻，是人间的大罪恶"，这便是新时代的新道德，现代思想上的根据，也就在此。
>
> 前世纪娜拉的时代，已经过去，今世纪恋爱的肯定时代，已到眼前了。从浅的到深的，从外面的到内面的，从自己省察的结果，真的"自我"也从此解放。现代恋爱的心境，所谓"于自己主张中放弃自己"（self-assertion in self-surrender）即献身于自己所爱的人，肯定自己最强的主张。从恋人中间发见自己，从"自我"与"非我"之间，结成同心一体，这是人格的结合。一方从自我的扩大，得真正解放的意义，得真正自由的美果，大我的基础，也从此完成。②

婚恋有助于"自我的扩大，得真正解放的意义，得真正自由的美果"，这样的叙述虽有夸大婚恋自由之嫌，但的确像号角一

---

① 《妇女杂志》1920年第6卷第7号《自由离婚论》、1924年第10卷第7号《自主婚姻的破裂的原因》《自由恋爱与贞操问题的关系》、1924年第10卷第11号《恋爱自由》、1925年第11卷第4号《非恋爱自由的诸派》、1929年第15卷第9号《自由恋爱的轨迹和歧路》、1928年第14卷第7号"婚姻号"之《我的自由结婚观》《婚姻上的自由及限制》等文章都从自由的角度谈及了婚恋的自由观。

② 厨川白村著，YD译：《近代恋爱观》，载《妇女杂志》第8卷第2号。

样，唤醒了新青年心中追寻自由的勇气。以自由婚恋观为社会新风尚的青年男女，携手逃离父权对婚恋自由的干涉，在新思潮的鼓动下，女性和男性在对抗父权家长制的选择上达成一致，女性对爱情的向往成为她们信任男性并与之并肩作战的最好的理由。"李欧梵用'1920年代对爱与性着迷的渐高音'来描写那个时代文学的倾向。其实，这句话也可以用来描绘报纸印刷的新闻和讨论"①，但是男性的爱情，是基于感情的渴望还是基于性的诱惑，是对女性个体生命的尊重还是由于自身的轻浮浪荡，或是混淆在一起的？难以分清，但从《妇女杂志》的一些文章中我们可以见出端倪。以"自由"和"自我"为准音的婚恋观在现实生活中遭遇了"变奏"，这和婚恋自由的原初意图有了较大的分离。婚恋自由缘起个体自由和性别平等的理念，但是在社会的过渡时期，这种理念又很难实现，虽然男性和女性一起逃离父权，或者说男性在女性的协助下完成了"弑父"的过程，但是男性借助了女性的力量，却无法承担女性追求精神平等和自由的理想。"时髦的表象与守旧的内核"始终纠结在男性新青年的身心中，"新女性"终究因为男性的不敢承担，而只能独自承受叛离传统的结局。

比如《悽断故人情——一封凄婉的信》②，这是一个女子写给一名叫作"绍基"的男子的信。"她"为了自由恋爱不惜与家庭决裂，与绍基结婚。但是结婚后，特别是怀孕之后，他却骂"她"是"贱骨头，只知道分利"，并且对其生子毫无照顾，不给钱资助，后来孩子体弱夭折，给女子带来极大的身心痛楚。"她"回忆男子谈恋爱时说的话，居然没有一样是兑现的。后来女子逃了出去，走向社

---

① 顾德曼：《向公众呼吁：1920年代中国报纸对情感的展示和评判》，载"中央研究院"近代史研究所：《近代中国妇女研究史》（2006），第187页。

② 《妇女杂志》第12卷第10号。

会，虽然社会更为险恶，但是"她"觉得总比在家遭受辱骂，没有尊严地生活好得多。"她"痛下决心，定要服务于社会，即使献出生命，也愿为后来人铺路。她深深感到，"须知你们男子（至少是大半）之所谓恋爱，不过只求满足自己的性欲，绝无真爱存在其间。对于女子，只知甜言蜜语引其入彀，及至目的既达，则视如敝屣，弃之惟恐不及。"

这个以"自由"为婚恋起点的故事，无论男性还是女性都无法真正理解"自由"的内涵，且以"自由选择"为因由，却不愿意承担选择的结果。一些男性以女性身体为欲望的目标，满足欲望之后又弃之如敝屣，这种以身体诉求为指向的自由婚恋背离了爱伦凯等人认为的自由恋爱的神圣性和专一性。此外，女性和男性一起背叛"父权"，这种叛离缺乏深沉和系统的思虑，与传统家庭决裂之后，既无经济自主能力，与男性的情感基础又不稳靠，在缺乏经济和社会基础的前提下，恋爱自由确立的两性平等，在过渡时期也如"镜花水月"，很难实现。

新伦理与旧道德之间存在着一个长期的博弈过程，这些理想化的内容遭遇现实的时候，出现了变奏和错位，女性则成为这个变奏和错位下的悲剧承担者，尤其以接受过新式教育的"新女性"为主。她们在新思潮的"蛊惑"下，力图突破旧道德和旧式生活方式，在个人价值的实现以及对情爱的美好希冀中积累了与父权抗争的力量。女性离家出走，并无清晰坚定的精神信仰和自我认同，而是以"爱"和"自由"的名义，用个体的行为回应了"新文化"话语召唤，这本身就预示了悲剧结局。在"恋爱自由的戏剧情景中，在'时代精神'慰藉和世俗社会阻挠的双重刺激下，他们为恋爱而恋爱，人生成为苦苦的挣扎和等待；阻力愈大，胜利愈难，悲剧的表演愈投入，愈真实。男女主人公被自己所扮演的'时代'角色所感动，这是他们坚持抗争的原动力"[①]。最终"新女性"无可避免地承担了其自由选择的结果,这也是1920年代女性独身主义和自杀现象不绝的重要原因。《妇女杂志》中关于自由婚恋的讨论和叙述,虽然还存在着诸多的问题和缺陷,但其对两性关系的整饬、对女性自我意识的唤醒、对两性关系新格局的开创,都是十分有意义的。

二 婚恋中的"主义"和"问题"

"问题"与"主义"之争,不仅存在于社会、政治、宗教、文学等多个方面,在两性关系上,同样存在着"问题"与"主义"的矛盾。《妇女杂志》中,既有女性"问题"的呈现,同时不乏大量的"主义"。大量译介过来的一些西方自由婚恋的思潮和各种"主义"成为婚恋自由重要的理论资源,比如以爱伦凯为代表的自由主义:

> "恋爱是道德的,即使没有经过法律上的结婚,但是没有恋爱的结婚是不道德的。"习惯反对这种学说,因为那些反对者忘却所有道德上的义务,以及合理的感情可以使性的关系做生活的中枢,而且恋爱又是关于性的关系的问题上唯一决定的观察点。……蔑视人类对于性的关系之重要,以及恋爱在性的关系中之重要,遂至发生许多不道德的事情,但是这些不道德的事情仍然被旧礼教所哄骗,把他看作道德。
>
> ……没有彼此相互恋爱而构成的婚姻是不道德的,而且那种中途缺乏了彼此相互恋爱的婚姻,要是仍旧继续下去,也是不道德的。[②]

[①] 杨联芬:《五四社交公开运动中的性别矛盾与恋爱思潮》,载陈平原:《现代中国》(第10辑),北京大学出版社,第54页。

[②] 《妇女杂志》第8卷第7号。

爱伦凯主张的灵肉一致的恋爱在两性关系中具有本体论的意义，是一切关系最根本和核心的问题，这对五四新青年产生了重要的影响，即便是现在，依然可见其理论影响的辙迹。倍倍尔等社会主义者的理论《妇女杂志》也有所涉及，他们将恋爱看作自由意志和自由选择的结果，这比爱伦凯的自由主义更为激进。当传统婚恋伦理遭遇到西方各种"主义"时，这些需要商榷的理论被新文化青年们一举采纳，成为其对抗和反驳传统婚恋伦理、实践婚恋自由的思想武器。

对这些"主义"的选择，章锡琛在后来的回忆录中说，是"东拼西凑写些提倡妇女解放和恋爱自由一类的时髦的短文"①。他也说："那时正当新思潮运动极盛时期，妇女问题颇为一般人所注意，我感觉到在《妇女杂志》中非讨论妇女问题不可。……这类的文字渐渐增多……我们的兴味，由此集中在妇女问题上，常常想夹七杂八地发表一点自己的意见，除了《妇女杂志》之外，又在外面编辑旬刊、周刊，如《时事新报》的'现代妇女'及《民国日报》的'妇女周报'之类，趁晚上写一点肆无忌惮的文字，批评社会及个人。"②《妇女杂志》持续译介西方的科学实用新知和各种思想理论，成为了西方科学和文化"生产和加工"的重要场所，其不系统性和迎合的趣味明显。正如余英时所说，"五四的知识分子，即使不是在几天和几个星期之内，也能在几个月的时间里不断移转他的立场。当然，在广义的五四运动中，或可含糊辨明若干较大的思想类型和某些理念模式。但是，整体而言，概括论断这些类型和理念是极其危险的。……相对照之下，五四的思想世界由很多变动的心灵社群所

---

① 章锡琛：《漫谈商务印书馆》，载《文史资料选集》第43辑。
② 章锡琛：《从商人到商人》，载《中学生》第11期。

构成。"① 这些"主义"在《妇女杂志》中构成了"杂音并存"的局面，章锡琛、周建人、沈雁冰、周作人等形成了一个关于婚恋问题探讨的重要同人群体，旨在辨析、引导和掌握新思潮的方向。② 由这点来看，这些"主义"的引进并没有经过系统的论证和对现实情状的细致考量，而是与主编以及这些引进者的某些理想化意图相契合。尽管章锡琛在"通讯"中阐明其目的是力求实现各种观点的争鸣和碰撞，但在思想的风向标上，仍旧是以爱伦凯的理论为主导，提倡新婚恋和新性道德。

凤子在《恋爱自由解答客问第一》一文中说：

> 自由的恋爱注重在恋爱。恋爱有种种方式，自由其一。……恋爱的自由，注重恋爱在自由。……注重在恋爱，而连及自由，是由肉而灵，是"偏重性欲"的，是"以性欲为爱情的表征"的，是"自由恋爱"。注重在自由，而发生恋爱，是由灵而肉，是"偏重爱情"的，是以"爱情为性欲的转移"的，是"恋爱自由"。
>
> "自由恋爱"的自由，是消极的，是"解放旧道德使真实的高尚的恋爱有自由的滋长"的自由。"恋爱自由"的自由是积极的，是"我要做什么人就做什么人人不是专为恋爱而生存"的自由。③

---

① 余英时等：《五四新论：既非文艺复兴，亦非启蒙运动》，联经出版事业公司1999年版，第26页。

② 根据周叙琪对《妇女杂志》不同主编阶段进行内容篇数的对照可发现，章锡琛主编阶段（1921年1月至1925年8月），关于"婚姻、社交与家庭制度"的文章篇数，每期平均为6.1篇，高居其他阶段的四位主编之上（王蕴章时0.7篇，杜就田时1.8篇，叶圣陶与杨润余时1.3篇），由此可见，章锡琛主编时期对婚恋问题的高度重视。（见周叙琪：《一九一〇～一九二〇年代都会新妇女生活风貌——以〈妇女杂志〉为分析实例》，台湾大学1996年版，第154页）

③ 《妇女杂志》第8卷第8号。

凤子在《恋爱自由解答客问第二》中说：

"自由恋爱"的结果，两性间要"交互迷着"，一经"交互迷着"就忘了"本来面目"，不再研究真理的所在。无论以恋爱为"性欲的满足"，或是以恋爱为"高尚精神的结合表征"，总是注重在恋爱。其结果将使我们女人再次堕落入"偶人的家"，于我们的生活有何幸福呢？[①]

这些对于爱伦凯理论的解析和对婚恋自由的区分和鉴别是较为清楚和严谨的，"恋爱自由"和"自由恋爱"之间的区别导致伦理上不同的确认。"恋爱自由"注重"自由"，强调在高尚的爱的选择中个体自由选择的权利，由灵而爱；"自由恋爱"注重"恋爱"，由肉而灵，容易形成"自由滋长"的滥情主义。因此，凤子是反对"自由恋爱"而认为"恋爱自由"是积极的。但是，并不是每个读者都能够清晰地分出"恋爱自由"和"自由恋爱"之间的差别。

在《妇女杂志》婚恋话语空间内，编者们提供各种信息，读者在解读时做了偏离主旨的阐释，加之现实的复杂情况，导致"主义"和"问题"之间的"隔"。"从那时候开始，不论批判传统或倡议变迁，中国的知识分子几乎必然地求助于某些西方理念、价值或习俗，以作为正当性的基础。那么，在当前讨论的脉络中，我想补充说，相同的原则也适用于五四时期的中国守旧派，因他们在维护中国传统时，也多半求助于西方的作者。"[②]西方的理论和思想往往带有一种先天的优势进入中国，构成对中国传统思想强大的压力，传统中的

---

① 《妇女杂志》第8卷第8号。
② 余英时等：《五四新论：既非文艺复兴，亦非启蒙运动》，联经出版事业公司1999年版，第17页。

糟粕和精华都因为西方思想近乎"赏赐性"地进入而被一概而论。

所谓"问题",表现在两个方面,一是人们对于理论和"主义"的误解,导致了青年男女追求"时髦",突破传统道德的限制,以追求自由为名,放纵自己的身体;一是青年男女享受了选择的自由,却抛弃对自由选择结果的承担。爱伦凯所认为的完全之恋爱,是"实合二人而为一,各有自由,互相提携,冀达乎完善之域……彼之堕落人格,贪一时肉感之爱者,正与此反对"。她认为婚恋道德的核心必须以各个人格为基础,精神平等,自由结合,结婚也要保证这种人格上的独立和尊严,否则就不是真正的恋爱。

> 两者之中有一位是被强迫的不调和的,或者是忍耐屈从的,人们很深刻的受了一种觉悟,就是现在婚姻制度里面,或者附带的道德观念的全体里面,是送给一个做丈夫或做妻子的一些权力去抑制其他一个的个性,这是文化低级的一种未成熟的风俗;所以无论什么,那夫妻之间在他们的共同生活之中彼此互相交换的,只可以说是恋爱的自由赠品,万不能被其他一个男子或其他一个女子,把他当做一种权利拿来要求的,人们将来一定能够了解这层,就是当着一个人不能再继续在恋爱里面去生活,在那个时期中,这种生活一定要停歇了。因此所有盟誓把感情的生活永久桎梏住的,是一个人的人格上的一种亵渎,因为一个人千万禁制不住那一个人的感情将来一定会变迁多少次。这种新道德的观念,当初自然要消灭许多不诚实的婚姻,遂致发生许多的痛苦,然而这种痛苦是势所不免的。他是在乎能够获得新恋爱的道德学。①

---

① 爱伦凯:《妇人道德》,载《妇女杂志》第8卷第7号。

"婚恋自由"成为新思潮影响下伦理觉悟的切实体现。但实际上,一些青年只是着了"自由"的"魔",并未了解拥有自由选择的权利同样意味着要承担自由选择的责任。一些人盗用了"恋爱自由"的实际内容,以新道德的名义,行诱惑、淫乱之实。缺乏神圣和真实情爱观念对激情和自由的规训,而只是随着欲望的牵引,最终使恋爱的自由花结出了离婚的痛苦果,男性也道出其在"自由恋爱的症候"中所谓高尚的自由恋爱,不过是"异性冲动之欲望而已"。

在《觉悟的忏悔书》①一文中,作者 KS 写道:

> 他深中着社交公开、自由恋爱的症候。开口便是"社交"、"恋爱",而且大吹特吹的宣传;日夜都在公园、戏院,尽在那里同狂荡的女子往来。他的名誉,从此扫地;他的教席也被黜去了——他的人格从此坠落了——
>
> 他受着这番的打击后,很觉愤怒,很觉懊丧;恼怒的是:这种无知的社会的人类,一点不明白恋爱与社交的神圣,而妄加以排斥和蹂躏;懊丧的是:不能畅达其这种高尚的目的,以满足其伟大之热望。其实:他自己的行为,何尝是真正的恋爱?不过乃是狂妄的爱而已!他所谓高尚的目的,不过乃其异性冲动之欲望而已!
>
> ……
>
> KS 君:
>
> 啊!亲爱的 KS 君啊!你知道我现在已是变成个什么等地的人吗?你也知道我的觉悟吗?爱友啊!爱友!去年的事情你记得吗?我是怎样的愤怒!怎样的懊丧呢?我不对你说

---

① 《妇女杂志》第12卷第7号。

过么？说：现在社会的人类如何的卑陋！如何的愚蠢！如何的闭塞么！其实，这是我的卑陋，我的愚蠢，我的闭塞咧！我那时那种疯癫的行为，到如今想来才愈觉惭愧呢！甚么"恋爱自由"啦，"社交公开"啦，一时热发狂，然而我何尝明了恋爱自由的正旨？何尝明了社交公开的真相？老实说一句：不过是性色的激动和求异性的满足耳！但我那时却不自知，虽遭那番的挫折后，还在梦中生活咧！我要再告诉你一件，就是你去后的我的堕落，这点，我望你要谅恕我！

……

因为我是爱她的形貌，不是爱她的精神。……我已因生理的要求，欲不胜理，我已经堕落了。……我不但把自己的人格弃掉了，而连这神圣的恋爱的本体，也都被连累了！

在这个作者的叙述中，青年男女不仅误解了神圣的"恋爱"，而且丧失了自己的人格。"恋爱自由"的神圣已经被欲望和虚荣篡改误用，"不过是性色的激动和求异性的满足耳"一句话道明了婚恋自由"变奏"的实质。这种婚恋自由的观念是从西方直接翻译过来的，并没有本土化的过程，在迫切需要新的力量改造传统惰性的时候，这些理论在西方思潮"时髦"的新文化运动时期成为一种"权威性的资源"（吉登斯语），获得了支配人们自身活动的手段。"那些家族与家庭中居弱势地位的未婚男女，最渴望反抗的，是家庭专制对其终身大事的一手安排。"[1]婚恋自由成为一种手段，来对抗家庭专制。

知识青年在新的婚恋自由基础上，开始与传统婚恋观念决裂。

---

[1] 许慧琦：《〈妇女杂志〉所反映的自由离婚思想及其实践》，载"中央研究院"近代史研究所：《近代中国妇女史研究》（2004）。

日本贺川丰彦在《恋爱之力》中认为，恋爱只有一条件，就是"自我的诞生"[①]，但是，这些尊重个体、尊重人性的人本主义婚恋伦理却成为一些青年身体欲望释放的借口，他们寻求性欲的实现，而不是真正建立成熟的婚姻家庭，导致了"恋爱自由"、"结婚自由"发生了"变奏"，最后以恋爱自由的名义在一起的青年男女，因为缺乏对于爱和婚姻深沉和持久的理解，又成为自由离婚的人。蒋原伦在《传统的界限：符号、话语与民族文化》一书中认为，（新文化运动）这一概貌向我们表明这场关于中西文化优劣，或者说传统文化优劣的争论是以古汉语言文字及西方输入的符号为中心的文化体系及所表达的各种新话语（包括西方输入的话语）之间的较量。这一概貌也告诉我们，决定这场较量成败的，不是取决于双方的理论何者严谨何者疏漏，何者合理何者乖谬，而是潮流和时尚！[②]五四新文化运动中各种"新话语"成了一种时尚和潮流，青年男女在"时髦"和潮流生活"蛊惑"下具有了独特的反传统的力量，"爱情"也成为一种革命的武器。爱情和婚姻的目的不是其本身，而仅仅是作为反传统的一种手段和方式。

从《妇女杂志》的很多征文中可以看到，旧式婚姻是没有任何希望的，但是以"恋爱自由"的名义结婚的女子们并没有获得她们所希望的爱情和婚姻，她们在时髦的婚恋话语的"蛊惑"下，以想象代替现实，这使"新女性"的独立、自主、尊严、学识、能力等标签——淡化，新女性在新的性别权力分配中，再次成为男性支配的对象。"两性之间的支配与被支配，已成为我们文化中最普及的意识形态，并毫不含糊地体现出了它根本的权力观念。"[③]在一个男

[①]《妇女杂志》第8卷第9号。

[②] 蒋原伦：《传统的界限：符号、话语与民族文化》，北京师范大学出版社1998年版，第103页。

[③] 凯特·米利特著，钟良明译：《性的政治》，社会科学文献出版社1999年版，第38页。

权社会中，女性冲破的仅仅是传统婚配制的表象，实际上仍旧在男性的支配之下，配合其实现了"婚恋自由"这一反传统的诉求。这些"时髦"的理论和思潮，是无法充分考虑到女性个体生命在这样的话语下的选择到底是出于对理论的崇拜还是出于心中深沉的爱、果敢的选择和冷静的认同。在思想试验场中，这些男性知识分子主导的话语走向，让知识女性在追随时感到无所适从和无能为力，因为高喊着新思想以及新行动的男性，多数只是穿了一件新式外衣，其内心仍是"旧"的，男子的呼唤和女性的追随，男子的主导和女性的盲从构成了事实中的两性关系。事实和价值之间的偏差，导致女性独自承受选择之痛，或者是觉悟，或者是堕落，或者是死亡。《妇女杂志》专门针对独身问题展开的讨论，正是对"变奏"的婚恋结果的呈现。

《妇女杂志》对婚恋自由中存在的问题暴露得也很多，比如有人对恋爱至上观点产生质疑，如署名 YC 的作者《批评一件误解恋爱的事情》一文所述：

> 自从恋爱的学说输入以来，青年的婚姻便受了绝大的影响。从前非恋爱的婚姻，逐渐被打破了；有许多是已经成功他们完满的婚姻，享到他们没有享过的幸福。从这上面看来，确是可以使我们满意的。不过从误解恋爱所生的损失，也是不少！我所说的误解，是和一般所说的误解不同：一般所说的误解恋爱，是指诈伪的不合理的恋爱；我所说的误解恋爱，是指过于重视恋爱——视人生只有恋爱的人。并不是我说谎，现在确有许多青年，有恋爱即是人生，人生即是恋爱的倾向了。①

---

① 《妇女杂志》第10卷第1号。

自由婚恋旨在唤醒个体的生命意义和价值，但是恋爱是否是人生的全部？如果对除恋爱之外的其他不管不顾，那么也不能成为理性的和真正的恋爱。理想的性别建制是生产新型文化以及为文化提供动力的要因，虽然《妇女杂志》性别话语空间存在着"多音杂存"，但总体上还是"一边倒"，男性始终主导着话语的方向；而当国家权力日益升级和扩展之后，婚恋自由这类属于生命个体的事情，也开始由国家介入处理和调停，因此中国现代女性的命运以及她们所获得的诸多权利，更多的是来自国家的赐予。

《妇女杂志》中，涉及婚恋问题的女性文章，多以个人体验为主，这些体验大多是自由婚恋导致的失败和创伤，因此，"现身说法"式的问题构成了与理想的"主义"之间的巨大分野。新旧思想的暧昧不明、理想和现实之间的落差，以及理论和实践的无法一致，都使"主义"和"问题"之间存在着错位和区隔。章锡琛和一些志同道合的编辑、作者因为讨论类似问题遭到社会的公开质疑，这表明，这些理论的确有超越历史语境的先锋性，不过，这些讨论却能穿越历史并对当下婚恋选择提供诸多指导。

三 婚恋中女性的"伤"与"殇"

1920年代上半期是高扬"自由恋爱"的时期，很多知识男女纷纷在"自由恋爱"的旗帜下开始了新式婚恋，但是，在自由恋爱到自由结婚的合法性步骤中，因为缺乏对自由婚恋的深刻理解仅从自我的感觉出发，从而导致了"盲婚"的出现。"男女恋爱的冲突在于女性更注重精神的相通和忠诚，男性更注重本能，无论是浪荡少年还是穿了'新衣'的革命分子。……高唱自由恋爱，但是，恋爱的'信仰'本身也往往自相矛盾"①，于是女性纷纷开始撰文反省"婚恋自由"。婚恋伦理在新文化运动领导者们看来是最深刻和最后的觉悟，不仅是形式上的改弦更张，还涉及深刻的社会、文化和思想的转变。从实际情况看，婚恋自由"变奏"之后的结果就是女性的"伤"和"殇"，其原因就在于两性都未真正理解自由婚恋的实质，对个性解放和个人的独立自主并无充分的掌控，尤其是女性缺乏社会交往的基本能力和对问题的判断力。以自由的名义，女性成为男性欲望化的载体，并且这种欲望在"自由"的名义下更容易实现。新知识青年对婚恋自由的理论和新思潮的急切渴望，其中也包含着对新女性（主要是女学生）的好奇和身体的欲求，婚恋中的女性最后为这样的追逐的结果承担着不同的伤痛，甚至导致生命之殇。

在"盲婚后的清醒"主题征文（第15卷第8号）中，作者雪樵在《同情之泪》②一文中记述了由所谓自由恋爱导致的女性的心伤。

一个受自由恋爱"蛊惑"的女学生与一个叫做明先的男学生发生了恋情，两个人像所有自由恋爱的人一样，浪漫的游玩，彼此难舍难分。那时候，只要男性和女性之间有了交往，大家都把这种关系想象成恋爱关系，当事者也会在周围的人的影响下，糊里糊涂就认作是恋爱关系，然后就只顾得谈情说爱。这个男学生明先在向她发出性要求，并说要结婚的时候，这个女学生没有考虑男生的性情、家庭就盲目的答应了。女学生只是想象未来新式家庭的幸福，却不知道男生家庭的实际情形，以及这个男生的性情。在这个旧式的大家庭中，这个新式女学生遭到了排斥，无论怎样做都不能让这个家

---

① 杨联芬：《五四社交公开运动中的性别矛盾与恋爱思潮》，载陈平原：《现代中国》（第10辑），北京大学出版社，第52页。
② 《妇女杂志》第15卷第8号。

庭中的成员满意，而且明先根本不考虑女学生的难处，不断的指责她让她感觉到难堪和不遂意，甚至让"家人看不起她"，女学生万分难过和沮丧，只待开学之后快快离开这里。但是这个大家庭的家长却反对她去读书。这个女学生感慨，她一直认为婚姻要自己做主，不能凭"父母之命，媒妁之言"，但是她现在觉悟到了"如果只是为满足一时的性欲去婚姻自主去自由恋爱，却不稍为未来的前途计，只是一味的盲目进行，结果与那旧式婚姻有什么区别呢？"这个女学生想弃世，但是为了那些正在恋爱声中熙来攘往的女子，唯恐她们要蹈她的覆辙，因此她宁愿牺牲她一世的幸福也要成为一个前车之鉴。"……你要留心世态炎凉，男子的心肝都是不可测的啊！"女学生虽然彻底对婚姻失望，对男子失望，甚至对世界失望，但是为了让更多的女子以她为鉴，同时也希望女同胞能够创造新的生活之路给她走，她还是选择活下去。

　　草率的交往方式，盲目的求婚，敷衍了事的结婚仪式，以及现实婚姻生活中的种种窘境，最终结果要么是离婚，要么就是继续在无望的婚姻中生活，这是女性在婚恋自由选择中仓促、盲目、虚荣以及缺乏成熟的社会经验导致的"伤"。男子违背父母之命抗婚，在孝道敬亲和个体自由之间，往往背负着沉重的道德枷锁，即使与新女性结婚，他们的内心始终是脆弱的，遇到阻力，很容易退缩。男子的离婚，在一些女性看来，性始终是一个重要的问题，"男子本是没有理性的，他的眼光中，一切女性都是性欲的对象"。这是女性在遭遇情爱之伤后产生的两性偏见，甚至导致某种偏执，进而不断地制造两性的矛盾。说到底，是两性并没有认清婚恋自由实际确立的是两性平等以及自由选择的意志，基于身体的吸引而盲目地结婚，注定会导致自由婚恋的失败。庐隐小说《胜利之后》中，女主人抒发这样的感慨："我们都是真正的傻子，当我们和家庭奋斗，一定要为爱情牺牲一切的时候，是何等的气概？而今总算是得了胜利,而胜利以后原来依旧是苦的多乐的少,而且可希冀的事情更少了,可藉以自慰的一打消,人生还有什么趣味?"

"盲婚后的清醒"征文中,菊痕女士的《当初什么样现在还是什么样》[1]一文说,女学生与男同学相恋,也并不是什么父母之命,而是自由恋爱,从友情到爱情过渡而结婚的,谁知这个男同学是有妻室的,和这个女学生结婚之后仍旧与妻室保持联系,女学生说:"总怪我自己粗心受了人家的骗,我起初还以为他是很诚实的呢,谁知他是口是心非,有过也不妨明说,何苦相瞒着呢。"当女学生与男同学摊牌的时候,这个男同学竟说:"随便你吧!"最后两个人离婚。正如作者的标题"当初什么样现在还是什么样",女性在婚恋上的弱势,以及自身缺乏社会交往的基础和判断力,很容易由着感觉和两性欲望的牵引,冲动结婚。这个作者的慨叹,竟是自由婚恋和当初的媒妁之言对女性的婚姻的结果没什么区别,可见这种婚恋自由存在的现实土壤和两性对待婚恋自由的态度最终会导致悲观的心理。

《时代下的牺牲者》[2]一文讲述了这样的一个故事:

一个H大学的男生一个E女师的女子自由恋爱,两所学校只是隔了一道墙,由于学校管得严,平时并无相见,只是到了周末,两人才得以见面,总是情意缠绵,如胶似漆,不舍分开。"感情的支配,在她简单的头脑缺乏理知的判析的,遂不管三七二十一……绕道出外,不归学校。"后来女生遇到了困难,向男生求助,但是音讯如石沉大海,另外一男子M解了她的困厄,她就和他结婚了。再说H大的男子,已是有妻的人,不能与妻离婚,若对读书女子置之不理,又觉得对她不住。"没法,还是对不住读书的女子。下一番狠心吧。"

---

[1] 《妇女杂志》第15卷第8号。

[2] 《妇女杂志》第12卷第7号。

不料，其妻命丧黄泉，于是他又去寻读书的女子，然后多次求她与之相见，该女子十次八次推脱不见。但是，H大的男子不是让她缝被就是补衣服，她竟然像他的奴隶，不敢作声。后来该男子威胁她和他出走，她就允了。从此H大和E女师都不见二人了。后来，M家和她家一起告H大男子拐骗，没想，E女师也开除了该女生。作者慨叹国家和家庭枉培养了她多年，最后竟然被开除。这两个人到了异地之后，用完了积蓄，女生堕落，男子不知道是命丧还是因监，就不得而知了。作者最后慨叹，这就是狂放的爱的结果，"我不知道这社会上有多少像这样'一失足成千古恨'的痛事啊。"

这个故事中的主人公，把对"恋爱自由"的美好期待演绎得如此混乱不堪。女性的"伤"看起来虽是由所谓的"恋爱自由"和男性所造成，但是不能忽略的是，这些女学生或者所谓的"新女性"自身对婚恋的自由选择缺乏足够的理解，也缺乏基本的社会交往的能力。缺乏社会经验、没有生存技能，不能独立，成为新女性自身悲剧的重要原因。"时代下的牺牲者"，这是对婚恋自由的质疑，也是对女学生或者"新女性"的提醒，现实社会的土壤并没有给予新女性充分的自由选择的权利，也没能培养出女性的独立和自强。自由恋爱、自由离婚以及新性道德等对于1920年代的人来讲还都是概念性的，对于那些时髦的语汇，男女青年并没有真正理解其具体且丰富的内涵。在"新思潮"和"自由婚恋"的鼓噪下，青年男女身体力行的结果并不都是理想和现实的贴合，恰恰相反，在各种"主义"召唤下的实际行动与"主义"本身的内涵相去甚远，最终演变成"盲婚"的苦痛和"始乱终弃"的结果。女性的伤与逝使婚恋自由的伦理理想变得飘忽不定和遥不可及。《妇女杂志》在女性自杀问题上的探讨，比如《两个自杀的处女》《女性与自杀》等文章中，感情困扰都是女性自杀的首要因素。虽然包裹着新女性的外衣，但是传统女性精神上的内在规约与现实碰撞之后显现出了其规训的力量。贞操依然是女性精神贞洁的尺度，一旦女性"性付出"之后，就把自己的全部幸福和未来押在了男性身上。爱情对于渴望人格自主与独立的女性来讲，甚至成为一种信仰，被赋予生命的全部意义，当爱情失败，自由选择的婚恋为女性带来了身心的双重创伤，身心均无所附依，这种致命的打击让刚刚进入社会的女性不堪一击，无路可走和万念俱灰导致其选择死亡，虽然也有勇敢的女性投身社会，去寻找理想的生命归宿，但无论怎样，婚恋自由都成为女性生命路径的重要转折。庐隐在《何处是归程》中发出慨叹："结婚也是不好，不结婚也是不好，歧路纷出，到底何处是归程啊。"

在新的婚恋伦理中，女性并没有真正意识到该如何选择自己的命运，大多数女性披着新女性的外衣，还衬着旧式女子的底子。旧式女子能够接受三妻四妾，但是不能接受离婚，因为"被休"的结果对旧式女子而言是不能承受的生命之痛和生命之辱。很多旧式女子的丈夫在求学过程中以"自由恋爱"的名义与新式女子保持婚恋关系，而且这种婚姻也让新女性心安理得；或者是新式女学生以"没有爱情的婚姻是不道德的婚姻"为由，与已婚男性同居，最终形成新旧女性博弈的局面，城市新女性和乡下旧式女子展开了激烈的冲突，强势和劣势难分，新女性有一套新理论和新观念支持，旧式女子在历史惰性和父权尊严下形成对男子的挤压。因此，新旧女性谁能取得胜利，最后的结果系于男性的选择，新女性的独立和自主仍是空谈，正如许慧琦所言："《妇女杂志》中译介自由离婚思想的作者，几乎清一色是男性。……他们基于对中国社会与家庭问题的掌握，凭借着某种程度的理解和想象，企图在中国形塑出一种介乎理想与现实之间的讨论与实践场域；仿佛借由这种源源不断的援用与讨论，中国便能逐步创造出自己的现代性。而在这样的尝试援用与努力讨论的论述过程中，属于男女之间的性别差异有时候被明显地提出，有时则隐而不彰。"①

在这样一个多频、嘈杂，各种主义泛滥的时代话语中，每一种理论和主义都在这个时代的人身上进行着试验。女性在这样的话语时空中，时而跃出、时而沉落、时而呼喊、时而沉默，但她们在这个时代话语激荡下的选择和逃避、勇敢和怯懦、创伤和死亡，是不能被抹去的。《妇女杂志》关于婚恋伦理的话语空间也混杂着诸多的问题和矛盾，不同立场、不同性别的作者基于现实和想象制造的话语具有诸多的片面性，不过，这种"片面的深刻"也显现出了性别博弈中的坚持和妥协、寻找和放弃。毕竟，在1920年代，"爱情已经成为新道德的一个总的象征，很容易地取代了传统的那种礼法……在这场解放的大潮里，爱情与自由具有同等意义，在这个意义上，通过爱情和宣泄情感、力量，个人就能够真正成为一个充实、自由的男人或女人"②。

第四节　家庭制度革新中的性别结构调整

婚恋问题和家庭总是纠葛在一起，通过对《妇女杂志》中相关家庭类文章的统计（详见附表4），可见有关家庭问题讨论的集中点在于家庭制度的革新，其关键所在就是小家庭的确立。本书并不想在社会制度改革的宏大叙事中讨论家庭制度革新，而是希望通过家庭制度革新与婚恋自由，探讨《妇女杂志》如何塑造全新性别交往

---

① 许慧琦：《〈妇女杂志〉所反映的自由离婚思想及其实践》，载"中央研究院"近代史研究所：《近代中国妇女史研究》（2004），第104页。
② 李欧梵：《追求现代性（1895—1927）》，载李欧梵：《现代性的追求：李欧梵文化评论精选集》，麦田出版社1996年版，第258页。

空间以及小家庭中的两性关系。小家庭制度与自由婚恋中两性关于家庭的想象是不谋而合的，尤其是女性对于小家庭的想象构筑了她们对于未来婚姻想象的主要内容。家庭和社会是人生活的两个空间，每一个空间的流转和变化都会影响另一个空间内两性的存在方式。在17年的时间里，主编几次更迭，但《妇女杂志》对于家庭制度的探讨呈现了某种一致性。

一 家庭制度革新中国家和个人的双重叙事

在《妇女杂志》中，1923年的"家庭革新号"，以及1925年的"怎样推翻大家庭制度"、1926年的"创立新家庭的预备"、1927年的"小家庭主妇"几次重要征文，比较集中地探讨家庭制度革新的学理内涵和现实问题。从这些文章中，可以看出杂志的舆论引导方向，即旧式家庭的革新之要务与对新式小家庭的认同。家庭制度革新是一个复杂的系统工程，涉及制度层面和观念层面的诸多问题，《妇女杂志》中很多作者对此都有共识，这其中还夹杂着婚恋自由等问题的讨论，就愈发显得复杂和千头万绪。通过刊发在《妇女杂志》上的关于家庭的相关论述文章，我们能寻其辙迹看到过渡时期家庭制度革新的具体情形。家庭制度的更迭，从旧式大家庭到新式小家庭实际上涉及国家和个人的双重叙事。

国家叙事指向强国。瑟庐在《家庭革新论》[①]一文中认为，家不兴则人不兴，人不兴则国民弱，国民弱则国家弱。家庭是国家根本，形成由家到国，由个体到族群的逻辑链条。家庭革新指向国家振兴的大叙事。大家庭——父权、家长制、专制、群体共识；蔑视个体人格，养成依赖，生利人少，分利人多；阻碍个人自由发展；家人

---

① 《妇女杂志》第9卷第9号。

冲突增多，矛盾大。小家庭——一夫一妻，人权、个体价值、自由，个体的意义凸显。这些对比构成了旧式大家庭的革新之要务，以及对新式小家庭的认同，其逻辑基础不再是中国传统宗法和血亲的伦理观念，而是西方现代的个人主义和自由主义的价值观。在国家叙事的层面上，新式家庭制度与培养新人、增加家庭的活力和个体在家庭中的充分自由，指向的都是重新夯实国家之基。后来在"小家庭主妇"征文（第13卷第1号）中，陈伯吹的《责任何其重大》[1]一文，把小家庭主妇的责任纳入复杂的社会叙事系统，承担起民族家国的历史使命。小家庭主妇"对于家庭，对于社会，对于国家，应当怎么样"？"对于社会"应该"改良风俗，破除迷信"，在"慈善事业，公众卫生"方面做贡献；"对于国家"应该"普及教育，参与政治"，陈伯吹通过小家庭主妇虽身在家庭但能服务社会和国家来说明其"责任何其重大"。不过，这些旧式家庭革新，只有附着在一个宏大的国家意象中，才能增强其革新的分量，家庭制度的革新诉诸国家改良要比解救那些渴望自由的青年的任务更为突出。或者说，这些青年从旧式家庭中解放出来，获得自由选择的权利，还是得益于建构新国家的历史诉求。中国传统伦理中，群体观念始终是凌驾于个人价值之上的。因此，革新旧家庭的目的指向的仍是民族国家，包括个人的自由与价值也是被纳于国家叙事当中的，可见两性关系在家庭中的变化是需要借助外力参与调整和重构的。

家庭制度革新中个人叙事与婚恋自由是密切相关的，从父母家长制下的包办婚姻，到以自由婚恋为前提组成小家庭，婚姻从两个家庭的结合转向了两个人的结合，婚恋自由中的每个青年个体都要冲破旧式家庭而缔结自由婚姻，组建新式小家庭。这是婚恋伦理的重大变革。因此，个人叙事指向是个体自由选择的实现，这是经由

---

[1]《妇女杂志》第13卷第1号。

器物、制度、精神三重革新而实现的。

高思廷在《理想之家庭》[①]一文中认为："理想之家庭，第一要自由结婚，这是对旧式大家庭的突破；第二，贞操，理想之家庭就是小家庭组织，一夫一妻制的固定配偶；第三，子女分居，一律平等，不重男轻女；第四，个人储蓄，为年老备用。""理想家庭的现象：第一，理想家庭之所在和建筑；第二，理想家庭中之人物，一夫一妻再有几个孩子；第三，工作和娱乐；第四经济，为社会服务获得的报酬，可以营'人的生活'，享'人的幸福'。"

作者提出新式家庭的实现前提和必要条件，即自由婚姻和贞操，固定的一夫一妻的配偶制。理想家庭中的个体有独立的生活空间、独立的经济能力、工作和娱乐，充分实现了作者所谓的"人的生活"和"人的幸福"，这些都是对个体价值的张扬。这种革新涉及几个层面：第一是器物层面的革新，从传统旧式的生活习惯和方式向现代新式生活转变；第二是制度革新，由血亲宗法的家长专制向人人平等转变；第三是精神革新，破除专制主义、保守主义、迷信、虚荣等。从理想的角度来说，这是个人自由品格和独立精神意志的体现，也是个体适应社会生存的能力以及担当生活的勇气的体现。在舆论的引导下，普遍认为大家庭制度是与现代文明的价值逻辑相背离的，即民主与专制的对峙、理性与神秘的对峙。经济组织的变更，以及国家权力对于旧式家长制的限制（比如教育成为国家教育的重要任务，不再依托私塾），必然使依托大家庭维持生活的人们开始疏离于大家庭。"1930年代所流行的'摩登现象'，基本上是一种追求自我的人生观，这不只表现在个人的消费行为上，也表现在家庭生活方式上，以致当时有'摩登男女'、'摩登家庭'（通常是'小

---

① 《妇女杂志》第9卷第8号。

家庭')之称。"①

　　过渡时期总是新旧相淆，对于过渡时期的青年人来讲，理想化色彩更重于实际的可能性。在杂志中发现，每个青年个体对于旧式家庭的背离始终是纠葛着矛盾并心生焦虑的。青年男女背离旧家庭，首先，有违中国传统根深蒂固的孝道，即使新青年也不能阻断集体无意识当中的精神血液；其次，作为一个由旧家庭赡养长大的人，虽然经受了新文化的洗礼，但是仍旧存在着对于旧家庭威严的忌惮，特别是一直受着旧家庭的给养，即使在争取到自由之后，也会因为经济的问题而低头，因此，这种背离对于一些人来讲还是有所顾忌的；最后，这种新式婚恋是仅仅以短期的恋爱（主要是欲望）而缔结的，由于其不稳定性，也使得背离家庭的青年对旧式家庭还有隐约的张望，并且回归者并不在少数。这些以婚恋自由和建立新式家庭为理想的青年在现实面前，仍存在着摇摆不定和取舍两难。因此，这些充满理想化色彩的文章也难掩实际问题带来的现实焦虑。虽然建立新家庭制度还存在着诸多的问题，但是毕竟种下了革新的种子。在《中国家庭之过去现在及将来》一文中，"新旧冲突，人伦沉沦"是作者对过渡时期家庭的看法：

　　　　我可用最简单的八个字，来形容现在时期的家庭的趋向和情形。八字为何？就是"新旧冲突，人伦沉沦"。现代青年受了欧美学说的濡染，加以女学的发达，目光渐渐放远，观人观己，觉得自己的家庭处处有不满人意的地方？青年们要想实行什么"小家庭"、"男女平权"、"打破贞操"等等的西洋事实到中国来，这等事实在西洋虽为司空见惯的常事，

---

① 连玲玲：《四十年来家国：评介 Chinese Visions of Family and State，1915—1953》，载"中央研究院"近代史研究所：《近代中国妇女史研究》（2004），第293页。

在中国要算新伦理和新学说了。所以要想夺到这个目的，不免有不用积极的手段，越出常规是不庸讳饰的，况且那时适值政治革命之后，青年人的脑海里充满着革命的思想，对于家庭也便实行革命了。"家庭革命"的名词，在中国也于是可听见了，这是一件何等困难的事，去破除几千年的旧习惯，革去相沿的恶习，而代以一个新学说，人人都是信仰旧的，不肯轻易更易，虽是新的比旧的好得多。因之青年们便用激烈的手段，起来大革过去时期家庭的命了。因革命，所以弄得"新旧冲突，人伦沉沦"。但现在时期的家庭一方现出紊乱的景象，一方也立了新家庭的根基了。……依上面看起来，现在时期的家庭确不如过去时期的家庭那样平稳和安逸，它的骚扰的景象已至极点，是无可讳言。真入于如我所谓"新旧冲突，人伦沉沦"的状态了。但事实上正因有这种骚扰和不稳，便种下将来时期的家庭的胚胎。①

除了批判，也不乏折中和妥协的态度，《家庭制度可以废除吗？》一文中写道：

  ……所以我们现在的急需，是怎样改良家庭的组织；不当徒自纷扰，去废除家庭的制度。……一面要破坏那种礼教式与刻板式的家庭——家长独揽大权的家庭，老大的，陈腐的，无生机的旧家庭；一面却要建设和美的与责任的家庭——男女平权共同负责的家庭，以儿童为本位的、滋长的、进化的、有生机的新家庭。

  ……如果是有不合人情、不适时务、不负责任、不求进

---

① 《妇女杂志》第13卷第1号。

化,那末赶快起来改组,但是须要牢牢记着:破坏的背面,却有两个字紧跟着,"建设"。①

这是在诸多现实面前的理性思考:破坏是固然的,但是更重要的是建设,唯有建设才有出路。因此,在《妇女杂志》建立新式小家庭为主流的话语倾向中,除了个人价值的意义,新式儿童的培养也成为核心和关键的问题。比如爱伦凯的婚恋、家庭和儿童教育的思想,前两者都为了实现人类自身的改良和进步,而儿童以最无功利的存在担负着成为未来自由个体和建设国家的责任。

二 家庭制度革新中的两性关系

(一)平等的诉求与"新妻子"

家庭制度革新意图改善传统的大家庭制度,两性关系因此也会得到调整和改善,从男尊女卑到男女平等,从以夫为纲到夫妻平等,对女性而言,这尤为重要,虽然在新思想旧道德、新生活方式旧传统影响交相伴随的社会中,这种理想化的性别建制仅具有某种想象意义上的平等。从"小家庭的主妇"的征文(第13卷第1号)中可以看出,自由婚恋和小家庭制度对于个体的自由选择权利是一种实现和维护,但是进入家庭之后,新女性也就成为新小家庭主妇,这对女性要求更高:既可以生利,也可以持家;既可以养教儿童,也可以社交;既可以照顾家庭,也可以参与社会公共事业;不仅给了男人充分的照顾,而且能够帮助男人获得社交中的认可。女性在家庭中的身份不但得到革新,其社会身份也非常突出。

在新式家庭中,以两性平等诉求为前提,创造了一个超越的"贤

---

① 《妇女杂志》第12卷第9号。

妻良母"。"五四知识青年对'新妻子'论述产生偌大的兴趣，作者认为这些兴趣并非完全出自人道关怀，而是欲透过定义'新妻子'来肯定自己在现代社会中的位置。……自由婚恋成为五四时期'现代、文明'的标志，拥有一位'现代妻子'（即经过自由恋爱而结婚者），成为定义现代男性自我形象的一个方式。因此，尽管五四知识青年具有反传统的特质，他们与其父执辈一样，仍然透过家庭来定义自己。"[1]因此，新式家庭女性或者"新妻子"还带有某种符号的意义，来标识男青年的新身份。

（二）新家庭对女性的改造以及两性关系重塑

健孟在《新旧家庭的代谢》一文中认为，旧家庭中的女性一生只在家庭中，从没有政治上的活动、职业上的企图。现实的情形让青年男女看到这一切存在着不合理，新思潮唤醒了他们，但妇女们尚存在这些问题：

> 一般承认旧妇女生活的中心是管理家务和养育小孩，然而旧妇女并不会懂得这些道理，她们学烹饪，其实并不知道烹调的原理；她们管理家庭费用，并不知经济原理即家庭中经济来源，也多是茫然；更不知家庭卫生，和屋宇的装饰等原理。教她们养小儿，却不教她们知道小儿的性质，儿童的卫生等知识和看护的方法，只教她们照本能和习惯做去。贫苦人家的女儿，因工作忙碌，中上阶级的女子，大部分时间便都用在迷信和繁琐的礼节，将公众认为重要事情的根本知识也都忽略了。

---

[1] 连玲玲：《四十年来家国：评介 Chinese Visions of Family and State，1915—1953》，载"中央研究院"近代史研究所：《近代中国妇女史研究》（2004），第294页。

> 有许多妇女，除却家庭的习惯工作之外，不知道有其他的工作，不会培养得正常的趣味，所以遇到家事安闲的时候，她们不能不上剧场，游戏场或打牌，讲求装饰，和无端寻些往来应酬的事情来消遣这时光。这种习气在许多新式的妇女们中，还常有存在，原因便因她们既不关心社会，不想干与政治，没有职业上的活动，没有学术上的趣味，也没有高尚的集会俱乐部等。①

男性与女性从一开始就被规训成各自的社会模样，男子是社会人，女子是家庭人，因此新家庭的确立必须打破男女之间的隔阂，用男女同校和社交公开打破男女之间"授受不亲"的道德规约。男子要养成男女平等的观念，女子要避免献媚依赖，要建立新家庭必须改造礼教、习俗和思想。

乔峰在《家庭改造的途径》一文中认为：

> 总括一句话，自然创造人生，两性只有生理上的不同和创造新种族上的分工，然而人却没这样的睿智，能够因此将两性在日常生活的方法上，也割出区域来，再进一步说，妇女有参与政治、经济独立之权，这不是说妇女从此必须出去做政治家，或谋职业去，不许再从事家庭小孩的事了，这正如男子向来有一切政治职业的权利，然而向来并不禁止男子不许管理家事的。所以我以为妇女可否于家庭以外再参与政治与职业，不是一件用得着争论的问题；更不必去论妇女有无参与的才能或趣味，男子中也很有对于某种事业无趣味或缺乏才能的，然而不能因此规定男子不得参与某种职业。所

---

① 《妇女杂志》第9卷第9号。

以即使妇女中果然有多数不愿或不适于政治和职业，然因性别而制限其日常生活的意见仍然必须打破。非此不能够养成男女地位平等的观念的。如果这种观念不能正确培养，便是小小的一个家庭，要建设在和谐合理的基础上恐怕也是很难做到的罢！①

改造家庭制度的实质是改造两性关系。打破父权制下对女性的控制，理想的性别关系建立需要在家庭和社会的双重结构下才能得以实现。有学者认为"男女平等"并非恒常中立的价值，而是五四男性知识分子用来包装他们对传统大批判的论述策略，诚然，"男女平等"和"小家庭制度"等理论主张和社会议题都不单纯是其意涵本身，在叙事策略中被"改造"、"挪用"是正常的。建立小家庭制度，在摆脱大家庭的专制的同时也是重塑两性关系，旧式大家庭就像一个机器，将进入其中的人铸成以男性为中心的模样——以男为尊、嫁夫从夫，这不仅塑造了男性对于女性的观念，还成为女性规训自身的观念。用福柯的权力理论来讲，旧式家庭就像一个巨大的监视器，监控着其中的每一个人是否按照其固定的逻辑来履行各自的思想和行为，不断地规训着每一个人，也惩罚着每一个越界者。新式小家庭中的个体逃避了"监视"，被禁锢的行为和思想也得以解放，两性之间传统的关系也得以调整和改善。小家庭建立并且能够维持的关键因素就是经济独立，因此，组成新式小家庭的男女必须能够独立谋生，这才能保证小家庭的诸多良态能够实现。

---

① 《妇女杂志》第9卷第9号。

三　新式小家庭——一块爱情试验田

《妇女杂志》关于婚恋问题的讨论中，新式小家庭始终是婚恋自由最好的归宿。男女的结合是要在婚恋自由的基础上，以爱情为基础的结合。"潘氏（光旦）对婚姻家庭问题的思考也从情的价值出发。对情的理解直接影响了很多人的家庭观念……周建人在一篇文章中所说：'将来的婚姻，必须不受一切外力——一切法律经济以及道德律等等——的约束，家庭完全是"自由的园"，不受牢狱，而得彼此了解和谐共同合作的生活，这才是恋爱真的精神。'"[①]这固然不错，但是带有极强的理想化色彩。婚恋自由是以两情相悦为前提，进而组织家庭，但是关于恋爱的想象和事实之间、欲望和道德之间、时髦的追逐与审慎的选择之间存在着诸多罅隙，构成了两性之间以爱情为结合初衷，最终在家庭生活中落败的现实。这块爱情的试验田以良好的预期耕种，却很少有好收成。两性关系始终纠结着矛盾——"没有恋爱的婚姻是不道德的婚姻"、"婚姻是爱情的坟墓"。

后来，金仲华在《婚前与嫁后的恋爱问题》一文中认为：

> 近年来在中国所喧闹着的妇女问题，差不多完全是集中于"恋爱"的一个题目上。一般努力于妇女运动的人，不惟尽量的在讨论和宣传自由恋爱的理论，并且都献身把自己做一个实地的试验者，这种趋势在社会的各方面都可以看出来：新体写实小说的出现，浪漫的剧本和电影的编制，动人观听的社会新闻，与一般青年男女所爱读的杂志材料，没有

[①] 海青：《伤逝：对民国初年新女性形象的一种解读》，载杨念群：《新史学：感觉·图像·叙事》，中华书局2007年版，第106页。

脱得了恋爱问题的……

新的婚姻中以恋爱为结合的要素，旧的婚姻中以恋爱为维持婚姻的要素。旧的婚姻中不一定没有恋爱。我们要是撇开了新旧冲突的偏见而审虑一下，便可以承认这句话是有几分真实的。……新式婚姻的恋爱是成立于结婚之前，旧式婚姻的恋爱则始发于结合之后。①

传统的婚恋是结婚在前、恋爱在后，自由婚恋则将恋爱置于婚姻之前，这就使青年男女在选择的过程中更依赖于情感。从自由恋爱诞生的那一刻开始，就注定婚姻充满着若干的不确定因素，爱情和婚姻的矛盾也在结婚之后显现出来，经过一段时间的婚姻生活，情感的脆弱以及现实生活的琐屑，使青年男女对婚姻失望，爱情以离婚告终，导致"结婚是恋爱的坟墓"、"结婚就是痛苦"之说，这是把爱情和家庭之间的矛盾放大。爱情与家庭之间矛盾的本质就是个人的自由意志与他人的自由意志之间的矛盾，双方必须各自让渡一部分自由和权利以形成某种契约，从而保证婚姻的平衡。小家庭中的青年男女，由于受社会现实条件的制约，在生计和爱情之间，总是碰到各种困难，家庭的现实性冲击了爱情的浪漫，家庭的日常性抹平了爱情的热情和激烈，家庭的琐碎性干扰了爱情的审美性，特别是新式小家庭和旧式大家庭之间的矛盾，使小家庭变得很脆弱。往往因为女性缺乏工作机会以及有照顾家庭的需要，家庭再次形成"男主外，女主内"的既定模式。特别是盲目的自由恋爱通常会导致小家庭不稳定，离婚往往成为必然，对刚刚触及婚恋自由的女性来讲，这无疑是巨大的挫折。金仲华列举了女性遭遇爱情和婚姻失败之后"失恋"、"情死"、"独身"、"遁世"几种结果，这些

---

① 《妇女杂志》第15卷第10号。

消极的结果，是对两者之间矛盾无能为力的解决，也是女性在新思潮和新伦理变革当中面对强大的异己，表现出的应对弱势和无从把握。在新思潮和新理论的实践之中缺乏自由主义和个人主义思想基础的青年男女，他们理解的爱情往往掺杂着各种欲望，甚至就是想象性的存在——他们实践着自己想象中的爱情，甚至是和自己想象的人谈恋爱——当这些遭遇到现实尤其是婚恋的时候，往往会导致家庭的解体。

男性为恋爱自由而反抗旧式家庭，他们对过程的坚持和价值确认要远甚于其对新式家庭的理想化建设。男性对反抗父权的力量投放要远远大于建设新家庭，以及与女性建立理想化的性别关系。因此，男性以爱情和自由的名义对抗旧式家庭和父权的时候是果敢和决绝的，当他们胜利的时候，却与自己努力抗争来的婚姻构成一种矛盾，自己辛苦争取来的爱情就是每天的琐碎和日常？于是，这个新式小家庭逐渐承载不下两个基于自由而结合在一起的人。爱情作为新式小家庭的基础晃动甚至坍塌的时候，小家庭瞬间瓦解。富有魅力的爱情一旦进入婚姻，周而复始的日常生活和不食人间烟火的爱情之间构成的矛盾难以调和，新青年无法用理论解释现实的困顿，理想和现实的巨大落差瓦解了知识青年男女之间的心理底线，离婚自由也使小家庭终结起来更为容易。新旧过渡时期新式小家庭这块"试验田"并没有预期的"收成"。以宗法建制的大家庭，等级森严，每个人生命的轨迹清晰，也就容易相安；以爱情建制的新式小家庭平等、开放，以"自由"为名义的诸多选择，使每个人的生命路径变得复杂和多向，因此小家庭就显得不安全。这个新式小家庭并不能安放理想的两性关系，这也是过渡时期必然出现的问题。

因此，《妇女杂志》探讨婚恋和家庭以及新性道德等问题，从表层上看，是附和始自《新青年》的关于妇女解放问题的讨论；从深层上看，它参与了现代性别关系的重建，提供了一个重要的话语空间，将自由婚恋中的参与者的情感公众化、问题公开化、矛盾公共化，使人们在实践、批评、反思中不断厘清两性关系的理想化建制的路径和方向。"作为一种思想的权力，它的影响领域是战略性的：权力乃是一种战略，或是一种非形式化的关系。"（福柯语）《妇女杂志》这些主笔译介的新理论和提出的新观点被后来的人们践行，成为重建格局中非常重要的话语基础。需要注意的是，《妇女杂志》关于婚恋、家庭等问题一拨一拨的讨论，女性在被叙述的过程中，很少运用自身的理性能力去判断和思考她们遭际的原因，面对汹涌而来的新思潮，女性不成熟的社会交往经验和初涉公共领域的茫然和无助，导致了女性的"伤"与"殇"。因此，无论失恋、独身，还是遁世、身死，都是女性在思想的试验场和现实境遇当中的选择。《妇女杂志》关于女性的表述是矛盾的，层叠着女性的思想、价值、情感和生命，也层叠着男性对女性的期待、想象和利用，这些复合在一起，使性别话语从一开始就以女性的生活的体验和展演作为铺垫，而男性始终在改造社会、家国和救赎女性的立场上，不断地塑造理想的女性形象以配合男性在不同语境下完成其对家国、社会、文化、伦理、性别的叙事。

在爱情与家庭的矛盾之间，青年男女并没有做出合理性的调整，因为这种婚姻虽然肇始于恋爱自由，但是还不能清楚地区分在肉体的欲求和灵肉结合之间到底是偏重于前者还是后者。正是由于婚恋自由起点上的暧昧和模糊，当脆弱的爱情进入家庭之后，日常生活的诸多附加因素使其根本无法在动荡不安、复杂多变的现实生活中安居，以良好的诉求为发端的婚恋自由，在过渡时期总是充满着各种变数。女性在婚恋与家庭中无法实现其独立的自我，并且在挫折之后消极地应对处境，女性之伤与殇，即是女性在家庭革新中的弱势和无奈。正如张爱玲在《张看》中所说："这时代，旧的东西在崩坏，新的滋长中。但是时代的高潮来到之前，斩钉截铁的事物不过是例外。人们只是感觉日常的一切都有点儿不对，不对到恐怖的程度。人是生活于一个时代里的，可是这时代却在影子似的沉没下去，人觉得自己被抛弃了。"①

第五节　层叠的"新女性"符号

杂志在某种意义上帮助读者完成生活方式的调整和思想的形塑。"杂志帮助我们理解自己，让我们生活得更充实，并且使我们在阅读中体验不同的生活方式，因此可以这样说：我们阅读杂志就是阅读自己。"② 章锡琛时期的《妇女杂志》，文章中不断出现如"新妇女"、"新式女子"、"新女子"、"解放后的女子"、"现代女子"、"新式女学生"等语词，取代了王蕴章时期"贤妻良母"的叙述，诸如《新妇女应有之知识》（第7卷第11号）、《中国现代的女子》（第8卷第1号）、《现代女子的修养》（第9卷第10号）、《对于新女子的罪言》（第9卷第12号）、《贵族式的新女子》（第10卷第4号）等文章。虽然杂志并没有对"新女性"清晰地定义，但是从不同的角度提出成为"新女性"的条件，"新女性"无疑成为1920年代对女性新的想象和期待。通过探讨章锡琛主编时期新性别伦理下的性道德、自由婚恋和家庭制度革新，可见这个"新女性"符号层叠着各种意涵，含混且模糊，大体是指那些新智识中带有旧传统、新思想中带有旧观念、独立中又有依附的女性。这个"新女性"图貌，一方面编织着女性对自身的理想预期，另一方面也构成了男性对女性

---

① 张爱玲：《张看》（下册），经济日报出版社2002年版，第367页。
② 萨梅尔·约翰逊、帕特里夏·普里杰特尔著，王海译：《杂志产业》，中国人民大学出版社2006年版，序言。

的性别期待。

一　成为"新女性"的条件

《妇女杂志》从多角度提供了成为"新女性"的条件，这些条件旨在设定一个新女性的形象，使之成为可以效仿的样本。

乔治的《新女子应具有的条件》一文中说：

在未入正文之前，我不得不将这"新女子"三字，先来解释一下。这个"新女子"的名词，考之我国古代典籍，未之先见，是最近二十年来才新产生的，因为凡和男子生理上不同的人类，都称为女子，初无所谓"新"或"旧"等相对的形容字，可以加乎其上。所以"新女子"的真正意义，因为它产生的历史过短，很容易误解。有些人以为只要女子的年龄轻者，就可称"新女子"了。其实，我们所谓新女子，并非这个意义，是女子教育在中国发轫后才有的。但只因这一句话，有些人又起误会了。他们往往很笼统地和很浅肤地去定"新女子"的定义，说：新女子的特征，在于她们有学问。换句话说：凡读过书而有普通学问者，皆得称之为新女子，否则，只得称为和新女子的对等的名词——旧女子——了。但真正所谓新女子者，那里有这样简单和容易，新女子固然要有相当的学问，可是学问之外，还须具有种种的资格或条件，（条件怎样，下文详论之）……

一、精神解放

现在有学问的女子，最被感缺憾的，就是只有"思想解放"，而不能做到"精神解放"……譬如逼迫守节一事，凡读过书的女子，都感觉到是"人道上"、"生理上"和"生活上"的不应有的一件伤心事。她们对于这个问题，在报章上或杂志上都能作文章宣传，在大会场和稠人中都能作口头演说。她们的思想也不可谓不解放了！可是这种新思想，只能应用在别人身上，一到了自己面前，却忘掉是非，只能依着旧数千年来的恶俗，不知不觉地仍在逼迫守节着。……这便是所谓的思想解放，而精神尚未解放的明证。……所以，我所谓新女子者，第一要具精神解放的勇气。

二、实事论事

……现代新女子日夜提倡诸大问题，是大多数女子的共同问题，非极少数的一部分女子，可以包办成功的。一定要全体的姐妹们觉醒过来，做少数领袖新女子的后盾。……新女子应当个个要和欧美女子一样的有实事论事的精神，便很明白了……

三、确定求学宗旨

……惟有一般女学生，她们虽然置身学校，甚至大学校，还不知她们为什么而去求学……我敢干脆地说："她们是拿求学做装饰，把文凭做择偶的金字招牌。"她们既不以为学而求学问，所以求学的宗旨也可无须有了……所以，我所谓为新女子者，不但她们能读书，第三还须具有确定求学宗旨的决心。

四、牺牲精神

新女子是天下之骄子，有了机会读书；既可获得新知识，又可脱离一切"非人待遇"的痛苦，但新女子究是不多呢……要想拯救二万万无知识的姊姊妹妹尽出火坑，和建设些妇女运动中的大事业，确非一件易办的事，除非具有绝大的牺牲精神……只在希望成事，不计个人利害，那才配做新女子……所以我所谓为新女子者，第四要有牺牲的精神。

五、无高傲态

……现在一般新女子（？），或是读过几年书的女学生，便自鸣不凡，骄气斐人……因之，社会上人士将素来的景仰的心理，转而为厌恶；父母将平时送女子入学的热忱，转而为恐惧……这样，妇女处于孤立无援的悲境……所以我所谓为新女子者，第五要无高傲的态度。

六、经济独立

……她们所以倡导的"女子经济独立"主义，痛快地说，不过一种口头禅，用来作新女子的门面话……总之，女子要想做人类有人格的人，非经济独立不可……我所谓新女子者，第六要有经济独立的能力。

结论

……我们中国的女子，如果具有以上几个条件，无或缺一，那也着实配得上称中国现代的新女子了，我所说的，为新女子应有的最低的限度的条件，缺一不行……①

乔治对成为"新女性"条件的分析，不仅指出所谓"新女性"的诸多问题，也确立了新女性的"理想范本"。要做精神真解放的女子，应该具有实践的勇气和智慧；具有实事论事的精神，不空洞喊口号而能踏实做事情；具有正确的求学宗旨，而不是把读书当作"嫁人的装饰"；能够为女性的解放抱有牺牲精神；摈弃那些人格中的缺陷——高傲姿态；其中经济独立是保证思想独立的前提，要做"有人格的人，非经济独立不可"。王平陵在《新妇女的人格问题》（第7卷第10号）一文中也想象了一个成熟的现代的"新女性"，这是一个"经济独立、人格完备、善于思考、和蔼可亲"的女性，

---

① 《妇女杂志》第13卷第2号。

同时还拥有于无声处的精神力量——"平和态度、坚强志趣、奋斗魄力、创造能力、牺牲精神"。

由此可见,这个"新女性"是精神独立,经济独立,心怀高远,品性清坚,果敢坚毅,富有学识和魄力,具有新思想观念和行动主张,积极参与社会公共事务,为社会服务,能够为自己做主的女性。从身份上看,是"女学生",是"职业女性",也是"新家庭主妇";从内容上看,是"智识女性"、"独立女性"和"新思想女性"。"新女性"强调的是两性平等和对社会事务的参与,但是并不排斥"妻母"的角色。婚恋自由中的青年女子,以及小家庭中的"新主妇",无疑都是由一个个"新女性"扮演的。

唐敬杲的《我所希望的女青年》一文中说:

> ……你们要觉悟,你们委实是时代的骄子……是妇女界的"新生",……你们要觉悟,以前的文化是男子的文化,以后的文化要是男女均等的文化。……把求学当做结婚的条件,或者当做夸耀侪辈的装饰品,真是大错而特错。……你们要觉悟,你们如果存了依赖之心,没有独立自营的精神,到底免不了受人拘束,到底只是一个奴隶,只是一个玩具,不能得到完全的人格。[①]

时代已经赋予了女性新的历史使命,女性自身必须具有成为"新女性"(但这只是小资产阶级和中产阶级智识女性的一个"想象的群体")的觉悟。虽然《妇女杂志》的作者们对成为"新女性"的条件和标准高低不同,但是基本上达成共识:有一定智识,精神独立,品行雅正,能够"生利",经济自足,摆脱依附性和屈从性,

---

① 《妇女杂志》第8卷第2号。

为社会和大多数女性服务，摆脱一切旧式女性特征，追求自由和个体解放的意义，具有这些特点的就是一个可称颂的"新女性"。

需要注意的是，杂志也毫不掩饰对一些所谓"新女性"的批评，比如她们新思想中的旧观念，说些"女性解放"时髦的话但是不能脚踏实地做些努力，特别是一些新式女学生，读书竟然作为一种装饰，成为择偶的筹码，并且养成了傲慢、虚荣等毛病。所谓"读书女子"、"新女性"等，与人们期待的"新女性"相去甚远，现实生活中的"新女性"仍旧不能摆脱新旧混同的暧昧和模糊。

二 "新女性"的局囿

汪汝干在《对于中国妇女的新忠告》一文中指出：

> 现在中国妇女们的思想，总算十分进步的了，譬如求学啊、参政啊、选举啊……她们都很能热心从事，这正是中国妇女界前途的幸福。
>
> 但是，我很不解，有些妇女们，她们在未嫁以前，倒很热诚的去求学，去做事，……可是一经出嫁，她们的态度立时大变，昔日求学的毅力，和办事的热心，逐渐减少，倘使再有子女，那更无热心求学和办事了，简直在家做"少奶奶"或"太太"了！唉！这也是中国妇女们所应有的现象吗？
>
> 热心求学和办事的妇女们——你们为什么在出嫁之后，态度竟一变至此；家政忙吗？子女多吗？……即使发生以上的困难，也是很容易解决的，你们为什么竟这样"自暴自弃"，予一般人以口实呢？①

---

① 《妇女杂志》第10卷第4号。

作者是在忠告也是在批评"新女性"存在的诸多问题。"新女性"不同于"贤妻良母",有两个重要方面:第一,"新女性"是依据女性自身命名,"贤妻良母"仍旧是从丈夫的妻子、孩子的母亲去命名女性;第二,"新女性"更注重女性的社会身份,即女性能够进入社会工作,参与社会事务。从"新女性"到"少奶奶",正是"新女性"告别社会角色进入家庭角色的过程,从独立、自由的"新女性"成为依附、享受的"少奶奶",遭到时人的批评。过渡时期的"新女性"很难在社会角色和家庭角色之间实现平衡。

"知识女性→经济独立→精神独立",这是女学生成为新女性的路径。但是女学生的诸多问题也成为人们对"新女性"诟病的原因:"女学生"对于"新女性"的热衷往往流于表面,潜在的"童贞"逻辑使新旧之间的差异显得矛盾而暧昧……"新是在思想上的;她们会剪发,会穿旗袍,会着长统丝袜和高跟皮鞋,她们也会谈女子解放,男女平权,乃至最时髦的国民革命。然而你如果一考察她们的道德观念,她们却依旧崇拜孝亲敬长之风,勤俭贞淑之德,夫唱妇随之乐。旧式小姐的身上,穿上一套新式的衣服,这正是现代的所谓'新女子'。"①《装饰与人格的关系——敬告艳妆的女学生》一文中说:

> 朴素诚实的,固不能一笔抹煞,而妖冶顽艳的实居大多数……最痛恨的,从前一班女学生,讲求一切装饰,开社会的效尤,她们读了几年书,只做个装饰家,给社会一个好模范。②

---

① 海青:《伤逝:对民国初年新女性形象的一种解读》,载杨念群:《新史学:感觉·图像·叙事》,中华书局2007年版,第75页。
② 《妇女杂志》第8卷第1号。

新女性的教育意图寻求女性的解放，培养女性的自由人格和独立意识，在具体的实践过程中却逐渐偏离初衷，成为标举女性"新式"和"时髦"的装饰，并且成为女学生择偶的重要条件。"新女性"的内涵指向的是女性在生活领域和精神领域的深拓，但实际上却成为一个流于表面时髦，缺乏内在精神和独立能力的女性符号。前文所述的婚恋的"伤"与"殇"，正是"新女性"不成熟的体现，她们追随时髦的生活胜过对自我人生的理性判断。对于浸淫在传统文化中的女性而言，"去传统化"而成为一个现代的"新女子"，无疑是困难的。女学并没有担当起培养"新女性"的责任，"慕新潮只学皮毛"，女学生不断制造形式上的新潮，比如着装、谈吐、求学、自由恋爱等，"在20年代末的上海，这样的女性已随处可见。她们受过现代学校教育，总是仪表出众、言辞得体、懂得生活情调，身边聚集着追求者，是现代女性生活的样板"[1]，但是她们内心仍旧屈从或者乐意于传统的生活方式。还有一些所谓的"新女性"爱慕虚荣、学无所长、追赶时髦、对生活充满幻想，导致了其在职业和婚恋中的各种问题，使"新女性"成为人们的口实，被批评、误解和诟病。

"新女性"的局囿主要表现为四个方面：第一，"新女性"一般都是智识青年，其求学竟成为嫁人的"装饰"，赶时髦胜过真思考；第二，"新女性"成为"少奶奶"，再次回归家庭依附地位；第三，女性自身的缺点和流弊，比如爱慕虚荣等；第四，缺乏进入社会生存的真才实学，其生活的主要方面仍旧是"谈情说爱"。

面对"新女性"的诸多问题，媒体也通过舆论主张进行矫正。"新女性"的社会角色，"当与男性合作以谋求社会之进步"，这被

---

[1] 海青：《伤逝：对民国初年新女性形象的一种解读》，载杨念群：《新史学：感觉·图像·叙事》，中华书局2007年版，第86页。

看作是"新女性"的价值所在。池惠卿在《新旧思潮冲突下之妇女》一文中谈及了新旧思潮下妇女的诸多问题:

> 此时代妇女所应抱之人生观,非为贤妻良母已也,盖妇女亦为社会的分子,当与男性合作以谋社会的进步。则现代妇女的人生观,当有较远大的理想,勿局促于一隅,至少应抱超越于贤妻良母之人生观,与男性并驾齐驱,以求社会人群公共之福利。
>
> 新旧思潮冲突下之妇女对于男女社交……(女性)如能保存慎重尊严之价值,则不特得女同学之信仰,即男性亦当肃然起敬。①

因此,女性要修炼自身,突破"新女性"的局囿,成为具有真思想、真精神、经济独立、品格健全的新女性。

> 第一步,锻炼身心及道德;第二步,要解决者当谋经济之独立。为社会服务,对于各种职业,有相当地位。追求光明之大路,妇女之真义,即使受到冷嘲热讽等问题,也能坚持,用自己的养成的好习惯破除旧的习俗,使旧头脑之人经过潜移默化也能改变自己。②

三 寄予"新女性"的不同诉求

"新女性"承载着不同的社会诉求。就父母(家长)来看,女

---

① 《妇女杂志》第13卷第4号。
② 同上。

子读书成为"新女性"是获得好配偶的前提；就女子自身来看，女子读书成为"新女性"是一种"时髦"，但能否成为人格独立、精神完善的人，仍旧是模糊不清的；就男子来看，"新女性"是符合他们建构新世界的期待的，女子成为他们最有力的一个切入点，男性知识分子救赎被压抑的女性的初衷慢慢转变为男性思想的试验场。

比如，胡适在《女子问题》①的演讲中，认为"贤妻良母"是"人"而无所谓"女子"，女性的解放要从形体和精神双重角度实现。他翻译的《玩偶之家》中的"娜拉"，其实也是强调"人"的独立意识和个体价值，而不是女子，这成为五四时期"个性解放"的标志性符号，并且被男性和女性双重效仿。刘伯明同样以《女子问题》为题，但却持有和胡适相反的观点，他认为女性有其明确的缺点，比如缺乏正确的"自身观念"，并且"感情太深"，具有"虚荣心"，因此不适应社会化生活，比较适合做"贤妻良母"，这是女性最好的身份选择。

在不同的思想试验田里，"贤妻良母"和"社会人"之说，使女性处于夹缝之中，究竟哪一条更适合女性走下去？男性又将这个难题抛给了女性：

> 过渡时代的先觉中国妇女们——你们应如何坚持你们未出嫁前的不屈不挠的毅志？你们更应如何做个很好的模范，给一般人效法？你们都是心地很洁白，而且学术很深邃的人，你们当然有以自决，我也无庸再赘述了。②

"新女性"这个符号叠放着不同的社会意图，是不同文化资本

---

① 《妇女杂志》第8卷第5号。
② 汪汝干：《对于中国妇女的新忠告》，载《妇女杂志》第10卷第4号。

的博弈，也是不同思想在女性身上的实践，所以"新女性"不是恒定的女性想象，而是在社会文化思潮流动中不断变迁的女性符号。主编（章锡琛）特别强调，《妇女杂志》给出的不是一个排他性的结论，而是有着丰富内涵，可供人们根据自己对时代的理解和把握进行选择性的解释，单纯地用"新旧"来划分是有局限性的。因此，"新女性"在《妇女杂志》这个话语空间中，并没有形成一致性的解释，"新女性"也因为媒介的不同言说，成为一个"被想象出来的现实"，既现代又传统，既时髦又保守，既能有独立的思考又存在一定的依附性。

四　男性期待视域中的"新女性"

虽然在"第八卷新预告"中，主编已经明确："我们不敢把这《妇女杂志》当作我们少数人发挥偏狭的议论的出版物，很愿意把它作为全国男女研究讨论妇女问题的公开机关。"但是参与讨论的仍旧以男性知识分子居多。通过对《妇女杂志》作者群和读者的分析可以看出，以男性为主导的话语体系仍规训着女性应该何为的问题。从前面的讨论中，可以看出男性对女性的期待有三个方面：第一，"新女性"是精神独立和思想独立的人；第二，"新女性"要有新思想和新智识；第三，"新女性"可以在婚后成为"新妻子"。"新女性"的社会身份和角色非常重要，但是其"新妻子"的角色，也被众多男性"新青年"期待。因此，有学者认为，"……近代中国的新女性形象，只不过是男性企图解决自身或社会问题的理想人格投射，而非真正基于了解或符合女性需求所塑造的典型。"[①]而孟悦

[①] 许慧琦：《"娜拉"在中国：新女性形象的塑造及其演变（1900s—1930s）》，台湾政治大学历史系2003年版，第283页。

和戴锦华则认为,"这类家庭建立的前提,这一家庭的根本意义便超越并否定了几千年历史为'妻'这一角色规定的内涵。新妻子除去妻这一性别意味外,还具有'五四'时期最显著的'人'的意味,包括情感、人生追求、智力。这类以爱情为目的组织起来的新式家庭在小说及现实中代表着新文化价值体系的社会化。"①

因此,这个"新女性"不仅是对女性的想象,也承担着男性在新的世界中确立的"新我"投射,还伴随着"人"的觉醒和自立,这使"新女性"变成一个多元文化力量谋划的产物。"新女性"是在男性的庇护之下走出来,站到与男性并立的维度上,然而男性对女青年该如何选择道路的训导,这种精神启蒙导师的身份使两性之间的关系仍处在不平衡的状态。"新女性形象,在近代中国,成为男性知识分子力图掌控的重要论域。……男性论者则透过塑造、界定与规范新女性的思想、行为与道德特质,得以在社会改革的议程上,获取具有分量的发言权。"②

"言论"和"批评与主张"等论说性质的栏目是《妇女杂志》中女性问题讨论的最直接的表达空间。这些思想立场和先锋言论,多是男性知识分子的发声,女性的相对较少。女性话语出现较多的地方是《妇女杂志》的"文苑"、"小说"、"征文"等栏目,涉及女性在过渡时代遭遇的诸多困境,包括对生活的反思、女性的弱势、启蒙的希望以及女性的痛苦等。她们根据自己的所见所闻勾勒出女性生存的复杂性和多样性,与男性叙述的单一性形成对抗。对于"沉默的大多数"女性而言,这种表述显得男性知识分子过于"一厢情愿"。女性对于"新女性"的想象还杂糅着各种谨慎和小心翼翼。

---

① 孟悦、戴锦华:《浮出历史地表——现代妇女文学研究》,中国人民大学出版社2004年版,第85页。
② 许慧琦:《"娜拉"在中国:新女性形象的塑造及其演变(1900s—1930s)》,台湾政治大学历史系2003年版,第381页。

通过对婚恋自由中女性的论述就可以看出,"新女性"在社会生活和自由婚恋中遭遇的失败和伤害,使女性的痛楚更为深刻,不得不从宿命论中获得无奈的安慰。"在她们(知识女性)身上最鲜明也最矛盾地反映了这种真实的际遇。她们的尴尬处境已经为当时的妇女运动者所注意。……所谓智识界女性正是在这一过程中受误导最深的一批人,她们改变了自己的天性,以幸福为代价换来了枯涩呆板的生活,最终把自己变成了'人造新女子'。"[①]

《妇女杂志》中的"新女性"还处于一个建设阶段,作者从对理想女性的期待入手,编织着"新女性"的符号,并没有形成后来小说中对"新女性"生命处境和社会心态的剖析。《妇女杂志》后期的一些征文,虽然没有小说那么生动深刻地再现"新女性"的精神、心理、期望、焦虑等诸多层面,但是能够与后来的女作家和作品中的人物形成某种呼应,与小说中的女性形象共同构成一个图谱。相对来讲杂志流变得迅速一些,总能以敏锐的触角感应着社会的每一次律动。"苛刻地说,或许由于新文化初期'女性'概念的结构性缺失和所指的匮乏,她似乎在某种程度上再次充当了话语世界的空洞能指。她在过去封建文化中的特定语义固然被抛弃,但她以往在话语结构中的位置却仍在延续,她仍然是那个因为没有所指或所指物,因此可以根据社会观念、时代思潮、文化密码以及流行口味时尚为抽出和填入意义的纯粹的载体。"[②]

[①] 海青:《伤逝:对民国初年新女性形象的一种解读》,载杨念群:《新史学:感觉·图像·叙事》,中华书局2007年版,第109页。

[②] 孟悦、戴锦华:《浮出历史地表——现代妇女文学研究》,中国人民大学出版社2004年版,第41页。

小结 新锐的"蛊惑"——女性思想的拓界

《妇女杂志》在章锡琛主编时期，不仅应和五四新文化时期人们对新思想和新文化的追逐，也为两性关系的重建以及女性的解放提供了理论和实践的探索。章锡琛主编时期的《妇女杂志》最有影响力的方面就是构建了讨论"新性别伦理"的空间，其产生的舆论价值，对女性而言，是一次重要的思想"拓界"，也是性别关系"重整"的过程。特别是当时的一些精英知识分子参与其中，包括胡适、鲁迅，以及以《妇女杂志》主笔身份参与讨论的章锡琛、周建人、沈雁冰、周作人等，无论这种讨论是"切实"的[①]，还是对青年男女的新潮"蛊惑"，女性在男性意图构建两性平等的话语空间内，拓展自身生命、情感、身体、精神品格的域界，使女性对自身命运以及对两性关系、婚姻和家庭的思考进入一个崭新的层面。

"新女性"作为现代女性的理想期待，是知识女性现实和想象的复合体。这个"新女性"在《妇女杂志》中不断地以"女学生"、"职业女性"等形象出现。不过，叠加着各种矛盾色彩的"新女性"，始终在"伤"与"殇"的无奈和对未来的希冀中徘徊在家庭和社会之间。

---

① 关于章锡琛时期妇女问题的讨论，的确被一些人认为是不切实的。《今后更要切实些》（第8卷第2号）："恽代英和我通讯最末一段说道：'望你注意再切实再刻苦再勇猛，多一个脚踏实地的运动家比多一百个浮泛的志士于社会还有益处。'"

第五章　生活与都市化："新感觉经验"与"准摩登女性"

《妇女杂志》建立的激进的性别话语空间，以章锡琛等人的离职告终。这次主编的更迭，是传统和现代进行文化争夺时，新知识分子从占据社会的文化资本转而失去文化资本的过程。实际上，章锡琛代替王蕴章，是新文化知识分子取代传统知识分子，而章锡琛和新文化运动精英的离职，也是新文化运动回落的体现。章锡琛和周建人试图从"新性道德"的角度去实现女性的解放，然而在1920年代的文化和思想疆域中还显得过于急躁，探索的价值与历史惰性之间的冲突，最终导致个人的失败。而另一个人——杜就田，则从编译所的"博文物理部"调任《妇女杂志》主编，《妇女杂志》由此进入杜就田时期。

杜就田时期《妇女杂志》有两个主要特征：一个是激进思想回落，情感遭到阻滞，征文中的个人叙事构成特定时期的女性感觉经验；另一个是"新消费体验"唤醒了个人感觉，《妇女杂志》的女性叙事也发生了变化，传统女性的含蓄、羞涩、娴静、温良被张扬、自信、时尚和现代所取代，成为"准摩登女性"。

第一节 "合时宜"的编辑特色

杜就田从《妇女杂志》第11卷第9号开始接任,到第16卷第7号改为叶圣陶任主编前止,担任了五年的主编,和王蕴章、章锡琛平分秋色。杜就田,浙江绍兴人,1900年后去上海,投奔他的胞兄、商务印书馆的编辑杜亚泉,被安排在商务印书馆编译所,先后协助编辑《动物学大辞典》和主编《妇女杂志》,一生主要从事图书编辑工作,擅长摄影和博文物理,曾编辑多本摄影著作,在主编《妇女杂志》期间开辟了"摄影问答"专栏,以问答方式解释摄影技术上的问题。杜就田并不长于妇女问题的研究,在很多新式编辑看来,他"已经过时,应该淘汰"。在章锡琛后来的回忆录中,也能够看出商务印书馆对于《妇女杂志》的意图,"一向并不重视",商务对章锡琛的改革也没求大突破,倒是章锡琛的锐意改革和与新文化运动的呼应,使其成为"女性杂志中的第一把椅子"。商务印书馆对杂志编撰内容的干涉,使《妇女杂志》再次因为商务印书馆稳健保守的立场成为一个"调和"激进论调的话语场所。杜就田接任之后,《妇女杂志》风格也大为改变。在他主编期间,《妇女杂志》科学内容增加,主要以征文为主。从《妇女杂志》的总目录上,尤其能看出杜就田时期急转而鲜明的变化,而言论、社说、主张等,转向平和与细入,以温和的方式深入某些问题的讨论。虽然这一时期《妇女杂志》没有鲜明的"女权"特色,但是"消费新经验"是对个人感觉的唤醒,使女性在现代生活中呈现出独特的叙事。

(一)杜就田对《妇女杂志》的调整

一个杂志的主编就能主导一份杂志的风格和销量,这一点对于

《妇女杂志》而言尤为突出。杜就田在接任之后，撰写了《明年妇女杂志的旨趣》，非常鲜明地附和了商务印书馆对《妇女杂志》的再次调整。

> 那么取何种步骤，抱何种旨趣，不能不有所踌躇，勉成一种和时势合宜的妇女课外读物。查最近几年妇女杂志，在我国杂志界中，幸得占了胜利的局势，驰骤骎骎，大有一日千里的趋向，所加于青年男女影响很大。况现在国外的大势和国内时局，都在促进妇女更新的机运。那么我们不得不因所负使命的重大，愈加勉励，取一个稳健中正的步骤，开一条青年妇女循行的途径，今将拟定的旨趣，略示如下：
>
> 以"美情"作幕面；以"常识"作中藏；以"艺化"作背景，文字皆取浅近平易，不尚高深，务使读者易于了解，而又多插图幅，为助文字所不及。……此外，添加摄影术的顾问，扩充通讯栏，并随时附加有趣的小品，如精美书画篆刻，悦耳的音谱曲调，滑稽的漫画，美观的装饰法，可爱的小孩像片，醒脾的笑话，等等。每期仍照旧例提出问题，征求社外佳作，务使妇女杂志不为少数人专有，成一"妇女忠实的良伴"，或为"有趣味的软性读物"，如有欠缺的地方，仍请读者随时指教为幸。①

章锡琛时代"谋妇女地位的向上，和家庭的革新"的主旨被"妇女忠实良伴，为有趣味的软性读物"所取代。杂志内容、风格、宗旨、立场的转变实际上是社会对女性的重新建构立场的转变。主编的主旨和价值立场的转移直接使《妇女杂志》的性别表述空间发生

---

① 《妇女杂志》第11卷第12号，封5。

改变，特别是在女性问题探讨上，不再是"少数人专有"。《妇女杂志》这篇《明年妇女杂志的旨趣》一文，向读者含蓄地表达了这样几层意思：

第一，合时宜。这是对章锡琛主编期间编辑方针和价值立场的修正。章锡琛致力女性问题的探讨，并且以"恋爱自由"作为女性解放的途径，积极探讨"新性道德"，这对于当时的女性而言是超前的，甚至鲁迅这些新文化启蒙的干将也认为有些超越时代本身。章锡琛时期《妇女杂志》虽然建立了一个全新的妇女问题讨论空间，但是对"稳健和保守"、"在商言商"的商务印书馆来讲，章锡琛后期的编辑风格是不合时宜、"不成体统"的。因此，杜就田确立的《妇女杂志》的新旨趣，是合时宜的，这也呼应了征文《对于本志的意见》（第11卷第12号）。

第二，中正调和的立场。王蕴章主编时期也是以稳健为宗旨，虽没有取得章锡琛时期《妇女杂志》的卓越地位，但是这种稳健温和的立场符合商务印书馆商务与文化并重的要求，并且在《本杂志今后之方针》（第5卷第12号）中特别强调"不急进的态度"。王蕴章时期的稳健宗旨与杜就田时期遥相呼应，即不超出时代，按照社会实际的妇女情形来寻求问题的解决。因此，经历了章锡琛一个突兀的先锋时期，杜就田时期《妇女杂志》的编辑立场再次与创刊之初达成某种一致。

第三，"软性"的阅读。在"旨趣"的叙述中，"以'美情'作幕面；以'常识'作中藏；以'艺化'作背景，文字皆取浅近平易，不尚高深，务使读者易于了解，而又多插图幅，为助文字所不及"的杂志风格，将《妇女杂志》思想新锐、内容西化、言论先锋的特色逐一去掉，意图重新建立一个"美情"、"常识"、"艺化"的软性休闲阅读杂志。王蕴章时期的杂志还能够清晰地看出其塑造"贤妻良母"的意图，然而在杜就田时期，混合着新女性的讨论、贤妻良母的塑造和"准摩登女性"的展示，杂志的建构意图是暧昧不清的。休闲阅读以及偏向于"艺化"的主旨，使《妇女杂志》的思想性让位于文艺性，启蒙让位于消遣。

第四，为主编确立影响力。在对《妇女杂志》内容的设计中，也包含了确立主编个人的影响力的意图。杜就田主要从事图书编辑事务，精通摄影技术，是当时非常著名的摄影师。开辟摄影艺术顾问一栏，凸显了他的个人偏好。无可否认，20世纪二三十年代摄影逐渐被中国广大民众接受，喜欢摄影和热衷拍照的人越来越多，很多杂志的图片不再以手绘为主，而是直接使用照片，这也促进了中国摄影事业的发展。杜就田基于个人的喜好和读者的喜欢开设的"摄影艺术顾问"栏目，在某种程度上有为其确立主编影响力的意图。

第五，对章锡琛时代的批评和否定。这篇文章也对章锡琛时期的《妇女杂志》进行了总结，主要是批评和否定，认为章锡琛主编的《妇女杂志》为"少数人专有"，这也和当时商务内部的一些言论有关，认为章锡琛和周建人等人的言论只是少数知识分子的，不但不合时宜，而且沦为小部分人的思想传布阵地，文章以翻译外文居多，很多论述比较艰涩，阅读时感到困难。所以，杂志的新调整要求文字"浅近平易，不尚高深"，要"不为少数人专有"，成为一本"软性读物"等，都暗含了和章锡琛主编时的不同，这在某种意义上是对章锡琛主编时期诸多方面的批评和否定。杜就田时期的《妇女杂志》整体风格已经由章锡琛时的先锋、激进，偏重于新思想传播，建立全新性别空间，帮助女性确立自我解放意识，回归到稳健、休闲和消遣的方面上来。

（二）杜就田时期《妇女杂志》的主要特征

杜就田以"对于本杂志的意见"为主题征文（第11卷第12号），

从读者的角度反观章锡琛时期《妇女杂志》存在的问题。从这些征文来看，大多是对章锡琛的批评和杜就田接任之后杂志风格和内容的肯定。从议程设置的角度看，杜就田有意进行了《妇女杂志》风格改变之后的鼓噪，为他重新确立编辑立场营造舆论支持。有学者认为，杜就田再次回到了"保守反动"①的路线，但单纯的"保守"并不能涵盖杜就田主编时期的内容。王蕴章时期没有什么代表性的言论来确认其价值立场，但是从编辑内容可以看出其立场所在；章锡琛时期杂志的价值立场非常鲜明，"言论"、"读者俱乐部"、"自由论坛"、"批评与主张"等栏目都在表明杂志的思想立场。杜就田时期较之于前两者，有很大的不同：

第一，征文成为杜就田时期《妇女杂志》内容的主要部分。

征文作为读者参与杂志内容的重要途径，不仅可以增加社外稿源，还能吸引读者不断地关注杂志，形成持续购买的欲求，也可以减轻编辑组织稿件的压力。从杜就田时期征文的主题设置可以看出主编立场已经倾向于"美情"和"艺化"，女性解放、两性关系等问题逐渐由言论的鼓噪转而成为细入的研究。虽然甲、乙、丙、丁四种征文的内容偏重不同，但多倾向于女性的文艺习作，这和杜就田的编辑初衷吻合，与其价值立场、编辑能力和个人偏好有关。

章锡琛时期的《妇女杂志》是男性知识分子建构的性别话语空间，其意图是在对"人"的发现中重新发现"女性"，但这种男性急先锋式的话语让女性离自身更远，最终使女性问题变成了一个男

---

① 台湾学者陈姃湲援引章锡琛对杜就田的评价"头脑不清楚"，她认为稿源多数是靠读者投稿，主编对其弃之不顾，虽然筹备专号和征文，但是大不如章锡琛时期，较常见的题目是一般生活中的经验谈或者是对自然和美术品的欣赏。陈姃湲还认为这一时期的杂志充分暴露了主编的无能，并且认为章锡琛之后杂志再次沦为保守派的刊物。但是她也认为，杜就田时期的《妇女杂志》还是受女性读者欢迎的。Jacqueline Nivard 也认为其回到了"保守反动"的路线。

性言说的命题，因此，《妇女杂志》万余册发行量背后的读者，有很大一部分是关心女性问题的男性读者。章锡琛时期也有征文，从数量来看不及杜就田时期，从内容上来看，主要偏重于两性之间问题的讨论，比如《我之理想的配偶》（第9卷第11号）、《我所希望的男子者》（第10卷第10号）、《读新性道德号》（第11卷第4号）等。杜就田时期则是把杂志还原为以女性为主体，这和王蕴章时期有所呼应，但又不尽相同。王蕴章时期更关注女学，文艺作品多偏向于传统的鸳蝴风格。杜就田时期多偏向于家庭和社会的关系，还有生活经验、职业教育以及文艺方面。如果说王蕴章时期的《妇女杂志》的家庭和女学是"向内转"，建立健康家庭，专事烹饪和缝纫，用智识管理家庭，那么杜就田时期的家庭和女学则是"向外转"，注重女性职业教育以及家庭和社会的关联。

第二，杜就田以商务印书馆的立场为主，将言论鲜明的《妇女杂志》再次更易为家庭生活、世俗琐事和文艺欣赏的女性读物。

第13卷第1号，编辑室报告：

> 本月刊的形式，与十二卷稍有改易，现欲多加图幅，以增阅者兴味，如蒙诸君随时照上页所载的各种照片图书等，惠寄蔽社，是很欢迎的。①

第14卷第2号，编辑室报告：

> 1. 本社每日收到的稿件，小说一类很多，论文及艺术上的记载多缺乏，请惠稿诸君注意。
> 2. 屡蒙函询本刊的主意，本刊的主意很平常，略言之：

---

① 《妇女杂志》第13卷第1号。

即注重妇女修养及安慰的种种，以冀养成健全的社会与家庭，更佐以有趣味的艺术及短篇文字或图书，为欲滋润人间枯燥的生活。①

言论方面稿源的不足，以及杂志风格的转变，使《妇女杂志》呈现出又一副"面孔"。杜就田的主编立场将先锋的女性表述复归于家庭，对受新思潮影响的人来讲无疑是一种"倒退"，这种呼声在相当长的时间里被很多学者采用。实际上，在《对于本杂志的意见》（第11卷第12号）等若干文章中，作者们发表了对章锡琛主编时期《妇女杂志》的一些意见，比如，作者竹友认为：

（一）主义方面。攻击旧习惯，最好用和平的语调来说明理由，免得引起反感。合于人道的旧道德，不妨加以推阐。

（二）文字方面。白话文最好采取流利而有风趣的一种。晦涩而颠倒的可以汰去。浅显的文言文不妨兼采，翻译的文字宜注重意译。文言比较清楚，而且省篇幅。②

作者赵栋臣认为：

妇女应循的"正轨"，究竟是什么？……明白老实说：繁殖种族。……

从今以后，希望妇女对于怎样养成"良妻贤母"的问题，多加讨论。一以去除抱独身主义的谬见，一藉以指导妇女。③

---

① 《妇女杂志》第14卷第2号。
② 《妇女杂志》第11卷第12号。
③ 同上。

恢复文言文以及确立"贤妻良母"的宗旨，这无疑是对新文化时期《妇女杂志》"改革"的质疑。杜就田并未完全采纳这些读者的意见，但他将激进前卫的言论置换成"家庭美谈"、"生活经验杂记"和"艺术欣赏"等内容，贴合了女性读者能够理解的方面，虽然思想性弱，但是艺术性、可读性、趣味性强，比较符合女性的阅读习惯和偏好。因此，杜就田时期流失了一部分男性读者，却收获了女性读者，并再次受女学生的欢迎。杜就田明显的编辑策略调整是对商务印书馆"文化与商务"立场的呼应，既要启智和传播新文化，又不僭越整体文化和社会的一般的价值立场，同时要考虑一个商业体在社会变迁中必须保持的政治和市场之间的平衡，确保商业体的生存和发展。

杜就田主编时期并非无建构新女性之言论，比如《为新妇女所当为》（第14卷第12号），强调新女性的四个特质——"精神要革命化，生活要平民化，工作要劳动化，感情要艺术化"，这无疑将新女性的精神、生活、劳动、情感等进行了理想的设计。这种理想新女性有思想的进步性，同时力图避免其过分追求物质，崇尚上流社会生活，成为男性的附属品；工作的劳动化是旨在培养女性独立谋生的能力，这个意图不仅是为家庭"生利"，更重要的是女性劳动的创造有益于人格和精神的独立；同时希望培养女性丰富的艺术情感体验。杜就田主编时期并没有什么鲜明的舆论风格，但是他也着力引导女性建立乐观向上的精神取向。

> 近见惠示的稿件，间有序述多具厌世的色彩，脑弱的青年阅此，容易诱起感应，失去蓬勃的气象，要贵绝处逢生，像苏东坡所见的达观，庶不失我们本来的面目。①

---

① 《妇女杂志》第12卷第4号。

五四新文化运动落潮之后，新青年面对社会、政治、文化、个人前途的诸多迷茫，呈现诸多厌世情绪，这也体现在杂志稿源的内容上。杜就田矫正青年思想之举，还是很有意义的。如果将章锡琛和杜就田做一个比较，二者最大的不同在于一个用思想改造女性，一个用生活形塑女性，前者是要寻求女性解放的合法性依据，后者是要为"滋润人间枯燥生活"，杜就田主编时期虽然看似保守，没有什么开创性的举措，但他用温文改良的方式重新将《妇女杂志》阅读空间归还给女性，而且正是"滋润人间枯燥生活"的女性征文，为后世进入当时女性的生活，体会她们的实际心情提供了可能。

第三，广告中新的感觉经验。

杜就田时期社会语境有一个特点，就是都市消费文化已经浸入到上海以及更多的城市中。这个被很多人认为的"保守派"刊物，无论广告图片，还是封面女郎的图片，或是正文中出现的插图，图中的女性都不再是保守的、孱弱的、小心翼翼的、温顺恭良的女性形象，而是时尚的、自信的、漂亮的"准摩登女性"形象，甚至图片中呈现的性别关系也发生了调整，女性不再居后、低眉顺目，相反却是居前的主导形象。现代新生活商品在杂志的广告中大量出现，并通过女性形象彰显出来。尽管进入公共空间的女性形象负载着消费的所指，并且处于"被看"的状态，但是，从另一个角度来看，这说明了女性的自我意识开始复苏，即使是"被看"，呈现的也是自信和时尚。女性的现代都市化的体验不断增加，女性的新感觉经验也在《妇女杂志》中被清晰地保存下来。

以往的研究者几乎没有把杜就田主编时期作为一个重要的时段加以研究，并且一些研究者对其改变杂志风格并无太多的认同，这一时期的《妇女杂志》由于缺乏鲜明的思想导向还为很多人所不屑。杜就田主编时期虽无学者们认为的思想前卫和激进，但是他对妇女问题的态度使很多激进的理论在其主编时期得到某种细化和深入，并通过温和的方式去关怀民众的日常生活和情感。杜就田对婚恋问题的讨论虽然缺乏犀利的思想交锋，但是该批评的批评，该坚持的坚持。杜就田主编时期刊发的大量征文，艺术价值可能并不是很高，但是作者通过自己的视角去理解、感知、思考、体验她们所处的时代，其中的无奈、彷徨、沮丧、期待和希望杂糅在一起，成为女性书写的过渡时代的交响之声。特别是征文的内容，于动荡、起伏、不安的现世中还呈现着世俗的幸福和快乐，只有在这样的时期，这些女性生活中的小幸福和小快乐才显得弥足珍贵。雷蒙·威廉斯曾经用"感觉的经验结构"来分析文化的传承，这些征文其实提供给我们一个时代的感觉经验，为后世再现了特定时代的人们的情感、体验、记忆和温度。个人在历史中的价值往往需要通过时间的流转才能体现出来，这或许不是主编杜就田个人的主观诉求，而是历史赋予了他主观之外的内容。

第二节　默化与细入——征文中女性日常生活叙事与情感彰显

　　1926年之后，《妇女杂志》"思想启蒙"的色彩弱化，"生活趣味"成了主题。杜就田时期《妇女杂志》的总体风格更像是一个经历磨难、惯看世事沧桑的女人，在波云诡谲的世事变迁中，充满着无奈、忧伤、迷茫，但也不乏无聊之中寻得一丝快乐，以填满生活的艰难。如果说王蕴章时期的《妇女杂志》守成持重，章锡琛时期的《妇女杂志》新锐激进，那么杜就田时期的《妇女杂志》则淡然宁静，女性在历史浪潮中的辗转腾挪最终还是被生活收纳成为日常的平淡。杜就田时期大量的征文被研究者忽略，但是笔者却从中发现了一个独特的女性情感彰显的空间，生活赐予女性的幸福和劫难、快乐与悲伤、困苦和无奈以及人世间诸多情状，都在征文中绽放，呈现过渡时期女性的思考、感受、体验和实践，为我们提供了非常宝贵的女性"感觉经验"。以这些征文为入口，我们可以进入到一个特定时代和地域的女性日常生活情感的横断面中。雷蒙·威廉斯在《文化分析》一文中用"感觉的结构"来描述在我们的活动最微妙和最不明确的部分运作的部分。"尽管它很可能被转向琐碎的叙述，然而具有这种特点的事实既不是琐碎的也不是边缘的，它令人感到非常的关键。"①雷蒙·威廉斯的意思是，某一社会文化的成员对其生活方式必然有一种独特的经验。这种经验基本上人人如此，是不可取代的，不具备这种生活经验的人，最多只能对这种经验做抽象的、片断的理解。只有完全生于这种社会文化中的人才能共同拥有这种经验，这种经验就是"感觉的结构"，它更关注人们在日常生活中复杂且不断变化的感受。这些征文成为新文化落潮后的女性生活的一份图谱，将新思潮的影响和不彻底性通过日常生活叙事的方式呈现出来，成为一次不可多得的女性集体经验的表达。

　　杜就田主编时期，共设有征文题目130多个（详见附表5），累计刊发征文近千篇。大量的征文为我们提供了丰富的个人经验，经由特定的历史时空，将1920年代后期女性日常生活中的情感表征出来，呈现一个可以让我们亲近并且体恤的生活世界。从投稿者的比例来看，多为女性，这使《妇女杂志》的读者性别结构以及撰稿者的性别结构都发生了变化。偏重于抒情和叙事的《妇女杂志》，对女性的智识要求不高，又广泛刊载大量征文，使具有一定智识和写作能力的女性成为主要读者，《妇女杂志》重获女性的支持。②

---

① 罗钢、刘向愚：《文化研究读本》，中国社会科学出版社2000年版，第132页。
② 周振韶：《女学生爱读的书籍》，载《妇女杂志》第17卷第2号。

一 征文中的女性日常生活叙事

这些征文篇幅不长,多是记叙和议论之文,夹叙夹议偏多。笔者尝试对 130 多个征文题目进行分类。

其中涉及生活经验方面的,比如:

"衣服家具用法心得"(第 12 卷第 2 号)、"创立新家庭的预备"(第 12 卷第 5 号)、"理想中的住宅"(第 12 卷第 11 号)、"小家庭的主妇"(第 13 卷第 1 号)、"家事的研究"(第 13 卷第 1 号)等;

涉及生活记叙方面的,比如:

"我所经历的苦乐"(第 12 卷第 6 号)、"老妇的心"(第 13 卷第 2 号)、"慈母手中的线"(第 12 卷第 9 号)、"可怜的寡妇"(第 12 卷第 10 号)、"少女的梦"(第 13 卷第 2 号)、"农家获稻时的情形"(第 12 卷第 11 号)、"贫妇的生活难"(第 13 卷第 3 号)、"冬日的农妇"(第 13 卷第 12 号)、"寒恋重衾觉梦多"(第 15 卷第 2 号)、"盲婚后的清醒"(第 15 卷第 8 号)、"团扇须防白露秋"(第 15 卷第 8 号)、"满天雪飞拥炉寒"(第 14 卷第 11 号)、"须知慈母是先生"(第 15 卷第 11 号)、"无香之花"(第 16 卷第 5 号)等;

涉及生活议论方面的,比如:

"贪小失大"(第 12 卷第 4 号)、"唤醒虚荣的恶梦"(第 12 卷第 4 号)、"理不胜欲"(第 13 卷第 4 号)、"依赖成性"(第 13 卷第 4 号)、"沿旧俗不通世故"(第 13 卷第 8 号)、"慕欧风徒学皮毛"(第 13 卷第 8 号)、"无业为贫"(第 14 卷第 8 号)、"少时不学壮时悔"(第 14 卷第 9 号)、"贫穷则志短"(第 15 卷第 2 号)、"有一技之长"(第 15 卷第 1 号)、"傲慢招耻辱"(第 15 卷第 4 号)、"昨日乃今日之师"(第 15 卷第 5 号)、"滑稽与矛盾"(第 16 卷第 2 号)、"有时能妒亦称才"(第 16 卷第 6 号)等;

涉及抒情感怀方面的,比如:

"晚凉絮语"（第12卷第8号）、"春风中的纸鸢"（第13卷第3号）、"霜夜的钟声"（第13卷第11号）、"暮春的感旧"（第14卷第4号）、"秋窗下的伴侣"（第14卷第9号）、"插了梅花便过年"（第14卷第12号）、"夜深闲共说相思"（第15卷第6号）、"小立斜阳忆旧时"（第15卷第9号）等；

除了上述分类，还有一些无法归入上述类别的征文。

这些征文实际上涉及了女性日常生活的多个方面：第一，日常生活中的物是人非，生活的感悟与喟叹；第二，社会思潮之下生活中的实际问题；第三，女性自身的缺陷，以及对其的规劝和提醒；第四，动荡生活中另一种色彩——简单和快乐，家庭生活经验和亲情的感怀。这些征文中的小世界所呈现的生活的艰难、情感的空无和磨难、世态的艰辛以及小情趣，正是过渡时期女性的感觉经验的表现。

（一）日常生活中物是人非的生命喟叹

日常生活相对于宏大历史叙事，显得更加的微末和具体，生命遭逢的喜悲痛乐对个体而言是重要的，但是对历史而言却显得微不足道。征文中的女性，在日常生活的物是人非转换中诉说自己人生的愁怨和感慨。

征文主题"少女的梦"（第13卷第2号）之《蕉窗夜惭》："少女时代繁华的梦想，现在都化作根根苦恼的愁丝，缠缚在她无力的心板上"，少女的梦仍旧是繁华的太太梦，仍旧是旧式的享受寄生的太太梦。虚荣和太太梦，最终让她嫁了浪荡的人，给她带来无尽的烦恼，只能在深夜中对自己虚荣的梦感到惭愧和后悔。

征文主题"满天雪飞拥炉寒"（第14卷第11号）之《旧日星星》：一个女子，也是自由恋爱的，结果由于丈夫家庭陈腐，从开始就被骂为"昏头",还被称为"妲己",不许丈夫和她亲近,丈夫走后,就剩下凄清的她。自由恋爱的伤啊,女子慨叹。"从女学生到少奶奶"的路径,即使是备受批评的,但是很多女学生仍旧做这样的梦。征文旨在唤醒那些穿着新式服装做着旧式梦的女学生。很多女子在婚恋自由的浪潮中选择了这样的结合方式,可是幸福的少,不幸的多。在强大的旧式家庭里,这种个体挣脱束缚奔向自由的方式总是显得悲壮。

征文主题"寒恋重衾觉梦多"(第15卷第2号)之《寂寞忆家园》:一个生活困顿的女子在一个寒冷的早晨,搂着还在睡梦中的孩子,回忆少女时代曾经在故乡娘家的温暖生活,现实的窘境只能让她在梦中想象她所希望的生活。

征文主题"团扇须防白露秋"(第15卷第8号)之《同命的伴侣》:一个女子和心爱的男人结婚,婚前甜蜜,婚初幸福,但是男子移情别恋,抛弃了自由恋爱的女子,与他人私奔,留下女子如同团扇一样,用过便被遗弃。

这些女性在少女时期都有非常开心的生活,读书、识字,并对未来的生活有着美好的希望,然而婚后的生活不幸、琐碎、枯燥、艰难、穷困,使女性的生活之梦一点点破灭,她们只能在无奈的现实中度过一天又一天。"过渡时期"女性的理想诉求无法在现实中附着,生活并没有提供让她们梦想生长的土壤,在新旧观念的撕扯、新旧生活的冲突下,大部分知识女性(女学生)比过去那些传统的女性增加了更多的愁苦和失望,这也再次证明了从闺房中走出的女性,由于缺乏人生经验和更切合实际的教育,碰到从家庭进入社会的诸多不适。在这些文章里,男性是一个未出场的角色,但是男性的不负责任,与传统家庭进行抗争中的缺席,都表明在男尊女卑的两性格局松动之后,男性并未努力和女性建立起一种平等的关系,女性依然将全部生命托付在另一个生命上,并没有充分的独立自主,新文化运动确立"人"的独立意义的期望依然没有实现，男性和女性都无法成为一个饱满的"人"而承担起自己作为个体生命的价值。在女性解放和追求自由的宏大叙事下，被遮蔽的女性的生活情状就在这一篇篇小小的征文中呈现出来，回归到凡俗的现实生活，一切就像"死水微澜"。

（二）女性日常生活中的实际问题的呈现

征文中涉及女性若干的实际生活问题，比如离婚或者成为寡妇的女性的生活处境，经济上无法独立，精神也便无处附着，女性的独立和自主仍旧停留在概念和口号上。征文《可怜的寡妇》（第11卷第10号）中的"杨大姑"是个年轻的寡妇，婚前也有和作者以及姐妹们一样快乐的生活，但是结婚的第四年就死了丈夫，"杨大姑"一下子就掉进了无望的深渊，又加之身体瘦弱、精神不振，看起来悲切无助、孤单凄凉。二十几岁的"杨大姑"自然还可以有很美好的前程，但是她并没有试图改变，只是在最后说："人生只是被命运支配着走罢，我是人间的不幸者啊！"

新文化运动时期关于女性解放、恋爱自由、结婚自由、离婚自由等方面的讨论，其不彻底性和范围的局限性，使大多数女性还像杨大姑一样，虽然经过新文化运动的洗礼，仍是旧女子底子。不过新文化运动的不彻底，诸多没有细化和深入的问题，在杜就田时期则以感性的方式进一步被思考。这些征文，再次印证了高高在上的救赎者的议论和态度，面对众多苦难女性时是多么虚弱无力。这些小征文的作者就是众多女性中的一员，能够设身处地地体恤到女性的凄凉、孤单甚至是绝望。面对生活的诸多不幸，宿命论成了女性最好的解释。她们鲜活的生命在遭遇到种种不幸之后，失去了光泽，暗淡地消沉或者是死去，而这是大多数女性在1920年代后期生活的真实情状。

也有一些知识女性已经意识到在新婚恋自由中存在的诸多问题，开始理性地思考这些问题，但是并没有找到问题的症结，所以那些传统婚姻中女子看上去的幸福也让新式女子感觉到彷徨和无助。性别结构的调整需要一个过程，从传统的男尊女卑结构到今天的平等结构，实际上1920年代正是模糊暧昧的过渡阶段，这些文章中，呈现了这样的感觉经验。

征文主题"我的苦闷"（第11卷第10号）之《过渡时期的悲哀》：

> 我的情感，意识，欲望及其他一切不知不觉地便完全停止了，就是这生的执念和死的追求，也完全消失了，总是呆呆的一个人坐在房里流泪。我的母亲，看见我这样，老是愁着眉对我说："声儿，你放想开些罢！不要这么固执了，有我二老在，你终身的大事总用不着你自己操心。至于读书的话，那更用不着再提了，我们寒素的人家，一年花几百吊钱来读书，读了又有什么益处呢？况且你这么大了，再读书也怕人家谈论的，声儿，你放想想开些罢！"
>
> 啊啊，这就是我生的路程么！我从此以后当然是同半空中的雨滴样的一日一日的沉沉堕落下。我还有甚么希望？我还希望甚么呢？我在女师的时候不是老对同学这么说么：在这灰色的路程中讲恋爱，真是绝大的危险。男子们都凭着了他们肉体的冲动，拼命巴结女子；一般妓女化的女子，只求物资上的供给，暂时的娱乐，甘心受他们的愚弄。假设是真有志气真有定力的，她永远不会在这灰色的路程中冒昧的来讲恋爱。如果她得不着她理想上的爱人，宁当狐身独处。可是我那玫瑰花似的青春的时光，便是无情地这样的过去。
>
> 表嫂去了，带着她的两个可爱的小孩子坐轿子笑嘻嘻的

去了，她曾对我说，她因为表兄给她的信说明天一定回家的。啊啊，她过的是多甜蜜的生活呵！①

女性的人生选择究竟哪一种是幸福的？作者谈到的不仅是过渡时期的悲哀，还是一个女性价值的实现问题。社会大环境和家庭小环境，并没有给女性提供独立、自由、学习、改变自己生活的机会，社会和家庭中陈旧的历史惰性很难改变。这些征文的意义不仅在于提供一种感觉的经验，还从生活的细微层面提出了女性价值的实际问题，并且进一步将男性精英知识分子讨论的问题具体化、日常化和清晰化。这些征文呈现的是女性在现实生活中实际存在的问题，包括生活、学习、职业、情感等方面。这种呼应和对照正是从女性解放的理论层面落实到现实层面，从提供理论的思考到呈现现实的问题。从这个意义上讲，杜就田时期的征文内容呼应了章锡琛时期关于女性问题的讨论。

（三）女性的缺点和流弊的批评、规劝以及提醒

征文题目的设置，对女性在日常生活中的诸多毛病、流弊的呈现也较多，比如女性爱慕虚荣、懒惰、依赖、贪图富贵等。章锡琛时期《妇女杂志》在"论说"中也有多次对女性缺点提出批评。杜就田在这里的编辑意图很清楚，通过对女性弱点的批评，意图进行规劝和提醒，比如设置征文题目"贪小失大"（第12卷第4号）、"唤醒虚荣的恶梦"（第12卷第4号）、"理不胜欲"（第13卷第4号）、"依赖成性"（第13卷第4号）、"沿旧俗不通世故"（第13卷第8号）、"慕欧风徒学皮毛"（第13卷第8号）、"少时不学壮时悔"（第14卷第

---

① 《妇女杂志》第11卷第10号。

9号)、"傲慢招致耻辱"(第15卷第4号)、"昨日乃今日之师"(第15卷第5号)、"滑稽与矛盾"(第16卷第2号)等。

"无香之花"(第16卷第5号)之《她的化身》:一个美丽的女子,艳若桃花,令其他女子羡慕并喜欢,但是几次了解下来,人们对她的印象却发生了变化,缺乏才学、成绩差,总愿意打扮得花枝招展的,愿意赶些时髦。具有美艳的外表而缺乏内心的芳香,一个女子纵然博得人家一时的赞美和怜爱,也不过和这无香之花一样,终究会让人厌弃和鄙视的。

"无香之花"(第16卷第5号)之《不要学无用的美》一文中,作者的朋友以"女子无才便是德"搪塞,作为不学智识和技能的理由,令作者很痛心。作者以为:人至少有相当的服务才有相当的报酬,这报酬就是衣食住,不能因为有些家产就坐享其成,这会令父母痛心。看到女子一身时髦,涂脂抹粉,以为就是新时代女子,其实不是的,即使美若天仙,而无智识无技能,也只是徒有其表,这样的美是"无用的美"。女子在幼小的时候不能什么都不学,如果一点书都不读,一点技能都不学,那么将来进入社会时会变得无智无技。才学是处事的立足点,也是无形的财产。

这些文章都对女学生以及时髦女性的缺点提出批评,其中有女性的自我反思。在笔者看来,其批评的意图要弱于规劝和警醒,这也正是女性作者与男性作者的区别。从"论说"等舆论主张来看,男性撰写的文章大多是关于"新女性应该具备什么条件"、"理想的新女性"、"新时代女子的先决条件",这种应然和必须的态度一般是男性作者表述的语气,带有"居高临下"一般的指导,这与征文中女子对自身缺陷的呈现、警醒以及规劝恰好构成了女性作者和男性作者的差异。这也形成了《妇女杂志》风格的转变以及读者群的变化。

"堕落的青年"(第12卷第2号)征文之《恶化后的供状》一文,

虽然是男青年自悔堕落的过程，但是仍旧和女性有关，并且和当时女性追求时髦的倾向有关。

妈妈：

我骗了你。三个月来我总骗着你。我写信说我在学校里，而三个月来我的学校早开除了我的学籍，我写信说我很恪守你老人家的临别嘱咐在拼命用功，而三个月来我却酒醉似的终日在我宿舍隔壁一家坏人家里鬼混。我写信要你多寄钱说是为要广购书籍，而三个月来你所寄给我的四五百圆钱统统化费在那位迷人的坏女子头上。

唉呀！我何以竟堕入了这个深渊里！我平日的性情只是静默，只是谦让；我真难自了解我何以"恶化"到了如此田地！……

……我一会着那坏女子，只须她那双可爱的文明脚，和她那身和时流的女学生装，便足以使我昏迷。……你可怜的孩子是怎样希望得到一位文明脚和女学生装的新式女子作为伴侣阿！及至我和她一交谈起来，便犹如一根火柴触着一堆烈火似的，趋向也是一样的，嗜好也是一样的，天性也是一样的……末后，你可怜的孩子，就情不自禁地赶快把心交给了她，把生命全付了她。

咳：我和她生关系之初，她以为是捉住了一个大学校的好学生，一个未来的了不得的人物，及至她知道我就因为和她生关系而被学校开除了的消息之时，她便只因我漂亮的面貌和我沉重的钱囊来看待我了……三个月来我因为要讨她的欢心，终日趿着拖鞋，衔着香烟，在她精美的小客厅内傍着她以及她那般或男或女的好朋友打麻雀。——咳！

……这几日来，她窥知我钱囊羞涩的秘密了，她便突然冷淡我了。我才懂得她是一个又无智识又无头脑又无心肝的女子，只梦梦的崇拜黄金，崇拜时髦，崇拜幸福生活！……但我不怨天、不尤人，只诅咒我自己的时髦倾向，卑劣心理，薄弱意志与欺骗的惯技。……①

男学生堕落反省的现象在当时社会也比较多，男性对女性的追逐是秉着时髦的倾向——"文明脚和女学生装"，一些女性也利用时髦的装扮意图钓到"金龟婿"。这些文章揭露了日常生活中两性之间存在的实际问题，既批评了两性之间对"新性道德"和"婚恋自由"这些"时髦"的肤浅理解，同时也意图规劝和警醒青年男女。在传统旧式女子向真正独立新女性转型的过程中，这些缺点和劣根性很难避免，女性对男性的依附关系并没有因为外表的新潮和独立而发生本质的变化。但是，"新女性"的"肤浅"却为一些男青年所热衷，这与他们急于告别传统旧式生活有关。"文明脚和女学生装"成为"新女性"的标码，但是摘除这个"标码"，仍然是"旧底子"。可见，青年男女在这个问题上都存在着虚荣和不成熟，男性则以"控诉"的立场出现，女性虽然存在问题，却仍免不去予人"红颜祸水"的刻板印象。

"唤醒虚荣的恶梦"（第12卷第4号）征文之《自寻苦恼》：F女士，没有父母，自己继承一定的遗产，素来喜欢阔绰，与其来往者尽是些阔太太和富家小姐。在与这些人交往中，她认识了N城的大学生C，两人迅速坠入爱河，不久他俩结婚了，过上了她所向往的华丽的小家庭生活。当她的梦还没有醒来的时候，就破碎了。C君三年前就结过婚，因为喜恋她的容色，就使用了骗术。F女士幡然醒悟。作者慨叹道：

---

① 《妇女杂志》第12卷第2号。

噫，虚荣的魔力，真伟大啊，虚荣的作孽，真厉害啊！不过我对于F女士的被骗，有两种思想：第一，F女士受如此羞辱，实属咎由自取，不能不责备她是太好虚荣了……F女士得此患难，实不能不令人兴叹，她实在是可怜，总由于不学无术，又无阅历，把一切理智尽被盗去，不求精神上的快乐，而好物质的魔醉。①

两性在社会转型时期的不成熟成为新思潮的"余孽"，这造成了过渡时期女性"苦闷"的感觉经验，批评揭示女性缺点是一方面，警醒和规劝更是征文之外的用心。

"自己描写"（第17卷第3号）之《我的立体像》一文中说：

"寒灰，病膏、飘萍"，"从学校走到社会不知不觉地过了五年，五年之间渐渐证实了自己的空虚，最初是睠怀学校时代的生活，那真是个象牙之塔，……接着便又开始憎恨学校起来，所谓领导我们启发我们的老师只不过拿一套谎话来糊他们的口，对于社会实际生活丝毫也不会指导我们过。"②

社会教育的诸多问题导致女性在社会的实际生活中很难真正独立起来，只不过是以"新式女学生"的身份嫁入夫家，成为"少奶奶"。因此，新思潮带来启蒙的同时，其不彻底性和"时髦性"使女性问题并没有因为这些鼓噪而有更切实的改变。

---

① 《妇女杂志》第12卷第4号。
② 《妇女杂志》第17卷第3号。

（四）苦闷生活中的另一种色彩

征文中呈现出一个苦闷年代里的女子群体像。在这个群体像中，大多数女性面对生活和情感是无奈、踌躇、茫然的；她们的心境是清冷、孤单、凄凉、寂寞和空虚的。日常生活叙事中的女性是失望、痛苦、沮丧、艰难和失意的。过渡时期呈现的女性的感觉经验是暧昧和灰色的。但正是这些征文，把女性实际的生活情状展布得清晰和直接，那些男性精英式的召唤与这些心灵处境中的悲伤相比，似乎后者更能让人看到女子的实际心情。1920 年代正是社会动荡转型的时期，一些征文还呈现了苦闷生活中的另外一种色彩，那就是世俗生活中的小快乐、小幸福。在苦闷和暗淡的色调中，偶然有一些快乐、明媚、阳光和幸福的感觉，实为难能可贵。

"避暑时的经过"（第 12 卷第 8 号）征文之《家庭乐事》，描述了夏日里的美景和惬意的心情，虽然暑热难耐，但是也有偏得的乐趣。

> 晌午的时候，那烦恼可恨的鸣蝉，抱着树梢，高唱那恋爱的歌儿，噪破了我们的宁静；于是引了娟妹，带了乐器，到那外面终年常绿的树下纳凉，我就奏起乐来，顿发宛转悽恻的歌声，娟拍节和着，路边的凤仙，呈着娇艳庄丽的芳容，好似对我们嫣笑；夹着花粉的蜻蜓儿，忽高忽低的飞舞着，好似欢喜听我们的歌调；阵阵微风，拂着有微汗的躯体，渐觉神清而体爽。
>
> 迨太阳渐渐接近地平线下去了，就同娟仃着到那池边的青葱绿油油的林中，且唱且舞，活泼我们自然的态度，恢复我原有的精神；好一个清幽壮观的荷池，自由摇摇的绿叶，托着深红淡红的花蕊，地畔鸳鸯在这密叶下睡着，何等幽静；

我放了采莲船，撑动篙子，直划到河心，船舷旁彷佛见了几尾小鱼，很自在的穿来穿去，活动得像梭子一般，我便伸手下去一抓，却捉住了水草，那些鱼儿不知那里去了，娟说我不会捉鱼，也就捲起袖子，对准伸下手去，不料，她口健手弱的却是握了一个空拳，我便拍手欢呼；见那美丽的蜻蜓，环绕在我们头上；清脆婉转的鸟声从绿林发出；这时耳所听的，目所见的，围绕在我脑子中的，都是甜密幽静，如入仙境一般。

……忽听得背后，有人喊着姊姊姊姊，我便扭转头去；却是娟和小弟弟，小弟弟拿了许多李子、苹果，一边吃，一边喊……小弟弟便叫母亲讲故事、猜灯谜，母亲很高兴的说着、讲着；凉风轻轻的吹着树叶，似乎正奏着甜美催眠的歌曲；可爱的月儿，正悬挂在中央，像电灯发出皎洁的光辉……①

自然的美景、甜美的年龄、悠然的心境、和谐的亲情，这是阴霾的社会画卷中一道光亮的金边。从这些细节中，我们也能感受到日常生活中女性个体生命的小快乐和小幸福。女性这个社会群体像在当时显得孤寂和清冷，因而这份家庭乐事就更显得可爱且珍贵。

"秋日乡村生活记"（第11卷第10号）征文之《恰像软焦点的影像》，讲述了秋雨来之前，人们匆匆忙忙的行迹；秋雨过后，天空清亮，一切仍旧是繁忙的景象。虽然生活辛苦，但人们都欣欣然，还不忘说着，"天时真好，秋天渴望丰登了。"田间摘棉花的人，一边忙碌一边和着调儿"正月里来是新春，家家户户点红灯，人家丈夫团圆叙，奴家丈夫修长城"以自娱，儿童在田野里，粘知了，粘

---

① 《妇女杂志》第12卷第8号。

蜻蜓，有几个老人，偶尔出来，谈着什么，烟似可不可地吸着。天渐晚，人们在闷热的秋气中纳凉，谈论着今年的收成，秋日的乡村，从日到夜，从沸腾到宁静，从忙碌到休憩。

这是动荡中的安宁，穷苦中的宽慰，艰难中的快乐。苦闷孤寂往往是城市病，在忙碌的乡村生活中，以生存为要务的人们在艰难的生活中自得其乐。从对征文日常生活叙事的分析中可以看到，这些快乐大多来自乡村生活和劳动，而苦闷、沮丧是一种"都市病"。一些"新女性"一无所长、懒惰、索然无味、不事劳动也是出现这种状态的重要原因。

历史的宏大叙事经常覆盖生活本来的细节和个体生命在其中的辗转反侧，覆盖他们的幸福和绝望，他们的艰难和坚持。"动乱、民不聊生、屠杀、贫穷、饥饿与疾病，生离死别，却缺乏了美好，这与我们的感情那么相悖。……我能理解历史书上的轮廓，是要让我们看到一种萧条及伟大，他们省略的太多，都是我们无法想象的……"现代的人们渐渐从边缘处进入历史，去感受、体会和想象一个时代的心情以及那个时代女性的希望和现实。杜就田时期的这些征文呈现了当时女性生活的实际心情，这些细密或稀疏的感情、这些时隐时现的美好，以及那些被历史书排除的时代记忆，绽放在眼前，可能不深刻、缺乏代表性，甚至被忽略，但是正是这些显明了女性生命个体在晚清、民初以及五四之后对性别、婚恋以及女子教育等问题的理解、体验、感受，以及新旧时代转换中的茫然和不适应，其中亦不乏对女性自身劣根性和流弊的批判，这些征文为我们进入历史思考女性提供了一个途径。与那些以男性为主要参与者的关于自由婚恋、贞操、家庭制度革新以及新女性等问题的探讨不同，这些小征文叙述的问题、表达的感情、寄予的希望以及无所处的茫然，不仅将那些舆论主张和理论争辩落到实处当中，而且极具女性个人的体验和思考。这些征文既呈现了章锡琛时期讨论的结果，也将一些讨论更加深入和细化下去。杜就田主观上并没有继承和发展章锡琛的意图，而且对此还做了"清算"，但是，如果把《妇女杂志》17年的历史做一个考察，那么历史的偶然实际上也是一种必然，杜就田通过征文这种形式，把章锡琛时期探讨的问题更加具体化、生活化。

这些征文，实际上提供了一系列女性心理和生理经验，这是时代变迁中女性面对社会多重话语时的一种应对和反馈，这种应对伴随着疼痛的反省，也将女性在寻找自我路径上的荆棘一一呈现出来，为后来的女子积累了更多进入社会领域的经验。

二　"过渡时期"的情感彰显

从杜就田时期征文的题目来看，多是一些触景生情之作，很多女性作者都因景生情，对人生、世态、情感报以很多的思虑和情绪，她们从生活体验、经历入手，用自己的生命、情感去呈现历史风云际会中改变的和不变的内容。通过这些征文，也能捕捉到女性在各种风潮回落之后的诸多心态，体会过渡时期的女性的情感和经验。

通过分析征文发现，征文的题目是具有比较广泛的写作空间的，比如"少女的梦"、"插了梅花便过年"、"团扇须防白露秋"等，作者在投稿时往往集中在婚恋、爱情和人生际遇上。这些借景抒情的文章在征文中占有极大的比重，过渡时期的女性情感始终弥漫着一种"苦闷"的味道，苦情、悲情、伤情、凄情、绝情较多，而怡情和温情的相对较少，这似乎与1920年代末期庐隐、丁玲、冯沅君等女性作家的一些小说中的情绪构成了某种一致。这些征文虽然不像"言论"那样直接发表某种思想、主张和态度，但是把女性的情感世界一点点呈现出来，填补了因为概念命名而带来的抽象和空洞。

这些情感中涉及与父母的亲情，这种亲情是"爱与怨"并存的。

作者对父母的爱是显而易见的，比如"须知慈母是先生"（第13卷第11号）主题征文中，《当归功于母教》（杨家邃）一文：一个叫作蔚筠的女子，从小丧父，母亲"躬身抚养，亲自教诲，这无父的婴儿蔚筠因有了慈母的抚育，所以仍不失其天真浪漫的态度"。以家庭当学校，以慈母作先生，蔚筠已经有了一定的学识，进入学校之后，蔚筠的成绩都很好，这一切都应当归功于母亲。

对父母的"怨"主要是来自传统与新式思想上的分歧，父母依靠自己的权威定夺子女的终身大事，或者对子女婚嫁参与过多，并且固守成见，不善待婚后的青年人，导致青年人心中产生诸多的怨和凄凉。此外，父母过度的爱禁锢了子女学习和发展的自由，这些都让年轻人产生"怨"。征文中虽然只是提及某种现象或者倾诉其中的悲苦，但是这些征文有一个共同的底色，就是社会旧俗和传统观念的根深蒂固，让青年人感到压抑甚至是窒息。杂志通过征文的方式保存了当时的社会情状，使我们能够通过表层叙述进入深层结构：以父权为代表的旧式权威，与以"新青年"为代表的新式力量，形成了一种抗衡。虽然新思潮构成了对传统权威的挑战，但是社会的细节和历史陈旧的力量并不是一阵风潮就能将其荡平的，因此，新思潮留下的"后遗症"的典型特征就是"苦闷的心情"，这也是杜就田时期的杂志内容是对章锡琛时期的深入和细化的原因：征文中的实际问题以及作者采取的态度，都是对以往问题的集中反映，并且通过读者们易于接受的方式继续对此进行思考。

"我的苦闷"（第11卷第10号）征文之《从爱中取得的》：一个女孩子被母亲娇生惯养，到了上学的年龄，都已经报名了，但是母亲怕她被其他强悍的小孩子欺负，就不准她去，又说她是个女孩子，几曾见到女孩子读书飞黄腾达了？那时的"我"竟然十分的高兴，上学就像是去牢狱一样，自己也念叨"不要读"，读书的事情就此搁置了。过了三年，女子读书非常必需了，自己再次进入学堂，"我"

也爱上了读书，谁知，"我病了"，母亲以身体弱为由，再次让我离开学堂。后来哥姐结婚，母亲还是阻止"我"去读书。学而辍，辍而学，母亲经常让"我"回家。反复如此，料定母亲是爱"我"的，但是"我"从爱中换来的竟是苦闷。

这里的"我"是渴望新思潮的女学生，母亲是传统守旧的旧式家长，母亲的"爱"让"我"窒息和苦闷。"我"与"母亲"构成了新生活方式和旧传统观念的冲突，最后以"我"的失败和无奈作结，这也表明在新旧的博弈中，"新青年"要突出旧家庭和旧观念的重围是困难的。征文中体现最多的就是自由婚恋中的女性在进入家庭生活后，与男性家长之间构成的"敌对性"，男性青年与传统旧式家庭抗争的原因是为了寻求自由之爱，而女性正好与男青年一道结成同盟对抗旧式家庭，当这个女子进入这个家庭，势必引起家庭对其的排斥。女性辛苦争来的自由婚恋在进入传统家庭时遭遇了失败，男性向父母妥协，使女性在这个家庭中的位置更加尴尬，所以，女性对家庭和亲情始终带有极大的"怨"。女性情感外显为"怨"、"孤寂"、"冷清"，这让女性在过渡时期处于一种难以超越的"苦闷"状态。

这里的情感涉及爱情，女性在爱情中大多是无奈和迟疑的。新性别伦理的讨论，促使两性关系朝平等建制的方向而行，婚恋自由一度成为"新青年"最切实的追求。杜就田主编时期，刚好是很多"新青年"由自由婚恋进入到婚姻生活的时期。从征文来看，女青年对此是有诸多无奈的，很多女青年以决绝的姿态反抗了自己的家庭，进入理想的"小家庭"生活，但是婚后的生活，要么是回到了夫家的家庭，要么是两个人生活没有着落，陷入生活的窘境中，没有面包的爱情在现实生活中变得很脆弱。让女性更为伤情的是，一些男青年有过婚约，或者已经结婚，他们以欺骗的方式获得新式女学生的青睐，最后，女学生因为被欺骗而独自承担自由婚恋的苦果。

女性因为虚荣、贪图富贵、偏好幻想、贪心、妒忌、盲目、傲慢等缺点，使自己遭到欺骗、抛弃甚至是羞辱。

在这些征文中，流布着浓重的悲伤、哀怨、惆怅、无奈、伤感、自怜、失落的情绪，女性既为自己的命运嗟叹，也为自己判断力和经验的缺乏感到痛心，这就是特定历史时期女性的情感与感觉。征文中彰显的过渡时期的女性情感，是以"苦闷"做底子，以"悲"、"伤"、"凄"、"苦"、"怨"为色调的一幅暗淡的情感图卷，而这正好印证了新文化落潮和社会新伦理讨论的不彻底性。这些新观念在进入普通家庭和每个女子的心里时发生了"味移"，她们得了时髦的"皮"，并未得思想的"髓"。先进知识分子的舆论主张和内心希望在社会化过程中成为一种时髦的表象，使"新女性"成为"变调"的新女性，这也是征文当中对时髦女性诸多讽刺、规劝、警示和批评的原因。"文明脚"和"女学生服"只是形式的时髦，却未真正涉入到女性乃至整个社会结构的深层心理中去。对于历史惰性极强的中国传统社会中的性别关系而言，需要强制性的力量直接中断传统的结构，以制度化的方式确立新的结构，才有可能实现更迭，而这种"破坏性"也将带来更多的问题。

第三节　新感觉经验——广告和插图中的"准摩登女性"

杜就田主编《妇女杂志》是1920年代中后期，杂志大量的广告混同着新文明生活的旨趣和现代生活的体验，以及初见端倪的消费诉求。虽然这些广告不同于1930年代成熟的《生活》《良友》等杂志中的广告，也不同于《现代》这些文学类杂志中的广告，但已经见出消费意识形态对女性的影响。"由于娱乐场所及形式的扩大增加，更多的人加入了消费圈，广告对于经济、生活、就业、娱乐的引导作用日益增强和普及。"①《妇女杂志》尤其提供给女性很多新的感觉经验，特别是在新的生活方式上，从生活的日用品、新式营养品到新式科技，比如照相机、留声机的使用等，从器物层面使女性充分体验到现代生活的新颖性。杜就田时期《妇女杂志》的广告已经和前两个时期有着明显的不同，一个消费和"摩登"的社会已经彰显它的独特面貌。这些广告，不仅给女性提供了新的消费体验，也张扬着女性新风情。"大众媒体通过其言论、文艺和广告，发挥了重要的导向作用，特别是广告，作为直接引导市民消费的商业宣传，它所提供的不仅是一系列'摩登'的商品，而且传播了一整套'好的'、'合理的'生活方式和价值观念，它对于塑造上海市民的消费主义意识形态所产生的作用，是直观而直接的。"②图像和文字形成的表意系统实现了意义的生产和流通。广告作为商业利润的符号载体，通过意义编码不断地影响和取悦读者或者潜在购买者。在1920年代，广告远未达到今天这样铺天盖地和"无孔不入"的程度，但是也成为特定语境下重要的文化载体，通过其具体的表述实现对特定时代的文化想象和现实碰触。这些全新的生活体验从器物层面塑造了女性，虽然这些广告中的女性更多带有观赏性和消费性，但它们确实呈现出与征文中不同的女性状貌。这些商品以及广告，也形成女性新的感觉经验。

一　崇尚都市时尚生活的"准摩登女性"

随着1920年代上海商品经济的发展，以及女性解放话语进入

---

① 蒋晓丽：《中国近代大众传媒与中国近代文学》，巴蜀书社2005年版，第27页。
② 许纪霖、王儒年：《近代上海消费主义意识形态之建构——20世纪20—30年代〈申报〉广告研究》，载《学术月刊》2005年第4期。

社会的各个阶层,崇尚都市文明生活、带有极大"解放色彩"的"准摩登女性"成为《妇女杂志》流行的女性形象。前面已经对"新女性"作过相关的论述,广告中的"新女性"是虚拟的女性,但这些女性用新的形象置换了旧式女性形象,形象的变迁在话语变革中扮演了关键的角色。广告和图像中的"新女性"指的是"准摩登女性",与30年代上海各种文本叙事中的"摩登女郎"区分开来。一般认为摩登女性有两种类型:一种是新女性,她们"具有充分的科学知识,合乎现代革命潮流的思想,改革旧制度建设新事业的行动方面的毅力和勇气,健全的身体,勤俭而能耐劳的习惯和气质,慈爱为怀的母性";另一种则是衣着时髦、浓妆艳抹、充满诱惑、富于交际、善于玩弄男性的危险的"摩登女子"。[①]而"准摩登女性"兼有上述两种特质,但又不过于诱惑、危险和性感,是一种出现在"摩登女郎"之前的过渡状态。"准摩登女性"将女性从传统的"静"、"顺"、"婉"的印象通过媒介更改为自信、张扬、时髦和现代。"新女性形象在中国十多年间出现如此令人惊讶的改变,主要原因是她的出现代表的不是她的社会现实,而是被客体化为一个全新时代的象征,这种客体化在二、三十年代的广告文化中被不断地挪用,她的政治性徇私便逐步被商业性价值取而代之。"[②]无论是政治叙事还是商业叙事,女性在再现中国现代性中有重要的指涉意义。

周宪在《反思视觉文化》一文中认为:"这种关于视觉文化的界定,偏重于对制度、意义生产和理解及其意识形态的社会学分析,涉及种种体制、对象和实践的结构系统,借此,视觉经验和社会秩序完好地确立起来。"[③]因此,通过对广告图片进行分析,能够发现

[①] 云裳:《论摩登女郎之所由产生》,参见颜湘茹:《层叠的〈现代〉——〈现代〉杂志研究》,中山大学2006年,第104页。

[②] Laikwan Pang:《广告与近代中国女性消费的再现》,载《媒介拟想》2005年第3期。

[③] 陶东风、和磊:《文化研究》,广西师范大学出版社2006年版,第119页。

性别关系在社会变迁和话语变革中出现的调整和变化，以及女性形象的流变。

比如图5（第17卷第1号）"舞女牌香发粉"的广告，图片是由一个身着性感时尚服饰的女性和一个西装革履的男性组成，女性妩媚性感的眼神中没有任何羞涩，没有以往女性形象中的谨小慎微，目光中甚至带有一些睥睨的味道，仿佛大胆迎接任何人的青睐和驻足。男女之间的位置也发生了改变，一改男性居于中心或者靠前的位置，而是将之置身于女子身后，成为一个衬托的角色，目光也不再正视，而是侧视。从服饰可以看出，男女的生活方式都很现代。虽然这幅图片并不能意指女性已经成为性别结构中的主导，但是"准摩登女性"已经开始颠覆与男性之间的结构关系。"消费文化的增长及有关消费多元化的社会活动，有解放女性的可能，尤其是二十世纪的中国女性经历了达数个世纪的禁闭及规范，消费社会的来临更可以是充满颠覆性的。"[①] 这种关系的重构在1930年代日益兴起的消费社会中有了更为直观的呈现，其中王少游的很多漫画都以性别结构关系为题，再现了女性的张扬和男性对女性的俯首帖耳。

图6（第13卷第7号）是一则服装面料的广告。广告中的语言讯息是："欧美各国对于妇女的服装非常注意，近年我国女权日张，交际日广，妇女的装束却是一件重要的问题，所以本公司为特诚实的指导。""欧美各国"作为一个叙述的开始，将女性的"家中心"破解，带入到一个国际化语境中；"女权日张，交际日广"，"女权"是时髦的概念，把"女权和交际"联系在一起，既符合话语的时髦，也符合女性向往的时髦生活。这种编码给予女性自由交际和追求时尚一个合法性的想象，时尚邀约与审美召唤犹能形成女性对理想自我的塑造，特别是图片编码：修长窈窕的身姿，时髦的衣裙和高跟鞋，

---

① Laikwan Pang：《广告与近代中国女性消费的再现》，载《媒介拟想》2005年第3期。

图 5　　　　　　　　　图 6

流行的短发，构成了女子时髦的元素；姣好的面容，虽然低眉，但不是恭顺状，而是一种暧昧的吸引，毫无拘束之感；纤纤玉手和裸露的小腿呈现出女性的性感和妩媚。图片和语言共同编制了一个时髦但是又不太张扬的女性形象，与后来的"摩登女郎"不同，与之前的"孱弱"女性也不同。很多女性依靠器物层面的经验，逐渐开始有了现代意识。

图 7（第 16 卷第 7 号）是关于"新秋之装束"的广告图片，图中女性身体健美修长，服饰现代时尚，发型新颖大方，脚蹬高跟鞋，俨然是一个摩登女郎，这是已经告别"家世界"进入公共空间的交际女性形象，且不论她在公共空间扮演的角色是观赏性的还是创造性的。"在广告中，这些符号是充盈的，是以最适合阅读的视角形成的；广告形象是坦率的，或者至少是不含糊的。"①

从这三幅广告图片可以看出，这些新生活的体验使女性呈现出

---

① 罗兰·巴尔特、让·鲍德里亚等著，吴琼、杜予译：《形象的修辞》，中国人民大学出版社2005年版，第37页。

图7   图8

的状貌与征文中的女性图谱有着明显不同，不是悲情和伤情的，而是张扬、时髦、现代的，甚至带有对男性的睥睨和不屑。"新广告的女性模特儿则通常是个别的呈现（尽管很多也例外），她们所暗示的个人主义身份更能获得销售产品的认同。这些数目庞大的新广告拼贴出一张具有说服力的现代消费主义图像。"①

图8是《妇女杂志》第14卷第5号的封面副页，图片中有一位手执球杆正在打桌球的女性，无论是作为一项运动还是娱乐，对于女性而言打桌球无疑是全新的生活体验和感受。美国学者卡罗琳·凯奇认为封面宣告了杂志的个性特征以及对读者的允诺，同时宣告了它的目标读者。与王蕴章时期的封面女性图像相比，这时期的封面图像已经发生了很大的变化——女性的生活习惯以及娱乐方式都基于现代生活体验而发生了改变。从《妇女杂志》封面女性的变化，可以见出社会主流话语对女性形象塑造的变迁，以及杂志本

---

① Laikwan Pang：《广告与近代中国女性消费的再现》，载《媒介拟想》2005年第3期。

图 9　　　　　　　　　　图 10

身的价值立场在社会变迁中的转换，而这些女性形象也成为重要的修辞策略，帮助女性寻找到自身的理想化表现和确定性的自我认同。图 8 中的女性显然代表的是现代生活方式浸润下的女性形象。

图 9（第 16 卷第 10 号）是一则手提唱机的广告，呈现的是一个"现代家庭交际"的画面：穿着时髦的一对男女正在翩翩起舞，沙发上还有两对男女正在倾心交谈。这些讯息无不告诉读者，这是现代时髦的生活，也是新家庭的生活方式。对新家庭生活充满期待的青年男女而言，这种编码显然构成了一种召唤。广告中的语言讯息清晰地表明"新家庭应有新娱乐，而第一娱乐恩物，其惟胜利手提唱机乎"。手提唱机标识的是"新家庭"的"新娱乐"方式，这些新感觉经验对读者构成一种现代生活的询唤，制造出新生活方式的想象。

图 10（第 13 卷第 4 号）是豪华现代的女性美发室的广告，从室内的装饰来看，吊扇、转椅、阔镜，几乎与今天的美发店并无二致，"全球风靡，并且经济"，这种语言信息始终追随国际化或者"洋

化",这和当时人们对"洋玩艺"和"洋生活"的憧憬和羡慕有关,这些新感觉和新体验把人们从心理上带入一个和西方共通的世界。对于生活在1920年代的女性而言,这样的体验无疑比思想启蒙更容易引导女性进入新生活。不能否认,这些年轻、时尚、活力、健康的女性的确是女性的全新形象,虽然其负载着消费的欲望和物化的逻辑。这种"准摩登女性"形象是一种新经济和新生活方式下的形象表征,"二十世纪初上海广告中的女性再现,亦可视为中国现代消费者中的一种中介品,帮助消费者实践一种全新的消费体验,以及接纳通过消费所衍生的现代价值"。[1]

1920年代中后期,各式"准摩登女性"逐渐成为商品宣传所使用的形象。"女性身体比其他任何形象都更加频繁地得到重现:男人们经常以他们自己、以个体的形式出现,但妇女的出现却是为了证明别人或其他事情的身份和价值。"[2]广告中的商品主要为现代生活的消费品,与时髦相关的各种消费品必然会选择与之匹配的女性形象,于是"准摩登女性"就成为重要的形象选择。这些广告一方面确立了崇尚都市现代生活的"新女性"形象,一方面用"新女性"这个符号完成了现代生活的叙事逻辑。这些广告并不是宏大意义的制造者,但是在细微处见出了雷蒙·威廉斯所说的感觉经验结构,且"重大意义并不在于形象本身而在于其象征主义,在于大众媒介如何为模式制造了意义,这些模式是为了回应特定的文化压力而产生发展的,并且,随着时间的流逝,当这些压力重新浮现时,这些模式还有潜能再次出现"[3]。

---

[1] Laikwan Pang:《广告与近代中国女性消费的再现》,载《媒介拟想》2005年第3期。
[2] 卡罗琳·凯奇著,曾妮译:《杂志封面女郎》,天津人民出版社2006年版,第63页。
[3] 同上书,第42页。

二 置于家庭中的"准摩登妻母"形象

《妇女杂志》中的广告内容涉及多个方面,诸如书籍、眼镜、百货公司、相机、唱机、洗涤用品、化妆品、药品、牛奶、麦乳精、可可粉等。在这些广告中,以家庭为中心的"妻母"形象也是广告中的重要形象。不管《妇女杂志》中的社论、言论、论说等是如何看待"贤妻良母"的,杂志广告中的这一形象并未遭遇到解构,始终是恒定的,这些女性形象以直观的方式显现在社会和阅读者的视域中,形成了与语言讯息或是一致或是相反的立场和态度。"贤妻良母"是对女性的一种刻板印象,正如斯图亚特·霍尔所认为的,刻板形象是一种意指实践,是维持社会与符号秩序的组成部分,"刻板形象化对'差异'加以简化、提炼,并使'差异'本质化和固定化,刻板形象化有效地应用了'分裂'策略,以其封闭的、排他的实践,用符号确定各种边界,刻板形象化往往是权力等级的体现"[①]。广告通过文本叙述和图像的符号将"妻母"形象"本质化和固定化",使之最后成为女性的合法身份,并以此作为范本,不断进行形象的塑造。

"新贤妻良母"作为晚清以来男性知识分子企图塑造"国民母"的策略,已经固化为女性的合法符号。在《妇女杂志》的广告中,以"妻母"身份出现的女性,相对较多。这些"妻母"形象是典型的现代生活中的"准摩登妻母"。这是不同于"新贤妻良母"的形象,是在现代家庭氛围下出现的摩登时尚的母亲。

图11(第16卷第1号)是一则关于花露香粉的广告。图片当中给孩子涂抹花露香粉的衣着、发型时尚的都市家庭女性,是一个现代"良母"形象。画面的背景是一个现代都市家庭的盥洗室。陶

---
① 卡罗琳·凯奇著,曾妮译:《杂志封面女郎》,天津人民出版社2006年版,第7页。

图 11　　　　　　　　　　　　图 12

瓷的洗漱盆上方是一面镜子，洗漱室用瓷砖镶嵌，还配有一个浴缸，是典型的"西式"现代生活场景。图像信息清楚地传递出这是一个"准摩登母亲"的形象：过膝的旗袍、时尚的短发以及隐约可见的高跟鞋，安于并且习惯家庭生活，很享受现代文明生活带来的新体验。这种图像暗合了对那些习惯传统生活方式的女性的一种召唤，也是对那些急于奔突家庭"围城"的女性的一种安抚，并且将"贤妻良母"视为女性身份的合法选择以及女性生活的幸福所系。

"媒介是塑造社会共识的工具，也就自然成为社会主流权力控制意识形态的手段之一……通过图像或文字、语音施与受众，所以媒介再生产了男性价值观。"[①] 媒介也将女性"家庭中心化"，并将"准摩登妻母"形象刻板化为一种现实的存在。《妇女杂志》刊登大量的现代家庭生活改造和塑造的文章，意图让读者了解新生活方式和文明科学生活对于家庭生活的重要性，图像则以更为直

---

① 卡罗琳·凯奇著，曾妮译：《杂志封面女郎》，天津人民出版社2006年版，第10页。

观的方式向读者进行现代生活方式的细节陈述，也是对杂志文本内容的补充。

图12（第13卷第1号）是一则关于柯达相机的广告，图片的象征意义尤为突出。图片编码的信息有：一个年轻时尚的母亲和孩子正在观看相册。年轻女人从发型到服饰，都是时髦的装束，相机作为1920年代的"洋玩艺"，是典型的时髦载体，提供了家庭生活的新感觉经验。图片虽然隐匿了一些背景讯息，但是从窗帘到装饰画，以及和儿童一起观看相册的场景，仍能看出这是一个现代家庭。柯达相机广告的话语指向的是一个"准摩登母亲"的现代生活经验。一位女性将温婉时髦的"准摩登贤妻"形象活脱脱地呈现出来。男性虽然是未出场的隐蔽的他者，但是却以观看的视角满足了对"小家庭"、"时髦妻子"、"现代生活"诸多要素的期待。"运用视觉隐喻来意指那种具有启示意义和真理意义的认识。"[①] 相机作为现代家庭生活新经验的象征，能够与"摩登妻母"相结合。

图13（第14卷第3号）中的图像信息是：陈列的书架，裸女形象的挂画，插花，收放椅子的摩登女性。这些形象的组合形成了意义群：这是一个新式小家庭，相对开放和现代，女主人是一个智识女性，相对比较时髦。图像的意义停驻在对女性身份的召唤上：成为"摩登妻母"而不是"社会女性"。

图14（第16卷第1号）是一则营养药品的广告，衣着时尚的妻子正在为丈夫准备冲泡营养药品，远处的丈夫在沙发上看报纸。从被编码的图像信息可以看出：这是一个新式小家庭，摩登的"妻子"承担家务，男性依然理所应当地享受着妻子的照顾。新式男青年希望娶到一个"新妻子"，这个图像恰好符合了男性的诉求。"这

[①] 罗兰·巴尔特、让·鲍德里亚等著，吴琼、杜予译：《形象的修辞》，中国人民大学出版社2005年版，第2页。

图 13　　　　　　　　　图 14

些形象以特定的顺序在特定的时期内出现，所以它们不是作为单独的形象，而是作为一个视觉理论家们称为'象征主义'象征性系统在运行。"①对图片进行详细描述的意义，就在于这些图片形象成为"过渡时代"女性身份的重要表征，其象征意义成为一种潜隐的召唤，使女性按照这样的一种形象来为自身寻求确定性。

随着现代都市生活在上海这个"十里洋场"迅速普及，女性家庭生活方式弥漫着现代生活气息，产生了全新感觉，于是才有图片中这些"摩登妻母"的新叙事。图片中的女性直观地告诉读者，什么样的生活和怎样的角色正是现在进行时，阅读者会将图片呈现的生活现实化为自身的生活，这就是图像的符号学意义，视觉经验与社会秩序被完好地确立起来。

---

① 卡罗琳·凯奇著，曾妮译：《杂志封面女郎》，天津人民出版社2006年版，第65页。

三 健美的"新女性"与暧昧的"摩登女郎"

从晚清开始，女性身体的健壮成为诞育佳儿的重要条件。"废缠足"的意义在于摒弃了阻碍女性身体健康发育的陋习，母强则子健，这样的一套逻辑在救国保种的话语中极具权威，"废缠足"由个体行为逐渐发展成为一种官方的行为。由于媒介将"西方美人"的健康形象作为一种展示，呼唤中国新女性追求健美，因此，运动的女性形象成为 1920 年代封面女郎和广告当中出现得比较多的形象，比如图 15（第 15 卷第 3 号）中身着短衣短裤运动装束的女性。对女性而言，健康不仅仅是诞育佳儿的基础，也解放了女性的身体，开拓了女性新的活动空间。

图 16（第 16 卷第 2 号）展现的是两位手执羽毛球拍，身着短裙的运动女性形象，"麻纱"的广告意图在于，此种布料适合做运动类的服装，女性身体不再是被遮蔽的存在。从遮蔽到展示活力，这对女性而言是一个重大的身心转变过程——女性身体由私人的隐秘到公共呈现，改变了女性对自我身心的认知。这昭示着由身体到

图 15　　　　　　　　图 16

心理的双重释放——女性不仅意味着"性",也意味着"女性"。在《妇女杂志》的插图以及同时期的《北京画报》中,涉及了大量以运动会、体育比赛、体育明星等为主题的摄影图片,这些都意指女性身体的解放和生存空间的拓展。

在1927年之后的《妇女杂志》的封面和副页中,出现了一些王少游手绘的"封面女郎",这些女郎具有时髦和轻佻的双重味道。这些封面女郎与后来的《玲珑》《良友》《生活》杂志中的图片不同,始终是虚拟的女性。《良友》画报中的1930年代的摩登女性特点非常突出,不仅形象摩登,而且这些女性就是现实生活中典型的摩登女郎,如陆小曼、胡蝶等。《妇女杂志》中虽有很多女士小影,却始终没有采用"真人"做封面女郎。从图17(第16卷第3号)和图18(第16卷第7号)可以看出,其所绘的封面和封面副页的女郎是一种模糊的摩登女郎形象,具有现代、时尚、性感、诱惑的特点但又不是很突出,是比较暧昧的。这与1920年代的生活方式不同于1930年代有关,也与《妇女杂志》的价值立场和内容设置有

图17　　　　　　　图18

关，《妇女杂志》以启蒙和辅助女学为宗旨，并以探讨妇女解放和女权为主要内容，虽然在杜就田主编时期已经逐渐转变成"有趣味的软性读物"，但它始终与画报是不同的。杂志封面宣布了杂志对读者的承诺和其内容的旨趣。《妇女杂志》的封面女郎始终是暧昧的，已经有了摩登的味道，只不过在表现的时候若隐若显。

虽然广告中的女性形象不能和"妇女真实生活经历相混淆"，但是这些"形象的修辞"已经呈现出杜就田主编时期的"新感觉经验"，代表了与"摩登"如此亲密的女性形象。媒介反映现实也创造现实，媒介选择的立场和意义的解释，都会成为大众效仿的范本，大众按照其提供的想象进行自我塑造，以此获得确定和认同。通过上述对《妇女杂志》广告中的"新感觉经验"以及女性形象的分析，至少可以见出两种指向：

第一，女性社会气质的改变。

从王蕴章时期到杜就田时期《妇女杂志》图片中的女性变化可以看出，女性经历了从传统到现代，从保守到摩登，从素朴到时髦的转变。女性的气质也由羞涩、含蓄、温婉、谦恭而逐渐变得自信、张扬、性感、独立，这种社会气质转型的背后是女性深层心理发生的改变。虽然女性在"过渡时代"遭遇了很多困难，虽然这些健康、时髦、张扬、崇尚运动的女性，往往只具备外表的风格而缺乏内在精神的独立和自由，即使如此，关于女性修辞的变化，尤其是都市女性新的生活方式和形象的改变，已经使女性开始对自身有了新的"想象"。"媒介的独特之处在于，虽然它指导着我们看待和了解事物的方式，但它的这种介入却往往不为人所注意。"[1] 图像修辞的意义恐怕就在于此。

第二，生活方式的现代与新感觉经验的生成。

---

[1] 尼尔·波兹曼著，章艳译：《娱乐至死》，广西师范大学出版社2004年版，第13页。

通过对杜就田主编时期广告中的女性形象的分析，可以看到，女性新的生活感觉正在生成。这是一个与传统不同的生活世界，充满着新奇和诱惑，改变着人们对传统生活的诸多感受。这些"洋玩艺"构成了一个新世界，涉及衣食住行的诸多方面，从生活世界中制造了人们全新的感觉经验——方便、快捷、健康、新奇，"人们只能凭借着自己的体验，即几乎全部的感知、情感、理智、推理、欲望、想象和幻想等，去亲身经历、亲自'生活'或'活着'，才能真切地感受到新的现代自我及世界，并对以往的古典性体验模式产生质疑和改变的渴望"[①]。

《妇女杂志》提供给读者直观的感觉，并且和现实生活中的新体验结合在一起，成为1920年代后期独特的"感觉结构"。女性形象虽然不同，但广告所呈现的商品，都是现代生活中的"新玩艺儿"。无论家庭生活还是个人健康，包括女性的卫生用品，这些在传统文化中被视为禁忌的方面也在广告中刊登，可见人们的身体意识已经发生了改变。学者姚玳玫认为，"民族／国家论说是基于对一个新民族、新国家的呼唤，想象并试图创造一个新中国，那么生活方式叙述，则是基于对新生活的虚拟、想象并试图推出所谓的'现代夫妻'、'现代家庭'和'现代女性'。"[②] 从家庭到个人，从健康到美化装饰，都不断地凸显着个体的意义，女性形象流变是社会变迁过程中的必然呈现。

[①] 王一川：《中国现代性体验的发生》，北京师范大学出版社2001年版，第6页。
[②] 姚玳玫：《想象女性：海派小说（1892—1949）的叙事》，中国社会科学出版社2004年版，第295页。

第四节　思想与器物层面的对峙——一种矛盾的存在

有学者认为杜就田时期的《妇女杂志》再次沦为保守派的刊物，是因为其主编时期"无能"和"不专心"以及没有鲜明的女性解放言论和立场。通过分析征文中的日常生活叙事、广告中的女性形象以及"新感觉经验"，可以认为杜就田时期的《妇女杂志》中存在着非常明显的矛盾，这种矛盾是舆论主张和征文叙事以及器物层面之间的矛盾。

从舆论主张看，杜就田时期的《妇女杂志》，其言论、社说、主张相对于前两个时期弱化很多，并没有什么激进和先锋的言论，谨慎而稳妥。翻阅《〈妇女杂志〉总目录》可以看出，几乎整个目录都被甲、乙、丙、丁各种征文和艺术、美情占满，在补白或者非固定栏目中可看到一些论说文章，涉及家庭制度的改革、关于新女子的条件、女性职业问题、家庭教育等，虽然有妇女解放问题的探讨，但也不过是一种点缀，基本上都是沿着前两个时期的路径行进，虽然这些文章并无超越前期的观点和视角，但这些稳妥的舆论主张恰是对章锡琛讨论的问题的一种默化和细入。杜就田时期杂志言论上的匮乏和孱弱与主编的能力和意图虽然有关，但更重要的是章锡琛事件使杜就田将《妇女杂志》收回商务印书馆稳妥中正的立场上来，他是不能僭越商务印书馆一贯的宗旨的。从征文世界中的生活叙事来看，女性的日常生活仍旧充满苦闷，整个生活和情感都弥漫着灰色和苍凉。女性在学业上的很难作为，在婚恋中遭遇的"伤"与"殇"，以及在社会工作上的毫无出路，使一些接受过新式教育的女性陷入生活和精神上的双重困境。知识分子的舆论主张和内心希望并没有落地生根，相反，女性在不彻底的启蒙和询唤中更加难以确定自我的身份认同，从征文中可以看出女性在日常生活中有诸多矛盾的状态。在分析征文时，已经对女性的精神肖像进行了勾勒，可窥见1920年代后期的都市女性生活图谱的主调：时髦的虚荣的女学生受新思潮的影响追求自由婚恋，结果一些人遭到欺骗，"伤痕累累"；以自由婚恋结合的新青年男女在与旧式传统家庭斗争中溃败。女性在这样的结局面前，只能喟叹、失望，在学堂游走一遭的女性，除了谋得了一些装饰的表面功夫，很少从精神层面有新的拓展，征文中弥漫的伤情与痛楚可以看出其"新"得不彻底，以及并未真正习得智识和能力，谋职业是困难的。征文中始终关注的都是家庭和婚恋中的女性，对职业女性涉及得很少，也可算是一个证明。

在分析广告中女性的新感觉经验时，《妇女杂志》呈现的却是女性的另一个图谱：时髦、健康、张扬、开放、大胆，在新的物质文明中，这些女性没有任何谨小慎微和诚惶诚恐，灿烂的笑容、健美的身材、优雅的举止和"入得厨房、出得厅堂"的形象，无不彰显着"准摩登妻母"和"准摩登女性"的风采，广告中构建的女性生活图谱，指向的也是一种时尚的、现代的、健康的女性生活。

由此，我们看到了矛盾所在：征文中弥漫的苦闷与苍凉，广告中女性的快乐和健康，共存于杜就田主编时期的《妇女杂志》中。女性在从传统向现代转型和过渡的时期，全新的现代性体验，促使女性从器物的层面很快接受新生活方式，并乐意陶醉于新生活的体验中，从虚荣的女学生的形象里，我们也能清晰地把握住这一点。广告中对新商品和新物件的介绍，不断从器物层面上刷新着女性对于生活的体验和感受，女性在"生活"的器物层面率先进入了现代生活。或许，知识分子的舆论主张和内心希望以及在精神层面对女性的不断召唤，可能不如一件"洋玩艺"更容易改变女性对现代生活的认知。

在社会变革时期，女性的感知方式、情感体验、价值取向、精神立场都会发生变化，而促使女性迅速转变的，器物层面的因素尤其重要。女性在生活器物层面上从传统向现代的转换，似乎要更切实一些，器物层面对女性的改变是潜移默化的，正是这种潜移默化逐渐松动了女性集体对已然成规的历史惰性的固守，这比悬设一个高不可攀的"想象"更能够促使女性发生转变，在器物层面上女性遭遇的现代性体验引起了先行于思想的变化。女性长于感性思维，改变其观念的最好方式就是从生活的器物层面进入，"物化"胜于"思化"。且不论杜就田主编时期《妇女杂志》的情状是主观使然，还是历史逻辑发展的必然，在思想层面和器物层面之间，我们经常忽略器物层面对人生活方式和思维方式的改变，但正如麦克卢汉所言，媒介即信息，媒介本身的转变促使人们转变深层感受和认知。王一川先生在《中国现代性体验的发生》一书中也认为，"现代性转型作为一种'总体转变'，归根结底要在人的生存境遇或生活方式的转型上显示出来。这种生存境遇当然包括个人和家庭的日常生活、集团、阶层、阶级及民族的生活，乃至国家与国家的生活等，涉及日常饮食、男女、生活用具、生产工具、精神生活、社会交往等方面。而人的生存境遇或生活方式的转型，无疑正是现代性转型的根本。"[①]

虽然一些都市女性在器物层面的生活已经不同于传统女性，显现出现代女性的特征，但是精神层面并未像生活层面显现的那样独立、自信和张扬，物质的时髦并未改变其经济上对男性的依附。传统女性视婚姻为生活的全部，倾注自己全部的生命去经营，她们的美丽是"为悦己者容"，她们的知识是为了成就"贤妻良母"。新婚恋自由观，使女性掌握了婚姻的主动权，更有一些女性随意玩弄男

[①] 王一川：《中国现代性体验的发生》，北京师范大学出版社2001年版，第29页。

性，这使两性关系进入到新的不健康的状态中。媒介对女性的态度也因此发生了变化，从同情和救赎转而成为讽刺和规劝。但是，广告中呈现的女性特质对于当时的女性来讲，也形成一种力量，冲破了既有性别结构中的"男尊女卑"，其思想解放的意义也不能抹杀。

在社会文化转型和过渡时期，思想和器物层面上构成的矛盾和对峙，是传统思想和现代生活之间的矛盾。这种不一致，促使女性成为"过渡时期"的一个异形体，幻化成为不同的女性样本，呈现不同的情状。《妇女杂志》并不是刻意呈现多样女性的状貌，主编对这种矛盾，主观上也未必是刻意进行碰撞，以形成差异供读者思考。无论主观的偶然还是历史的必然，杜就田主编时期的《妇女杂志》的确将新文化落潮之后，女性在社会上的多重状貌呈现出来。这是一个混合着"新知识女性"、"准摩登妻母"、"准摩登女性"、"健美女性"和"暧昧女郎"多重元素的复合载体，只不过这个"新女性"在器物和消费意识中已经逐渐偏离了五四启蒙时期对女性的期待和诉求。

小结 "情感与新经验"——生活中的女性叙事

杜就田主编时期的《妇女杂志》，以"征文"为女性情感和心灵叙事的载体，叙述了女性在1920年代后期的日常生活情状，彰显了"过渡时期"女性的情感体验，以"苦闷"与"迷惘"浸润的女性生活色调，构成特定历史时期的女性感觉经验的表征。生活中那些短暂的幸福和快乐，只是装饰的花边，根本无法更改整体的色彩。随着上海经济和文化的逐步西化，市民在生活方面对现代化的追逐尤为突出，广告与现实生活息息相关，"新消费经验"唤醒了个人的感觉意识。

"准摩登女性"彰显着器物层面的生活体验，同时混杂着"解放"与"消费"的双重意图：女性从孱弱和柔软的刻板印象中解放出来，以时尚、现代、性感的方式冲破"男尊女卑"的结构（至少是形式上）；男性作为一个隐蔽的他者始终注视着女性的身体表征，在广告构建的都市消费文化的空间里，女性的"被观赏"地位不断地被强化和固化。

通过对杜就田时期《妇女杂志》文本和图像的双重解读，可以看到，《妇女杂志》将女性在复杂的社会历史变迁中与不同的话语空间里的介入和疏离、笃定和彷徨、跃出和沉入，以及与男子之间复杂的对峙和妥协的图景清晰地呈现出来，尤其能够体现过渡时期两性之间纠结和缠绕、矛盾和冲突的特质，还有掺杂其中的多元文化力量的博弈和平衡。

第六章　《妇女杂志》的传播机制与话语空间构建

　　《妇女杂志》建构的话语空间是互动开放式的，这里面既有基于商务印书馆和时代主题构成的议程设置，也有基于主编风格和杂志特色的选择。通过一系列编辑行为，杂志依靠"通讯"与读者和"假想读者"进行互动问答，增加杂志讨论内容的"热点"性；利用"编辑余录"还原主编的"编辑记忆"和"思想草稿"，呈现出编者鲜明的意图，帮助读者建立对杂志的信任，激发读者对杂志参与的热情。除此之外，杂志也通过"发刊词"和"征稿启事"等确立杂志的内容、趣味和宗旨，利用图书广告形构女性身份、模铸性别关系，这些都成为研究女性的重要的"历史现场"。通过对传播机制的细微梳理可以看到，《妇女杂志》呈现出了一个多元复杂的话语空间。

第一节　编读互动——"通讯"与"编辑余录"分析

王蕴章主编时期,《妇女杂志》只是偶尔刊载一些读者来信,并没有建立一个非常充分的编读往来的空间。章锡琛接任主编之后,在"通讯"栏目上投入很大精力,建立了相对活跃的编读互动空间,形成编者、读者、作者三维互动的话语系统,这也是杂志非常重要的营销策略,制造读者对热点和专题问题的关注,有助于形成持续的购买意愿。"通讯"作为读者、作者和编者三者之间话语沟通、思想博弈、观点碰撞的"公共空间",不同立场的声音交汇在这里,深化和拓展了对相关问题的讨论。《妇女杂志》也通过这个栏目完成人们对现实困惑的释析,不过这个编读空间有着鲜明的男性色彩,无论主编和记者,还是与之通信往来的读者,从编者回答的称呼可见男性占据绝大多数。

"通讯"内容一般就《妇女杂志》中的相关文章所涉及的问题展开讨论,或者是读者针对当时相关的热点问题对记者的提问,在章锡琛时期,每期基本都由主编亲自解答,从恋爱自由到结婚、离婚、独身、女性职业、卫生、家庭,以及两性之间的关系等,都是非常重要的议题;或者由指定的作者专门解答,但是这样的情况很少。"通讯"的内容主要涉及四个方面:

第一,针对《妇女杂志》中的一些意见,或者"言论"、"社论"等涉及的热点问题或者新思想读者与编者之间的沟通。"言论"和"社论"一般能够代表杂志的舆论主张,章锡琛主编时期的新锐和先锋的立场吸引了大量读者的关注,批评与赞赏、肯定与否定,不同的声音在"通讯"空间得以彰显。比如《关于恋爱问题的讨论》:

锡琛先生：

　　好久不曾通讯了，近几期的妇志办得极有精神，不过我于很圆满的当中，还有几条不满意的处所，现在把我底意见极忠实地报告给先生。（一）以前的妇志太置重爱伦凯的恋爱观，许多妇女的作家只晓得从日本人的书中"烧直"几篇关于讨论恋爱的文字，……反把种种重大问题略而不论，我以为太不经济。（二）我以为要从实际上援救中国的妇女，一方面是扩充她们底智慧、发展她们底本能，在又一方面呢，就是推广她们执业的范围，图谋经济的独立。前者应该从教育公开入手，后者当先从调查各地妇女生活的现状入手。现在妇志出版到今，不见一篇调查内地妇女生活状况的文字，这是妇志莫大的疏忽，不可讳言的。（三）在东方男女的不平等是任何人知道的，而所以不平等的原因却没有人"名目张胆"地说过。据我所知道的，是"旧伦理的作祟"和"旧法律的为害"，我们不愿援助女性则已……关于这类文字，妇志上也未曾发表过，也是不可讳言的缺陷。（四）中国的社会，以家庭为单位；而欧美的各国，以个人为单位。……因此家庭问题，也是中国亟待解决的大问题，以后望妇志上，对此问题，多多讨论。（五）在家庭问题中，包含着一个"遗产继承问题"，也是妇志的范围内所应研究的问题。……拉杂的写来，觉得是毫无系统，是我对于先生的抱歉地方，……

弟王平陵上言
七月廿九日

平陵先生：

　　……承先生给这样的一封长信，对于女志为详细的指导,真使我不知怎样感谢呵!来信中所说推广女子教育,图谋经济独立,对于旧道德旧法律的攻击,以及家庭改革等主张,我个人极表赞同,最近几年的妇女杂志中,关于这一类长篇或短篇的文字,也曾经登载过不少,或者因为说得不十分透彻,未能使先生满意罢了。女志近来论恋爱的文字太多,这一层我们自己也很觉得,并且常有人对我这样说;头脑稍旧的先生们,甚至于说我们有意诱惑青年,败坏风化,或更以为近来男女两性间的堕落事件之多,都是多谈恋爱者的罪恶。现在既承先生也谈到这一层上,就藉此把我的意见和先生一说,还望先生赐教!

……先生劝我们注意到推广女子教育,图谋经济独立,攻击旧道德旧法律,改革旧家庭等问题上,我以为解决这些问题的根本方法,只有提倡恋爱自由。这句话我晓得一定有许多的人要非常的惊疑诧异,但是我所以这样主张的理由,却是极明显的。我们试问:中国人为什么说,女子不必受教育,不必谋经济独立,男女不应该平等,家庭可以束缚个人支配个人?我们可以很简单的回答说:就因为中国人把女子作为男子的所有物,把子女作为家长的所有物,不承认她们有个人的人格,有自由的意志。……但我以为使女子对于男子,子女对于家长,主张个人的人格,意志的自由,实在是同样的要紧,或者更要紧。要办到这一层,就只有主张恋爱自由。

……

至于近来青年男女有因所谓"恋爱"而发生的种种谬误的行为,……也便把"奸淫"误作"恋爱"了。要救济这种弊病,只有大家竭力主张恋爱,使人人都明了恋爱的意义,并且使人人经过充分的恋爱的训练才能有效。

> 恋爱与奸淫的区别，简单的说，恋爱是融合两个人的人格为一，奸淫不过是一方占有他方，满足自己的欲望。借罗素的话来说，恋爱是出于"创造的冲动"……关于恋爱的重要，在这信中不及详细说明，过几天我想做一长篇的文字来讨论。……①

这次"通讯"中，王平陵先生对《妇女杂志》存在的诸多问题提出意见，比如翻译的文字多，针对问题的讨论少，应该推广执业范围，能够真正做到"执一业以自养"，提出应该有各地女性风俗的调查（后《妇女杂志》专门设立"民俗调查"栏目），并认为对"旧伦理"以及"传统家庭"的批判缺少等。这些问题，章锡琛都在后来的《妇女杂志》中做了较大的调整。《妇女杂志》在与读者进行沟通时，还是能够比较尊重读者的意见。在这封"通讯"中，章锡琛着重谈到了他对"恋爱自由"的主张和看法，并认为王平陵提到的这些妇女问题都不及"恋爱自由"更根本。

章锡琛与王平陵对爱伦凯和罗素等人的恋爱观、家庭观、婚姻观，以及女子职业选择、女性解放、新性道德等问题的讨论，形成或一致或不同的观点，引起更多人参与其中展开讨论，其中最为突出的是对关于恋爱的肉体和精神之别的问题的讨论。"通讯"之《关于恋爱问题的讨论》（第8卷第10号）中，王平陵再次针对章锡琛提出的观点"解决一切妇人'问题'，先从解决'恋爱'起，——换句话说，就是先从解决婚姻问题起"表示了质疑，尤其对"先生主张'提倡恋爱观念'就是解决一切妇人问题的基本运动，周建人先生和先生都表同意，我却仍旧有些怀疑。请再指教"。章锡琛予以了回复：

---

① 《妇女杂志》第8卷第9号。

平陵先生：

　　我前信中所说的"恋爱"，完全是爱伦凯女士所谓"灵肉一致"的恋爱，先生把我当作绝对的精神恋爱论者，未免误解我的意思了。……

　　我所谓的"恋爱"与"奸淫"的区别，并不是"灵"与"肉"的区别，乃是对于对手方的人格的承认与否的区别。详细的说，就是男子把女子——在反面，女子对于男子也是如此——只当作一种泄欲的器具，或生殖的器具的，便是奸淫。……但我也并不以为凡是非经济结合的两性关系，便是恋爱；因为非经济结合的两性关系中——即使口头自称恋爱——不认对手方的人格而当作泄欲的器具的，正不可胜数哩。

　　……至于我的主张以恋爱解决妇女问题，也并非是一种空想。因为所谓妇女问题，根本上原来就是两性问题。为了女性的被男性所压抑，所以遂成为妇女问题，但是社会上为什么会发生男性压抑女性的事实？简单的说，就是因为男性不承认女性的人格。……

章锡琛[1]

《妇女杂志》关于恋爱自由的讨论在"通讯"中展开，褒贬不一。章锡琛也借由"通讯"栏目不断阐述和表达自己的主张，并认为"恋爱自由"问题已经上升为妇女解放和两性关系的根本问题。编读双方激烈的争辩，为其他读者更深入地理解问题提供了可思考的路径。"就编辑与读者之间的互动关系而言，这些读者投书专栏在某种程度上反映了章锡琛等编辑群重视读者读该刊内容的反应与回馈，也说

---

[1] 《妇女杂志》第8卷第10号。

明了他们懂得运用此种互动方式来吸引读者。"①陈平原在对《新青年》杂志的分析中认为，"《新青年》从来没有成为'公众论坛'，即便是'通信'栏目。其'对话状态'不只是虚拟的，而且有明确的方向感。"②虽然没有《妇女杂志》的"通讯"是编辑内部制造的"自由通信"的明确考证，但是从提问的方式和落款来看，有同人之间的问题探讨，也有普通读者与编者之间的往来。"'通信'作为一种思想草稿，既允许提出不太成熟的见解，也可提前引爆潜在的炸弹。除此之外，'通信'还具有穿针引线的作用，将不同栏目、不同文体、不同话题纠合在一起，很好地组织或调配。在某种意义上，《新青年》不是由开篇的'专论'定调子，反而是由末尾的'通信'掌舵。"③《新青年》中"通信"的意义，同样出现在《妇女杂志》的"通讯"中，比如关于恋爱、贞操、性道德等诸多问题的讨论，对后来"专号"以及其他栏目深入探寻该问题是一次"预热"。这是一种"思想的草稿"，或许也可以算作一种"思想的前声"，将读者的注意力和思考方向引入到其要讨论的关键问题上来。

《新青年》所建立的媒体立场影响了五四时期的很多"新"青年，包括他们在传统与现代、中国与西方、生活方式与价值选择，以及个人主义与宗法立场之间的徘徊、反思、批判甚至更为彻底的决裂。《妇女杂志》同样通过这样的话语空间建立一个"思想的场所"，它往往选择社会争议较大的问题进行讨论，作者和编者也在寻找理想的性别关系和家庭关系的建立模式，并且通过"通讯"当中或是赞成或是反对的态度，或是保守或是激进的立场，让读者"对号入座"，进而形成读者内心之中的博弈和选择。

---

① 许慧琦：《〈妇女杂志〉所反映的自由离婚思想及其实践》，载"中央研究院"近代史研究所：《近代中国妇女史研究》（2004），第76页。
② 陈平原：《触摸历史与进入五四》，北京大学出版社2005年版，第88页。
③ 同上书，第89页。

第二，针对读者亲身体验的有关女性、家庭、社会以及恋爱婚姻等问题与编者之间进行的沟通，这尤其能够见出问题的复杂性、多样性和现实性。杂志刊发的一些理论文章，大多是从欧美和日本译介过来的，与中国当时的文化与社会状况相比有很大的区别，这个"他者"成为中国妇女运动和女性想象自身的强有力的参照，同时也因为与中国的实际情况相距较远，很多读者对此有所非议，认为杂志不能够很好地反映现实。

> 自阅贵社妇女杂志，日启新知，实深钦佩。惟于自由恋爱之说，未敢随声附和……况我中国素称礼仪之邦，于道德伦常，尤宜视为重要，纵新潮流能开文化，亦未便舍本逐末……文野之殊，当知甚始。敢陈愚见，未知当否。①

这是读者对自由恋爱观的态度，其原因是"委因现在人情浮躁"，很多礼仪都弃而不用，如果再这样任由下去，唯恐"人禽莫辨，名誉何存"。这是一位叫卜立中的读者针对《妇女杂志》"言论"中的自由恋爱观所提出的质疑，他所持的立场是中国传统礼仪法度和道德伦常，那么主编是怎么回复这样的一种质疑呢？

> 但所谓恋爱自由或自由恋爱……决不是要使人禽莫辨，不但不是，而且正惟要使人禽有辨，所以不能不提倡恋爱自由，因为人是有意志的，与无意志的禽兽不同。如果像从前的所谓礼义那般，强把一对漠不相识的异性，不问其是否愿意，牵合而为夫妇，便是不认这两人的人格，便是把他们当作禽兽看。还有一层，就是人与禽兽的分别，在乎禽兽只有

---

① 《妇女杂志》第10卷第4号。

肉体上的要求，而人类则更有精神上的要求。譬如食物，在禽兽，只要吃饱就是了，而在人类，则不但要求饱而已，并且要求味美、气香、形式好看，所以有种种的烹调方法。关于两性间的关系上也是如此。……人类则更进一步还有精神上的要求，如所谓性情投契之类。倘使认为夫妇的关系只有"男女媾精"这一点，不但人禽莫辨，简直"人而不如鸟"了。我们并不以为中国的礼义、道德、伦常都是不好的，但也决不全是好的，其中须要加以别择，所谓从新估值就是。至于用夷变夏的话，更属不妥。因为现在已经知道夷并不都是野蛮，夏亦未见全都是文明。我们只问怎样的学说才于人更为适当，不当加以夷夏的区别的。①

章锡琛的回复阐明了恋爱作为人类的高级诉求，是人的一种本质力量。因此，倡导恋爱自由也就具有了解放人的意义，这也是章锡琛认为恋爱自由具有解放妇女的意义的原因所在。恋爱自由是进入问题的一个视角，是这些男性智识阶层试图确立一个全新的性别关系的途径，这个结构关系是建立在"人"的平等和尊严的基础上的。女性借由恋爱这个新话语创生新的性别关系，来谋求自身的解放，寻求两性的平等；男性则借由"恋爱自由"确立新社会和文化秩序，这是男性在新旧过渡时代的一种选择和尝试，带有试验的性质。

"恋爱自由"是章锡琛时期建立的新性别伦理讨论中的重要议题，章锡琛利用"通讯"对此进行回答。虽然编者和读者之间存在较大的立场差异，但是这个"话语空间"是关于新思想讨论的空间，编者和读者的思想在此博弈，不同的文化资本在这个场域中竞争。

---

① 《妇女杂志》第10卷第4号。

编者并没有对不同争论采取规避的态度，拒绝"通讯"继续，而是不断升级讨论。暂且不论观点的是非对错，仅就编读之间的互动探讨和深入交流，还是能够澄澈读者阅读时产生的偏见，也有助于主编更好地阐述杂志的立场。

第三，读者困惑的答疑。过渡时代的知识青年男女存在诸多的困惑，他（她）们受传统习俗的影响已经形成了相对稳定的价值观和社会评价标准，同时在接受教育的过程中受到新思潮的冲击，导致价值观的游移甚至崩塌，这让青年们无从选择。困境和突围始终是读者面临的难题。他们的提问、质疑、沮丧、焦虑，在"通讯"栏目中都有突出的体现。

这是《关于奢侈的讨论》[①]：

晏始先生：

先生在本志七号评奢侈与女性，见识固然卓高，论调似乎陨越，引奢侈为女性诟病，又觉过虑。夫好奢侈乃人类之通性，岂独妇女为然？且奢侈之观念，乃由审美观念感觉出来的。……至谓女性奢侈，由于求悦男子的心理，这是她个人本身品行和人格的关系，与奢侈无涉。不能引为女性的弱点。否则男子好奢侈，果何为也？

先生辩护女性的奢侈，完全是男性玩视女性的结果，不是出于女子的天性；结论说女性苟能认识自己人格的尊贵，奢侈可以屏绝。我以为女性的奢侈，是审美观念的现象。故女性虽能自己尊重其人格，不存求悦男子的心理，奢侈亦未必屏绝无遗。

张德华

[①]《妇女杂志》第8卷第9号。

德华先生：

你的议论，极端主张个性，尊重自由，固然很可钦佩。不过你把审美和奢侈并为一谈，稍觉不妥。因为美未必定要奢侈，奢侈未必便美。奢侈是过度的消费的意义，所以是应该屏绝的。

晏始复

这是读者和作者之间的互动，针对作者的思想立场和观点，读者对此提出了质疑。"奢侈—虚荣—女性的缺陷"和"奢侈—美—自我尊重"这是作者和读者之间的分歧，这个看似和女性无关的话题，最终也和女性独立、人格尊严关联在一起。章锡琛主编时的《妇女杂志》"通讯"内容，往往是从日常生活细微事件中寻找和女性相关的内容，由此挖掘女性人格的内涵，而这个通讯主题就是从"奢侈"入手。编者通过"议程设置"，编选那些与培育女性建立自身独立精神、自由人格相关的文章，形成对读者的塑造。

味辛先生：

先生于妇女杂志，常有关于性的知识的讨论，造福青年不少。甚为钦佩。兹有询者，上海某药房于报纸大载特载其节育药锭，云自欧洲运来；此种药锭，曾于友人处见过数次，不过可可白脱油及金鸡纳霜混合物而已。关于上二种药品，妇女若长久使用，于卫生方面有无妨碍？又于将来之生育（即欲其生育之时）有无影响？……幸先生出而解惑，详细说明其利害。

亥
三月二十九日

亥先生：

　　金鸡纳霜一物，对于一般的妇女，大概是无害的，但在有些特别敏感的妇女，其溶液的一部，或能渗过阴道的壁而进入血液，使其稍微的不眠。油质于身体上并无大害，惟因过于油滑，能减少射精必要的摩擦作用，所以不十分便利。至对于将来生育有无影响，主张不一，但大多数总是无碍的。

味辛[①]

　　《妇女杂志》的通讯空间，尤其对于女性的身体给予了充分的关注，这篇"通讯"就是关于女性身体的。身体问题因其私有性和隐秘性在中国传统文化中始终讳莫如深，章锡琛在公共空间中，用科学祛人们传统观念之迷魅，将身体置于一个开放和科学的话语中，挑战传统话语对于女性身体的遮蔽。这种启蒙不同于"呐喊"，而是用一种科学态度对人们传统观念进行潜移默化的改变。

　　第四，杂志编撰中的稿源和办志新动向等。杂志需及时反映读者的阅读兴趣和取向并形成互动，才能确保杂志的主题始终和读者保持相应。"通讯"空间并不是恒定的，而是不断生成的，读者就是杂志内容的重要来源，编者会根据读者在"通讯"中的兴趣指向、思想观念和阅读偏好，不断调整杂志内容，使其能够更符合读者的阅读需求。对于这样的办志意图和实践，后来的《良友》等杂志都有很好的继承。"《良友》的二十年自始至终重视与读者的沟通交流，先后设置过'编者与读者'，'读者俱乐部'，'读者广播台'，'良友茶座'等栏目，鼓励读者提出批评和改良的意见，正是通过这种编读往来，书信往还，《良友》日益渗透契合入市民生活，在迎合读者

[①] 《妇女杂志》第10卷第5号。

文化需求的同时，也潜移默化地引导着他们的价值观念、行为取向。这种影响和作用在读者中一点一滴地积聚，深化，考诸史料很难用显性的数据和事例来说明，但它的确不容忽视地存在着。"[1]

  锡琛先生：

    我得贵志的纪念号觉得异常欢喜，因为我国现代女子的教育和职业，可算得是很幼稚的，而这号里面关于这二种的讨论都很丰富，我很愿你们努力前进！

    但对于恋爱一方面虽是曾讨论过许多次，但是仍有一部份的男女青年，对于这自由恋爱和恋爱自由的真义和鉴别，许多尚未十分彻底的了解；且更有以自由恋爱视作一种公妻的，故对于这问题的讨论似宜继续为好。并希望你能够出一册有系统的关于恋爱的书籍，如像你们昨年所发行的《女子之性的知识》一般。

                  陈星桥

  星桥先生：

    承指教，甚感。对于先生的提议，如能力所及，则照办。

                  章锡琛[2]

  《妇女杂志》中的思想、理念、价值范式和情感诉求以及观念引导也渗透到读者的生活中。从章锡琛对投稿的回复可以看出，编者通过设定选题来引导读者的阅读和投稿偏好。这是章锡琛发出的稿源索请：

---

[1] 李康化：《漫话老上海知识阶层》，上海人民出版社2003年版，第124页。
[2] 《妇女杂志》第10卷第5号。

近来关于记事方面的投稿，逐渐增多，这实在是一件可喜的事。但此种投稿，大概以婚姻问题一方面的占其多数，似乎也觉太偏。如蒙诸位以关于家庭、学校、社会、职业各方面事实的文稿见寄，尤所欢迎。①

章锡琛主编时期的"编辑余录"栏目也是编读往来的重要空间，只不过编者作为发言者，主导了谈话立场。"编辑余录"将编辑过程中的编辑方针、稿源、读者的关注点细致地呈现出来，这不仅是"通讯"的一个有力补充，还是主编的"思想草稿"和"编辑记忆"，这对读者深刻认知杂志的主张以及关注杂志的主题选择和编辑过程有重要的作用。"发刊旨趣"则旨在阐明主题选择的意义，与"编辑余录"构成互文：

《妇女杂志》于本月发刊"离婚问题"专号，有许多人对之颇觉怀疑，我们不得不一述发刊的旨趣。

我国的离婚率在世界各国中本来很低，但近年来却有日渐增高的趋势。社会上一般人，对于这种现象，都只觉得非常可怕，以为应该极力的防遏。殊不知社会中一种问题的发生，决不是无因而至的；解决的方法，须要正本清源才好。如果一味防遏，断不会有效的。况且大多数的离婚，都为了恋爱破裂的缘故；强迫没有恋爱的男女继续夫妇的关系，不但是不道德，而且社会所受的影响，也很大的，所以不得不促起社会的注意。……所以改正离婚观念，使妇女有完全的离婚权，也是谋妇女解放的方法之一。本志既称《妇女杂

---

① 《妇女杂志》第9卷第11号。

志》，所以更不得不注意到这问题。本号中的文字，包括各种意见，我们不敢希望立时得有解决的办法，不过想做极公平的讨论，使一般人都知道注意罢了。①

《离婚问题专题号》的"编辑余录"：

> 本志从前没有出过专号，这回还是第一次。有几个友人对我们说："你们第一次的专号，就讨论离婚问题，恐怕定要惹起社会上许多人的反对。"又有几个说："离婚问题，确是我国目前很重要的问题。你们这回搜罗事实，从现况上学理上作这样彻底的研究，一定可以受社会的欢迎的。"但是我们想：这离婚问题号，无论是受人欢迎，或受人反对；都是好的。倘若既没有人欢迎，更没有人反对；社会上对于这个问题，一般都抱着无关心的态度，那就糟了！
>
> 我们对于这个问题，并不抱什么成见；所以对于各家的惠稿，无论是主张自由离婚或是反对自由离婚的，只要理论完满，无不一律登载，贤明的读者大概不难给我们一个解答罢！我们所找出的一点公平的意见，便是说离婚仍需顾全妇女一方面的情形；女子如觉得于人格或幸福有亏损，她应当向夫提出离婚，而且男子也应即时依从她；但男子如觉得不满意于她的妻，倒应该屈就点，或须为她努力顾全。这是现在的平允的论调。但男女在离婚上为什么要有怎样的差别呢？关于这个问题的讨论，却是在离婚问题以外了。然而这问题却正是不该忽略的呢！②

---

① 《妇女杂志》第8卷第4号。
② 同上。

章锡琛时期的"编辑余录",是对其编辑意图的再次强化,并试图对一些新锐问题进行迂回处理,尤其是"对于各家的惠稿,无论是主张自由离婚还是反对自由离婚,只要理论完满,无不一律刊登,贤明的读者不难给我们一个解答罢",也能看出主编的开放和宽容。杂志就像一个"杂货铺",陈列着各种观点和主张,把问题从多个角度呈现出来,提供思考的方向和路径,这也是章锡琛时期"编辑余录"的价值所在。女性进入媒介视域,通过怎样的一种方式从媒介当中表征出来,这始终是媒介关心的问题。

第10卷第7号"编辑余录":

> 近来本社常常接到男性读者的来信,劝我们多发表一点针砭女子的文字;但同时却又接到女性读者的来信,说本志骂女子的文字太多,深为不满,并且说她们同性的朋友中,竟有为了本志的骂女子而不愿意看的。这种情形,实在由于双方没有了解的缘故。针砭女子,原本是本志的职责,但我们却只该抱着热心爱护的态度,贡献一点异言,如果加以严厉的言词,反致惹起女读者的恶感,未免空费心力了。至于一般女读者,更应知道:凡是对于女性的针砭,原是希望女界的进步,并没有什么蔑视女性或憎恶女性的意思。如果觉得此等话还有可取,就不妨虚心采纳;即使有过分的地方,也该原谅作者出于爱护女子的苦心,并没有其他的用意。我们应该明白,社会是男女共存的社会,并没有可以男女分立的。所以我们所需要的,是男女的互相谅解;体察对方的情状,容纳对方的意见,这是我们对于男女两方的莫大希望。①

---

① 《妇女杂志》第10卷第7号。

第8卷第2号"编辑余录"：

　　本杂志改革的新计画，去年已经说过一个大概，现在又出到第二号了。我们觉得目前我国的妇女问题，已经不是仅仅空论的时代，正渐渐要进到实行的时代。所以从今年起，打算注重在现实的批评和记载，以及目前最紧急的实际问题上，庶几不致发生与实生活隔膜的弊病，但记者蜷伏一隅，见闻究属有限，希望海内明达，多多供给这一类的材料，记者读者，都非常感谢！

　　我们今年第一件可以报告读者的事，就是素来承读者欢迎的周建人先生，已经聘请来社，担任社务。而俄国盲诗人爱罗先珂先生，文学家鲁迅先生，及妇女问题研究者Y.D先生李光业先生等，都允常常替本志撰译文字。这真是本社极大的荣幸。①

第8卷第3号"编辑余录"：

　　……

　　闺秀著作家，近来逐渐增多，这实在是我国女界最可乐观的一事。本号中如枕石女士的《大家庭的惨史》，以小说的体裁，叙述自身的经历，读之使人心酸泪下。李玉瑛女士的创作《玫瑰花蕾》诗趣横溢，沁人心脾，又如前号丹轩女士的《国文课》，曾秋鸿女士的《醉后》虽然篇幅简短，而描写均能恰如其分。我们不能不说是我国妇女文学前途的曙

---

① 《妇女杂志》第8卷第2号。

光了。①

第8卷第11号"编辑余录":

> ……今年本志的内容,比上年是专化些,杂品比往年少,讨论关于一个问题的文字多。下期第十二期自然也同一态度,提出一个问题来供讨论;那提出来的问题便是"贞操"。这个问题谅读者诸君也很愿意加以分析,而讨论出一点真的意义来的。②

这些"编辑余录"涉及编辑的日常工作、杂志内容的调整、读者的意见和批评、杂志的稿源需求,以及一些文章的感受等,几乎涵盖了编辑事务的多个方面,使读者能够充分认识和把握杂志的一些基本动向,也易于吸引读者对杂志的关注和喜爱。编辑在这里虽然有其价值选择的立场,但谭嗣同认为杂志是"总宇宙之文",不同思想、立场的文章都可以相互对弈,在他看来,唯有报章博硕无涯,百无禁忌。《妇女杂志》力图勿因主编价值立场而剔除相异言论,具体编务工作中,主编并不"党同伐异",而是尽力将各种声音、各种话语、各种意见碰撞和融合,只要"理论完满,无不一律刊登",这形成了《妇女杂志》"众声喧哗"的特征。杂志意在"引导读者浏览从理念到制成品的动态世界,包括对产业以及相关的主题、事件、人物造成影响的历史环境和潮流"③。《妇女杂志》就在这样新旧更迭的过渡时期,在新文化运动所开启的时代潮流中,通过对日常

---

① 《妇女杂志》第8卷第3号。
② 《妇女杂志》第8卷第11号。
③ 萨梅尔·约翰逊、帕特里夏·普里杰特尔著,王海译:《杂志产业》,中国人民大学出版社2006年版,序言。

生活和宏大主题的双重关注，对事件、人物的介绍和深度解析，不断帮助读者认知自我和世界，以及个体和社会的关系。

第二节 杂志的议程设置——发刊词和征稿启事的分析

一本杂志的发刊主旨、稿源选择、栏目设定、主编意图的贯彻、杂志目标读者定位等，都构成杂志的议程设置。因此，对杂志发刊词、征文启事等方面的研究就构成研究杂志传播机制的重要方面。所谓发刊词，是报纸或杂志在创办之初制定的软性的办刊方针、意图、立场和基调等内容。征文启事表达了编者的旨趣，也确定了杂志的内容和取向，引导作者的投稿方向和读者的阅读兴趣。这些办志方针、宗旨，包括征文中征求读者对于杂志的意见等，都在按照主编的意图设定杂志，也即要引导什么，怎么引导，并且这种引导回应了怎样的社会变迁，以及女子在不同的历史时期以什么方式进入媒介，媒介按照什么样的办刊意图来表征女性等。

《妇女杂志》第一期《发刊词三》中写道：

> 今者《妇女杂志》发刊，应时世之需要，佐女学之进行，开通风气，交换知识，其于妇女界为司晨之钟，徇路之铎。①

"应时世之需要，佐女学之进行"，表明了《妇女杂志》发刊的意义和目的，力图能在民众间"开通风气，交换知识"，也确认了《妇女杂志》办刊的方针。成为妇女界的"司晨之钟，徇路之铎"，是《妇

---

① 《妇女杂志》第1卷第1号。

女杂志》的定位，着力实现其引领启蒙之责任。在《妇女杂志》第一期的《发刊词二》中也非常清晰地表明了《妇女杂志》的基本内容方向：

> 吾国女子，自娲皇至今五千年，大抵养而弗教，禽息兽视，如混沌未开之天地。一部廿四史中，女子之流芳百世者，曾不数十百人，如一线之曙光。近二十年中外大通，形见势绌，乃知欧美列强纵横于世界，非徒船坚炮利也。实由贤母良妻淑女之教，主持于内为国民之后盾也。起视吾国妇女倚赖成性，失养失教，能不痛哭流涕而长太息也耶。……自今日始，吾愿吾妇女界之主持女教者，致力于衣食住之本原，以溥德育智育体育之教育全国。视国民之饥者，犹己饥之也。国民之溺者，犹己溺之也。吾妇女界夙秉慈善之天性，人之好善，孰不如我。合我全国妇女界二万万之心思才力，以《妇女杂志》为机关，互换德智以求有益于吾国。则妇女杂志之风行全国，顾不重欤。①

商务印书馆和社会"主流话语"是相应的，无论这种主流话语是来自"庙堂"之高，还是来自"江湖"之远（比如说新文化运动），商务印书馆的这一策略，在其旗下的各种杂志中都有所反映，《妇女杂志》也毫不例外。"佐女学之进行"，"交换知识"，《妇女杂志》意在成为女界交流的重要平台。"互换德智以求有益于吾国"，这是为《妇女杂志》定下的宏图之志，但是这样的旨归，只需"贤母良妻淑女之教"，"致力于衣食住之本原"，这一宗旨在王蕴章时期的《妇女杂志》中体现鲜明。作为女性期刊，其着力呈现的是"贤母

---

① 《妇女杂志》第1卷第1号。

良妻淑女"之女性，使之成为"国民之后盾"。因此，王蕴章主编时期的《妇女杂志》，就确立了"家事—文艺—科普"这样一个以家庭为中心的杂志内容，对家事的注重将女性生活空间主要限定在家庭中；对于文艺的重视，为女性增加与男性进行对话的文化资本，女性凭借吟风弄月的才情而有机会进入与男性同样的文化体系；科普知识的推广，意在启蒙智识，建立健康科学的生活方式，这是对女性家庭责任的强化和对女性治家的训练。女性因为承担"强国保种"的任务，已经和国家民族叙事关联在一起。"合我全国妇女界二万万之心思才力，以《妇女杂志》为机关，互换德智以求有益于吾国。"基于这样的发刊立场，《妇女杂志》在王蕴章主编时期，栏目内容主要集中在烹饪、裁缝、学艺、育儿、家庭经济等事务中，也有关于女性基于家庭的谋利训练，帮助女性获得家庭生活新经验和持家新技巧。

从第4卷第10号"悬赏募集"的征稿启事可以看出，《妇女杂志》仍在实践发刊词中对于"良母贤妻淑女"的塑造，以及以"家庭"为女性合法性身份的建构。无意批判这种立场的保守和温良，因为任何一种文化生活都脱离不了其存在的社会背景。《妇女杂志》的选择是基于社会总体关系而设定的，也吸收借鉴了其他女性报刊的经验，比如王蕴章时期的《妇女杂志》与有正书局的《妇女时报》就有诸多类似。不过五四之后，《妇女杂志》也开始着意探讨女性问题，坚持稳健的宗旨，不盲从，不鼓吹，要"十二分审慎周详的去批评女子解放运动中的言论和行动"。第5卷第12号刊发了《本杂志今后之方针》，表明其稳健的办刊宗旨：

> 我们以为女子问题也应当用这态度去研究，我们应当一面挂起"女子解放"的大目的，去提倡；一面要暴露现在社会的弱点，解放的不可能处，实行问题的质难，这才是。否

则，只用动人感情的话，天天刺激女子的心，鼓吹，却不量量女子的实力如何，真真的程度如何，就使勉强做到了和理想形似的模子，正如"击巢苇梗"，总有一天欲闹乱子，一败到地。这不是解放女子，简直是害了女子！同时也害了社会全体！

我们是抱定这稳健宗旨的，所以妇女杂志此后的眼光，一面提倡女子解放，一面却要十二分审慎周详的去批评女子解放运动中的言论和行动。须知这不是自相矛盾，我们对于社会改造问题，是应该如此的。①

从这个办刊方针来看，《妇女杂志》已经从对女性家庭生活的注重，开始转向到妇女解放的问题上来。从发刊词到《本杂志今后之方针》，《妇女杂志》从塑造女性"贤妻良母淑女"的合法身份到"挂起解放女性"的大旗，这种改变是针对读者、时局和市场的改变以及社会思潮的流变的。从第6卷起，社论和社说明显增加，将女性解放的问题置于《妇女杂志》编辑中比较重要的位置，并且针对女性存在的流弊以及女性解放问题当中的一些质疑也逐渐增多，尤其对女学的质疑，这和《妇女杂志》"今后之方针"中所持守的策略是相一致的。

章锡琛主编时期刊发了这样一段文字：

《妇女杂志》在过去的十年间，对于妇女解放思想的改革，知识的启发，趣味的增加，曾经尽过极大的劳力，尝过不少的艰苦。务使《妇女杂志》完全成为浅易平近的软性读物，适合于人人的趣味，不为少数人所专有，如有欠缺的地

---

① 《妇女杂志》第5卷第12号。

方，仍请读者随时赐教，力求改良。①

"思想改革"、"知识启发"、"浅近平易的软性读物"、"适合人人趣味而不为少数人专有"，这些表述不仅是杂志宗旨，也是对诸多批评的回应：《妇女杂志》是一本怎样的杂志，注重什么，其社会理想和人文关怀如何？章锡琛主编时期的《妇女杂志》，被普遍认为是追求妇女解放的激进刊物，但是主编仍旧宣称自己是"浅近平易的软性读物"，这是对这些批评的回应，以及力图矫正《妇女杂志》的办刊偏颇。

在杜就田担任主编之后，《明年妇女杂志的旨趣》②一文已宣布《妇女杂志》发刊立场的再次调整，从内容、风格到宗旨、立场都将发生转变。"稳健中正"的编辑宗旨再次被提出，一改章锡琛时期的先锋和激进。"美情"、"常识"、"艺化"，无疑宣告了《妇女杂志》今后的编辑方针将注重情感、常识和艺术，内容渐回个人修养和家居生活，急流勇进的《妇女杂志》彻底转型，并与王蕴章时期的杂志内容形成某种精神上的相通，"文字皆取浅近平易，不尚高深，务使读者易于了解"，这也是针对章锡琛主编时期的弊病而做的修正。《妇女杂志》成为"妇女忠实的良伴"和"有趣味的软性读物"，弱化了"思想性"，而强化了"趣味性"。《妇女杂志》风格的改变说明章锡琛主编时期"超出事实的理想"尝试的结束。

在杜就田接手主编工作之后，遂以"对于本杂志的意见"（第11卷第12号）为题征文，这既是促进其主编意图的实现，也是在清算章锡琛主编时期的诸多问题。从读者的角度反观《妇女杂志》的办刊立场，多是对章锡琛时期的否定以及对杜就田确立的杂志风

---

① 《妇女杂志》第10卷第12号。
② 《妇女杂志》第11卷第12号。

格的认同。作者竹友认为：

> 我虽然爱读各种杂志，但完全读到底的不多，重读一遍的尤其少；重读到三、四遍的只有妇女杂志了。凭我个人的私见，承认有几种优点：箴规出风头主义的新女子，攻击不合人道的旧习惯，揭破社会的黑幕，介绍东西洋的新知识。我以为这几个优点，应该极力扩充。对于无所谓的记载，词不达意的直译文，和似通非通的空论，宁可割爱，或努力减少。
>
> 我对于朋友们十分疑惑：为什么她们不要看《妇女杂志》呢？我劝导过好几次，但是都摇摇头回答道"欧化色彩太重了。""白话文比文言文尤其难懂。""对于不好的旧习惯应该攻击，怎么连好的旧道德也排斥起来？""现在的新女子动要离婚，也许是攻击贞节，提倡离婚的流弊"……为和缓反对征求读者起见，有两点可以改良。这是无可知的办法，降格合众罢了。①

这篇读者的意见和建议尤能体现杜就田主编策略调整的意义，也是对其确立的《妇女杂志》宗旨的认同。其中那些所谓"欧化色彩太重了"，"对于不好的旧习惯应该攻击，怎么连好的旧道德也排斥起来"等，是对章锡琛主编时期问题的"清算"。攻击旧习惯，最好用和平的语调来说明理由，合于人道的旧道德，不妨加以扩阅，虽然这是针对改良《妇女杂志》提出的意见，但尤其是对章锡琛主编时期《妇女杂志》的批评。作者解世芬认为：

---

① 《妇女杂志》第11卷第12号。

一、关于优点的：取材新颖，适合读者和社会的需要，可以使一班中等智识阶级的妇女们，得了不少的新智识、新思想、新潮流，而易于社会化。……

二、关于劣点的：文字较深，不宜于初等智识阶级的妇女们，为少数人所专有。翻译文字太多，颇不易使读者领会，且不易提起读者的兴味。插图方面，美丽的和趣味的太少，不能引起一切人们的美感和快感。……

至于我贡献的意见，不过是希望于编者的几条：

一、实行"使本志完全成为浅易、平近的软性读物，适合于人人的趣味，不为少数人所专有（见本志第十卷第十二号的宣言）的计划。"

二、多多登载美的和有趣的插图。

三、对于趣味方面软性读物，加以特别的努力去搜集，减少翻译的文字。

四、对于世界及中国政治消息中，择其重要的，稍载一点，俾一班妇女得些政治思想和国家观念。

五、请恢复通信栏，使读者对于本志有发表意见的机会。

六、增加卫生常识栏，俾妇女们可得看护病人和小孩的常识。①

该作者提出的"为少数人专有"，也是章锡琛时期《妇女杂志》的突出问题，特别是该作者提出的意见和建议，与杜就田的改良建议和编辑宗旨尤为契合。之所以刊登这样的文章，既符合主编的议程设置，又再次确认了杜就田提出的"美情"、"常识"和"艺化"是与读者的期待视域相契合的。其实，章锡琛主编时期的《妇

---

① 《妇女杂志》第11卷第12号。

女杂志》并非只有单一的立场，同样是兼容包并的，倡导"不为少数人专有"，但是由于其讨论的问题比较新锐，以及有大量的翻译文字，对于初等智识的女性来讲，有一定的阅读障碍，形成了"为少数人专有"的刻板印象。作者赵栋臣认为，女子的正轨就是成为"贤妻良母"，"希望《妇女杂志》对于怎样养成'良妻贤母'的问题，多加讨论。一以去除抱独身主义的谬见，一藉以指导妇女"。该作者的建议更为明晰，直接以"良妻贤母"作为杂志改良的主旨。从主编对于这些征文的选登来看，杜就田利用征文对章锡琛主编的《妇女杂志》存在的问题进行暴露和批评，这是对杂志立场的矫正，其意图非常清晰：重新定位《妇女杂志》，并从读者的视角认定新的编辑宗旨切实可行，更有说服力。杜就田提出的编辑方针，使《妇女杂志》的思想争辩性弱化，趣味可读性增强，《妇女杂志》逐渐成为生活的软性读物，用以"滋润人间枯燥的生活"，不再扛鼎女性解放以及女性问题聚焦和讨论的大旗。《妇女杂志》这三次显著的变更，仿佛是一个养在深闺的女子冲出家门，在社会的空间里发出了呐喊，但是最终因为声音孱弱而再次回归。杜就田时期的《妇女杂志》经历了五四新思潮的洗礼，尽管形成了以"征文"为核心的内容，但是其从女性视角通过经验的方式表达对自由婚恋等问题的思考的意义却不容忽视。如果说"杂志就在构建个人思考的内容以及个人如何对周围世界做出反应"[1]，那么从这些征文中就可以看出，《妇女杂志》已经促使女性对周围世界做出反应，并发生改变。

杜就田主编时期也不断调整稿源的内容以应对读者趣味的变化，利用"编辑室报告"的形式提出编辑的意图，比如第14卷第2

---

[1] 萨梅尔·约翰逊、帕特里夏·普里杰特尔著，王海译：《杂志产业》，中国人民大学出版社2006年版，序言。

号的"编辑室报告"。杜就田也调整了一些栏目，比如删减了"通讯"，而通过"编辑室报告"等形式，与读者进行沟通。《妇女杂志》在女性表述方面存在一定的机缘性，实际上是整个社会文化思潮在女性叙述方面的转换使然。主编的变更导致杂志风格、内容、稿源等方面的变化仿佛是前台的表演，而社会文化变迁的内在动力促使商务印书馆出版策略的转变，这是隐藏的力量。比如章锡琛的离开，表明商务印书馆及其主编对"新文化"理解上的局限，游走于"迎合新文化"与"解放女性"之间，《妇女杂志》在章锡琛主编时期显得激情有余，理性不足。

通过对发刊词、征稿启事、发刊旨趣以及对本志今后方针和态度等内容的分析，可以看出不同的编辑议程设置对杂志立场、价值取向的改变，以及由此建构的话语空间中对于女性（性别）表述的差异。女性从"三寸金莲"到"高跟鞋"的转变是整个生命路径的改变，由此建立的女性"叙述模式"在遭遇到时局、市场、思潮、读者等多重力量的作用下发生游移，浮在表层的媒介始终被历史逻辑左右。无论怎样的议程设置，都没有逃离男性优越的表达视角，以及对女性近乎赏赐型的给予和居高临下的救赎，中心与边缘的对立始终横亘在性别之间。

第三节 异域女性的想象——图像和翻译中的西方女性

一 图像中的西方女性

从晚清开始，特别是在民族国家的性别隐喻中，"鬼脉阴阴，病质奄奄，女性纤纤，暮色沉沉。呜呼！一国之大，有女德而无男德，有病者而无健者，有暮气而无朝气……"①中国传统女性的"病质"、"暮气"就成为国民性愚弱和迟滞的代名词，并由此形成了"中男西女"的婚爱想象。这有晚清先进知识分子意欲嫁接中西文明的意图，但"西方美人"的确成为中国先进的男性知识分子理想的女性。"不论是贤妻良母或是超于贤妻良母，言说方式都以西方女子为二万万妇女的模范。保守者说西方女子是贤妻良母典型，新文化知识分子则说西方女子具有独立高尚健全的人格，是'超于贤妻良母'的；而'二万万妇女'不论如何都是亟待改造或必须自我改造的落后表征。"②西方文明作为一种强势文明，对没落的东方大国构成威胁和挑战，西方女性的健美也使其成为中国男性知识分子寻求的诞育佳儿的最佳母体。西方女性通过报刊和书籍旅行来到中国，显示着强壮、健美、独立、自由的身体和精神的双重映像。《妇女杂志》大量介绍西方女性，也得益于商务印书馆编译所承担的大量西文译介的任务，使人们有机会获得更多关于西方女性生活的资料。

《妇女杂志》不断向读者图说西方女性的生活、工作以及争取女权方面的情况。关于西方女性的图像和文本，成为想象西方女性的重要载体，也成为本土女性的生存样本。这对中国本土女性的影响是巨大的，女性不仅可以了解西方乃至世界女性的基本情况，构成知识的积累和视野的拓展，更重要的是女性在欣赏和观看的过程中不断和自身进行比对，这种比对构成一种召唤的力量，使女性按其生存的方式来想象自身，同时这种来自强大他者的力量会对女性自身形成一种精神的挤压，使其不断产生"羡卑情结"，既羡慕西方女性的自由、独立、知性、职业等，同时因自身的存

---

① 梁启超：《新民说：论进取冒险》，载《饮冰室合集·专集之四》，中华书局1981年影印版，第29页。

② 刘人鹏：《近代中国女权论述——国族、翻译与性别政治》，台湾学生书局2000年版，第183页。

在境遇而自卑。此外，这种照片让人们在想象异域的同时，还在想象中重塑自己。

《妇女杂志》对西方女性图片的刊载，显得繁复而庞杂，通过对其分类整理（详见附表6），可以看出，这些图片主要集中在女界精英、贵族女性和女性风情三个主要部分，异域中的女性形象呈现出一种不稳定性和不确定性。但是，西方精英女性及其生活方式始终都是中国先进知识分子主流话语所偏爱和认同的。这与中国早期精英知识分子的视野和对西方的了解有关。

从编者的立场出发，其目的是为了让本国女性通过阅读了解更多异域女性的生活、工作、风俗习惯等，并希望通过这些优秀的异域女性形成对女性读者的一种召唤和启发。因此，这些异域女性，尤其是"西方女性"，作为一个被想象的整体参与到了中国女性现代性的构建当中，这个"缺席"的"他者"，通过对现代生活的参与和介入逐渐成为进步、现代、摩登、独立、自信、知性的女性想象。这些西方的女界精英成为理想女性摹本，不仅是一种观看的对象，还模铸了中国女性对自身的想象。编者对这些女性的社会身份的选择，意在建立能够参与社会公共事务和活动的"新女性"。"'西方美人'这个抽象的理想原型，当具体化为各式各样的有关西方的知识时，它破破碎碎的矛盾性或相对性也就显现了，这使得泰西文明的身形也在变幻莫测中。"[①]

《妇女杂志》中的西方女性图像强化了"西方美人"理想原型，获得中国女性乃至男性的崇拜。这些"西方美人"的异域风情、现代情调，以及生活、工作、学习、社交的情状，"诱惑"着中国女性读者对理想化自身的建构。台湾学者刘人鹏就认为，这些"西方

---

① 刘人鹏：《近代中国女权论述——国族、翻译与性别政治》，台湾学生书局2000年版，第145页。

美人"的叙事反映着"国族主体对于'西方美人'（现代性）情不自禁的欲望"，这些西方图片中的女性，一方面成为民族现代性中隐喻的性别欲求，另一方面成为在这样的修辞策略中不断突破的女性自我想象，即利用一个他者来调整和规训女性的建构和叙事。因此，这些女界精英的图像有意无意地承担了双重的任务：女性身份想象的重要载体，以及从性别的角度参与民族现代性的叙事。"西方美人"图像的视觉叙事直观且生动，这种修辞表达了民族叙事中对西方现代生活的渴望。这比严肃的说教和训导更易将西方的女性纳入到中国现代性的进程中，对中国女性身心产生了重大影响。

这些贵族女性，也包括异域平民女性，在不同程度上和中国的现实女性构成一种对应关系。这些女性的生活、劳动、学习、工作、审美以及各式各样的风土民情，都呈现出一种趣味性、生活性、现实性和可触摸性，比如女子服饰风俗、各种社会活动。特别是体育活动，这是对身体的关注，使女性读者能够重新审视和对待自己的身体，健美的身体不仅满足"强国保种"的需要，还提供女性张扬和表达个体生命的可能。这也是同时代很多杂志大量刊载各国女性运动会和女性体育竞赛的原因——运动中裸露张扬的身体对保守的女性来讲意味着精神的解放。"在世纪之交，这种为妇女提供的新型公共空间，允许她们开始体验到了那些过去一直由可以自由探索公共领域的男人们所拥有的'可移动的凝视'。"[①]这些图片以沉默的方式发出最有影响力的声音，以"被看"的方式完成了对"观看者"的建构，以"异域"的女性身份形塑了"本土"女性的现代性感受，以"他者"的视角拓展了"自我"的生命可能性。

---

① 卡罗琳·凯奇著，曾妮译：《杂志封面女郎》，天津人民出版社2006年版，第93页。

二　译作中的西方女性

《妇女杂志》中的西方女性叙事，其最初的意图应该是编者搜罗和翻译西方女性的文章，拓展读者的视野，丰富杂志内容。经过历史的沉淀，这些当年的西方女性叙事——西方女性的生存环境、生存样态以及生活方式等，成为了中国女性发展的重要参照。在17年中，《妇女杂志》涉及西方女性在社会的政治、经济、教育、女权、军事、科学、文学和艺术，也包括家事活动和管理等多个方面，呈现出西方女性多棱生活的图景，也向中国女子展示了理想女性的多元风貌。

《妇女杂志》三百多篇关于西方女性的翻译文章（详见附表7），涉及女性在公共领域内活动的多个方面与取得的成就，比如女性的从商经验、妇女运动史、妇女的职业，以及各领域内杰出女性传记等。现代生活中的女性，通过其在各领域内的杰出表现，不断寻求社会平等的权利，这是女权运动第一波的重要内容，寻求女人作为"人"的存在的价值，并且用实践来证明男女平等的现实性。世界各地的杰出女性，其对社会事物参与之多，对公共领域的涉入之深，都力证女性与男性的平等不仅是可能的，而且是现实的。《妇女杂志》选择这些文章翻译符合杂志的编辑意图和办刊策略。王蕴章主编时期，主要以展现异域女性基本生存样态为主，比如女学生的生活、各种家庭生活经验和家事教育，也刊载一些西方女性的传记，寻求西方女性与中国女性的共通之处。随着章锡琛接任主编，关于女权运动、女子教育、选举权和参政权等问题的内容增多，尤其是对世界各国新妇女的介绍，直接回应了"新女性"的问题。杜就田主编时期的风格与章锡琛大为不同，但对西方译作中的女性问题的关注并没有太大的改变，其中"妇女谈薮"栏目，对西方女性问题介绍的深入性和细致性以及趣味性都不曾降低，这与金仲华主持和编辑该栏目有关。这些不同类型、不同生活领域的异域女性构成了一幅群芳图，像不断打开的画轴一样铺展在《妇女杂志》阅读者的眼前，呈现世界各地女权运动、职业、社会生活和家庭多个方面，拓展女性的视野，引发其重新思考自身在家庭、社会以及性别之间的关系。不过，这些西方女性生活的多维景观，无论如何变化，始终在"家庭—职业"、"个体—社会"的空间内摇摆。

如果说图片以直观的方式建构了女性对于西方女性的认知和想象，文本就再次强化了这种想象，二者形成一种互文，共同构成重建中国本土女性的强大异域力量。编者的选择其实还带有很大程度上的"议程设置"，也就是决定哪些可以进入到其主导的立场而被选择。卡罗琳·凯奇在《杂志封面女郎》一书中以19世纪末到20世纪二三十年代杂志中的封面女郎为研究对象，来探寻美国大众媒介刻板印象的起源，其选取杂志样本的时间与《妇女杂志》存在共时性。美国20世纪初期的女性也在诸多力量博弈中寻找自己的身份想象：从"真女人"到"新妇女"，这是美国第一代举止恰当的"主妇和摩登购物者"；"吉布逊女郎"的贵族气度迎合了上层趣味，代表了"上升"阶级可能希望的生活方式；"菲舍女郎"则端庄和性感；"危险女郎"则是"妖妇"或者"荡妇"，她们表情活泼、身体裸露、模样挑逗；还存在一些"危险女性"，比如说妇女政权论者等。美国女性的现实和媒介显现也存在着"混音"的特征，杂糅着各种文化的声音和立场。美国社会中的女性与《妇女杂志》中选择译介的关于女性方面的文章在某种意义上来讲，并不是完全对接的。这种选择有意对应了本土文化的女性，也充分印证了"在国族内部性别与国家的关系上，一方面要求妇女成为'新女性'，一方面又充满了对于'新女性'之不纯净的焦虑；'她'既要与西方女性不同，又要与传统女性不同。……而'中国女人'既要向'西方美人'学习，又要不能像西方，也不能像'中国封建传统女人'"[1]。在不同的"选择传统"中，民国女性话语叙述受性别、文化、政治、民族、国家、社会的多重命题制约，在不同力量的博弈下，民国媒介中女性叙述也表现出"流动性"、"多面性"、"趋附性"的特征，女性的解放和女性的职业选择，包括女性救赎自身的种种构想都带有"他予性"和"赏赐性"的意味，并不是女性本身基于自身的觉醒而获得表达。"西方女性"这个他者是充满异质性的，因此，对于中国本土女性来讲，其范式意义被其异质性弱化很多。

第四节 女性身份的模铸——图书广告分析

商务印书馆的图书广告占据了《妇女杂志》广告的大部分篇幅。商务印书馆图书广告中的女性必读书推荐、新书介绍等，是从文化选择的角度参与和制约了女性叙事，也通过"观看"再度强化了女性的刻板印象，模铸了两性关系。

一 阅读书目参与女性身份的形构

W.克莱尔认为在阅读中存在着三种互动模式：作者主导模式、读者主导模式、商业和政治主导模式。简而言之，作者主导模式是指由作者和编者确定阅读的基本范围，并由出版人和书商以书籍与其他印刷形式印刷和销售这些文本，令读者或其他受众在他们的知识、价值、观点和态度方面产生变化，或者使他们更确信其已拥有

---

[1] 刘人鹏：《近代中国女权论述——国族、翻译与性别政治》，台湾学生书局2000年版，第88页。

的观念等；读者主导模式是指读者在其经济和文化视野之内找寻满足其需求和期待的文本，读者的"期待视域"影响作者和出版者的文本提供；商业和政治主导模式，是指出版商依据其盈利的诉求提供阅读的印刷品，进而影响到作者和编者的协作，同时会对其印刷的书籍进行营销以确保销售成功。①《妇女杂志》刊登的商务印书馆的阅读书目的广告，辐射编者的主导，读者的寻求和商业的利益三个方面，这种阅读书目的提出构成了社会对女性的整体期待。媒体价值观在很大程度上制约了读者的阅读范围和阅读取向，笔者在这里借用了"媒体价值观"的概念，是从媒介生产和制导关于文化的选择立场和价值确认这个意义层面上来使用的，用"必读书"、"必修用书"和"教育部审定"等话语形式，强化了商务印书馆文化生产机构和官方意识形态主导的价值立场。图片、书籍和词典等，这些文化商品作为文化资本的重要表现形式，是商务印书馆文化立场对官方意识形态的呼应，在不同的文化较量中，确认了这些阅读书目，以保证某种文化资本得以继续占据主导地位。

商务印书馆是以广告的方式推荐了女学的"必读书"，这为大众确立了一种价值共识，并且基于女性的必读书目和必修书目，形成对女性塑造的指导和确认。而《女子教科书》则主要针对当时的女子学校和女生，为鼓吹女子教育，锐意改善传统母教的质素，两套教科书均由蔡元培主持，开时代风气之先河，具有强烈的启蒙作用。以启蒙和辅助女学为宗旨的《妇女杂志》，通过这些广告从文化上参与了社会对女性的形构。这些阅读书目提供的正是在并不安全的世界里急于寻找自身确定性的女性可以倚傍和以此来建构自身在社会中被认同的形象的可能，"在'被挑选出来的意义'的多个

---

① 参见诸葛蔚东：《媒介与社会变迁——战后日本出版物中变化着的价值观念》，北京大学出版社2006年版，第100页。

领域镶嵌着整个社会秩序，它们显现为一系列的意义、实践和信仰，如对社会结构的日常知识、'事物如何针对这一文化中所有的实践目的而发挥作用'、权力和利益的等级秩序以及合法性、限制和制裁的结构"[1]。这些文化意义和资源在人们使用和消费的过程中改变和影响了人们的心理。

我们看一下女子必读书有哪些：

《女子修身教科书》《女子修身教授法》《女子国文教科书》《家计簿计教科书》《女子家事教科书》《女子缝纫教科书》《女子烹饪教科书》《女子园艺教科书》《刺绣教科书》《新撰女子尺牍》《女子新唱歌》《体操范本》《新算术》《药物学》《家庭进化新论》等。

从商务印书馆的图书广告上可以看到，这些由教育部审定的初等和中等师范的女学用书，基本上都是致力家庭之用的书籍。《妇女杂志》初期以"贤妻良母"作为女性身份建构的指向，这些图书的推荐与之形成呼应。关于这个问题，借用理查德·约翰生"文化回路"的概念似乎更容易理解，媒介所散布的意识形态与文化多元性，它们在影响社会对女性理想预期的同时也受社会对女性构建的影响。可用下图来说明这个问题：

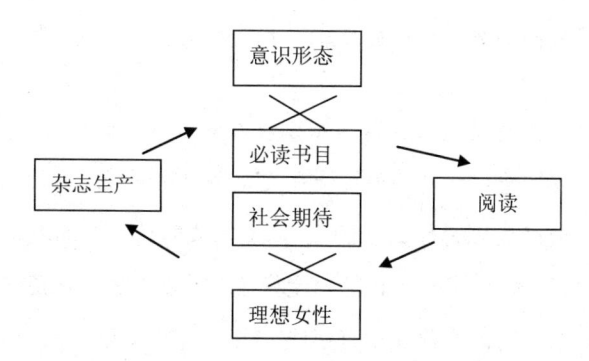

杂志推荐的必读书目是和官方意识形态一体的，成为意识形态

---

[1] 罗钢、刘象愚：《文化研究读本》，中国社会科学出版社2000年版，第353页。

的载体,进入到读者层面。读者会依据必读书目购买和阅读书籍,并获得家庭生活新知识,成为符合社会期待的理想女性,这再次成为杂志生产的来源。

商务印书馆偕同"教育部的审定"之"权力符码",共同编制了官方和商业构形的女性话语。这些阅读书目,无一不和家庭生活有关,无一不和女性成为"贤妻良母"的理想身份预设有关,女子修身是成为"贤妻良母"的基础,以家事、缝纫、烹饪、园艺、刺绣等为内容的书籍无不为女性成为能够持家的"贤妻良母"提供了指导,杂志的具体内容和广告连缀在一起共同拟造了女性叙述的文本。这些与女学直接相关的阅读书目推荐,其意图在构建一个具有一定智识修养和料理家庭生活能力的"新贤妻良母",文化导引的是一个"智识的家庭型女性"。如果说"认同性是那些可获得的社会角色和材料基础上进行的建构和创造"[1],那么通过媒介提供的社会角色参照以及相关的材料,都在制造着女性的"贤妻良母"式的身份认同,"由于阅读是植根于共同体的共同思考行为"[2],这些阅读书目也建立了女性共同的思考和价值认同。

二 女性刻板印象的强化和性别关系的模铸

图书广告清晰地告诉这些智识女性应该"读什么","读什么"就是一种立场选择,是基于社会和文化做出的选择。这种阅读规训着"女性最终要成为什么样的人",女性成为什么样的人最终会决定男性的身份,这也从文化的角度模铸了性别范式。晚清到民国时期关于女性的阅读书籍并没有形成一个专门的阅读书单,但是商务

---

[1] 阿格尼丝·赫勒著,李瑞华译:《现代性理论》,商务印书馆2005年版,第395页。
[2] 诸葛蔚东:《媒介与社会变迁——战后日本出版物中变化着的价值观念》,北京大学出版社2006年版,第31页。

印书馆在《妇女杂志》上刊发的阅读书目广告就是一个最重要的"书单"。从晚清到"五四"之前，尽管有如康同薇、秋瑾、吕璧城等女性成为芸芸众生中的不同凡响者，但是男性知识分子询唤的女性与这些杰出女性相比还不相同，他们呼唤的是健壮的国民母，可以诞育佳儿，从而解决强国保种的基础问题。安守于家庭的"贤妻良母"能够寻找到自身的安全和确定，特别是女学兴起之后，那些通文晓字，用科学健康的方式养育孩子，管理家庭的新式"贤妻良母"更受欢迎，这不断强化着女性的刻板印象。对于大多数事物，我们是先想象它们，然后经历它们。女性在自我身份想象之前，已经有人在告诉她们，"你们应该是什么样子，你们就应该是这个样子"。王蕴章主编时期《妇女杂志》的杂志宗旨和与女性相关的"女性必读书"广告，合力强化了"贤妻良母"的印象，并且这一刻板印象在当下仍旧成为女性对自身幸福预期的理想范式。

这些阅读书目，清晰地向女性传达这样的社会诉求：家庭是女性的最佳人生路径选择，"贤妻良母"是女性的理想身份。尤其需要指出的是，官方的女学造就的并不是能和男性一样进入公共空间的女人，而是谙熟于家事，能够料理家庭的"贤妻良母"，女性的这一形象在广告中也被强化。《妇女杂志》第1卷第1号里，列出了教育部审定的初等及高等小学的《女子修身》《女子国文》，以及高等小学《女子新国文》和《通俗实用》的《家计薄记》，并刊出《女子新国文》的"审定评语"：

> 是书大半取材男子高等小学国文教科书，而益以女子教材。前二册较彼书程度稍浅，似尚适用，增删各课，均甚切当，准作女子高等小学校学生用书。①

---

① 《妇女杂志》第1卷第1号。

这些女性阅读书目的广告，不但将女性的形象刻板化为"贤妻良母"，同时模铸了性别关系。首先，从男女生活空间看，女性是以家庭为主，男性则是社会性的，这将性别关系固化为一种是内向型，一种为外向型，如果双方转型，一般被视为是不协调的。其次，从男女的生理方面看，男性表现为睿智、聪明，容易接受新鲜事物，对新知识能够充分地把握和接受；女性则是劣于男性的，因此只能在稍浅程度上理解同样的知识。因此，性别关系被模铸为男性优于女性，并且在智识上明显优于女性。这种模铸的结果，使男性的优越感再次强化，女性也更顺从于这种安排，也乐于寻求自身幸福生活的归宿。女学目的被窄化为使女性更好地进入家庭。这些在历史中不断被建构的范式在今天并未有明显的改善，女性在家庭和社会的双重空间中，仍旧尴尬地选择和放弃着。这些阅读书目的广告更直观地确立了女性身份的想象，并且能够从文化和精神上形成对女性的构型，"也可以提供某种类似神话的功能。提供……认同性的榜样，以及赞美现存的社会秩序等。……即使是静态的广告图像也含着主体性的立场，是具有丰富意识形态含义的认同性的榜样"[①]。从这个意义上讲，图书广告也参与并塑造了女性。

三 从阅读书目和新书介绍看媒介关于女性叙述的立场转换

《妇女杂志》刊登的商务印书馆图书广告以及杂志中带有广告宣传性质的"新刊介绍"，都对女性阅读起到了很重要的引导作用。王蕴章时期商务印书馆的广告中的女性阅读书目还是偏向于家庭型女性的塑造的，但是从图19（第11卷第11号）和图20（第11卷第11号）可以看出，女性的阅读发生了一些变化，书目涉及家庭、

[①] 阿格尼丝·赫勒著，李瑞华译：《现代性理论》，商务印书馆2005年版，第421页。

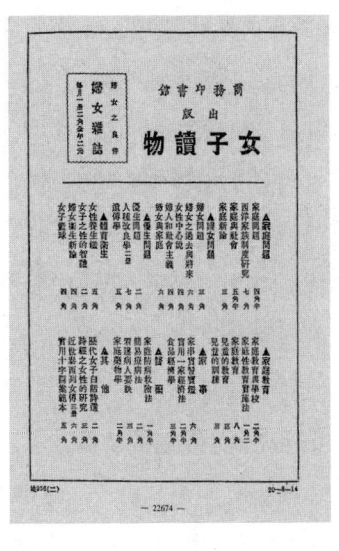

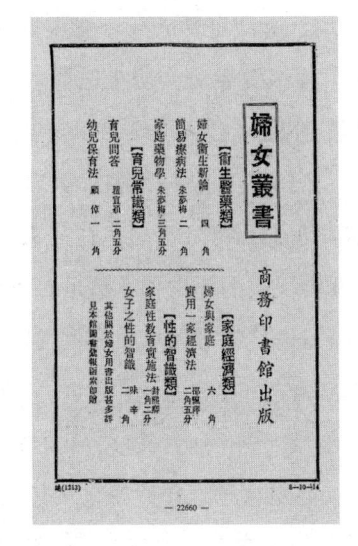

图19　　　　　　　　　图20

妇女、优生、体育、医药卫生等问题，已经不仅仅局限在家庭生活中，而是逐渐拓展到女性自我的身心思考方面。商务印书馆的广告阅读书目和新刊介绍的变化也表明女性叙述立场上也发生了转换。

商务印书馆的阅读书目推荐，前面已经分析过了。从"新刊介绍"中，我们发现，其内容与意图有显而易见的区别。例如《女性中心说》《恋爱论》《妇女问题》《生育节制法》《女权运动专号》《现代妇女》这些与女性解放相关的书籍，包括鲁迅的新书《呐喊》，都力图从女性解放和女权的角度去构建一个"新女性"。这种转换始终与杂志的宗旨、立场有关，特别是与社会思潮中占据主导倾向的话语有关。从《妇女杂志》"新书介绍"的刊行时间来看，这是新文化运动在上海得以继续的时间，商务印书馆基于新文化运动思潮而进行的转型在其旗下的杂志中都有鲜明的体现。"文化选择的传统"总是与同时代的利益和价值系统保持一致，与同时代的话语系统保持一致，因此，女性的叙述在社会话语结构发生转型时，也随之实现从"贤妻良母"到"新女性"的叙述过渡和转型。媒介的立场选择注定要放弃一些现实的存在，正如文化选择的传统那样，产生了特定的社会历史记录，也产生了许多对曾经活生生的现实领域的弃绝。无论是书目的广告，还是新书介绍这种软性的广告，"这些符码就是促使权力和意识形态在各种特殊的话语中表达意义的途径。它们用符号来指称任何文化归类于其中的'意义图表'，那些'社会现实的图表'有着各种各样的社会意义、实践及用途，以及'书写进'符号的权力和利益。……正是通过它们，环境世界才侵入到语言和语义系统。也许，它们就是意识形态的碎片'"[1]。正是这些细微处见得的意义，为我们去理解女性提供了重要的资源。

这种阅读选择的变化在其他的杂志中也有相关的讨论，章锡琛从《妇女杂志》辞职之后，继续编辑妇女读物《新妇女》。在《新妇女》第1卷，署名为曙梅的作者就妇女阅读问题进行了连续的讨论，《妇女阅书问题》[2]一文就说：

像吾们现在很有幸福受完美的教育，我想总应该看些有用的书才好！但是我许多朋友们所阅的仍旧离不了"才子佳人"的小说。他们看得"津津有味"，我有时劝劝他们，她们倒说我迂腐。……

（1）从前的妇女为什么只看些"女诫"，"观世音经"，佳人才子的小说……

（2）现在学校里受过教育底为什么还喜欢看佳人才子小说？

（3）究竟妇女们阅些什么书，才有用处？

对于（1）我可以说，从前的社会是把礼教压制人家的，

---

[1] 罗钢、刘象愚：《文化研究读本》，中国社会科学出版社2000年版，第353页。
[2] 《新妇女》第1卷第4号。

是神道设教的,妇女们听见的话总是些"闺门之训",他们已经被束缚到极点,并且能够模仿些古人的行为,人家便去赞扬她,所以那"女诫"等书便得时了。

对于(2)现在受过教育底,他们知道"女诫"等书,不适宜于现社会,便不去看他;他们知道迷信是应该被破除的,那经本当然不去看他;但是他们没有想到不看了那些书还应该看什么书?他们以为才子佳人的小说——在民国三、四年间又经什么小说家做了许多——是很有兴趣的。便不问究竟如何,竟然大看特看,恐怕比从前的妇女还要看得多哩!

曙梅在女性阅读上的理解实际上标示出了新女性的阅读取向,以及对新女性阅读的引导。"新"的"阅读"有利于培养新的智识女性,并且能影响女性对自我和生活的理解。

我现在把妇女们该看的书写在下面,供大家采择:

(1)关于新思潮的 妇女们的束缚到现在才能解放,但许多人还没有澈底觉悟,大家以为解放了倒有些不自在,——比如缠过的脚初放时走路反觉不便——吾们要去掉这种情形,就先要找到一个好工具——就是近来出版的各种书报。这些书报——虽还是些鼓吹的言论,却很有具体的主张,可以帮助社会底改造。——大家应该拣择切要的几种在空的时候浏览,吾想这种新思潮的书一定可以发展大家的思想,指示大家的途径。

(2)关于科学的 现在教育平等,男女同校的声浪很高,大家总以为女子的科学程度还不够,我以为不够并不要紧,可以补足。补足的办法就是大家多阅些科学,参考参考,好在近来各书坊里关于科学的书逐渐增加,大家尽可拣几种看看，却是狠有益的，能够直接看西文尤好。

（3）关于文学的　像小说，剧本都在文学上占有重要的位置。现在中国对于这几种还狠幼稚，有人翻译欧美狠有价值的小说剧本介绍到我国来。吾想这种小说、剧本等一定可以给吾们许多知识，于吾们很有关系的。所以要劝一般喜欢看没有文学价值的小说底，快快看些高尚优美的译本小说等。至于我国原有的文学——如果适宜的——当然也可以看看。再像文学史能够有时间去看他，也狠好的。

（4）关于通俗的　在学校里受过教育底能够看那高深些的书籍——不过也要拣他性之所近的去看——至于没有受过高深教育底也应该去看些通俗的书，凡是各种常识和浅显的文字，在空的时候常常看看比较看些密教一类的经本，山歌书等好得多呢！

就文章中所谈到的女性阅读现状而言，商务印书馆的图书广告为女性重新划定了知识来源、内容和结构，由消遣性的"闺秀派"阅读转而为实用性的家庭生活知识的掌握和培训。在辅助家政，建立新式健康家庭的生活，重塑女性的认知模式方面，商务图书广告中的"必读书"的作用是不能否认的，而在塑造"新贤妻良母"的问题上，商务印书馆的图书更带有官方从思想和文化上形塑女性的意图。

阅读书籍是女性启蒙和提升智识的有效途径，但是不同的书籍对于女性的精神导引和文化心理塑造是不一样的。"必读书"以某种确定性来规约女性对图书的选择，同时规约了女性在什么样的界域内实现自由。作为《妇女杂志》广告中的一个细微处，能够就此窥见社会文化和总体价值立场转变所引起的女性话语的变迁，以及在此过程中对女性的现代性构建。

小结 "导师"与"学生"——男性编码的女性世界

由《妇女杂志》传播机制建立的话语空间来看,"通讯"与"编辑余录"是男性参与和建立的编读互动空间,其议题是关于女性解放、女性理想身份的构建以及女性流弊的批评,这是男性"导师"为女性"学生"做出的分析和选择。通过对图像和译作中异域(主要是西方)女性的分析,可见西方女性作为异质因素介入和参与新女性的构建,这里面包含的男性对"新女性"的期待是以"西方美人"为重要参照的,"中男西女"的婚爱想象从晚清开始,一直是男性强国的一个情结。此外,广告从文化的角度模铸了女性身份——使男性的优越感再次强化。无论作为主编还是主笔,都是男性在编码和主导女性的世界。女性的身份塑造、女性解放问题的疾呼,以及女性生活的体恤,男性似乎都是以居高临下的"导师"身份对女性"学生"进行指导、引领、帮助和教育。《妇女杂志》作为以性别为观照的媒介,成为典型的男性编码的杂志,其对女性的启蒙、警醒、规劝和批评,以及关怀和呵护,都没有逾出男性"导师"的身份。在"言论"、"社说"、"妇女谈薮"等栏目中对女性问题的认识、理解和反思,男性知识分子都是以"救赎"的姿态呈现,"解放女性"、"性别平等"、"人性自由"等话语再次形成对女性的"俯视"。尽管如此,女性并不是始终处于低下的位置,随着知识女性的增加,女性与男性之间也开始出现追随、怀疑和对话等不同方式。

结　语

《妇女杂志》作为贯穿民国十七年历史的重要女性媒介，清晰地呈现了这一时期女性的多重样态。商务印书馆以《妇女杂志》参与到中国现代女性启蒙中来，提供了一个现代女性乃至两性关系重整的历史现场。本书以《妇女杂志》不同时期的显著特征为"经"，以每个时期的女性话语为"纬"，再现了民国传媒视域中的女性话语表述以及商务印书馆对女性启蒙的参与，这其中交错了各种问题和主义、多元的立场和价值，以及不同文化资本之间的博弈和对抗。这在客观上也维持了杂志内部的生态平衡。

通过对《妇女杂志》的内外部分析，可以看出，"过渡时期"两性之间的关系是一种探索性的构建，不同理论的试验都在意图寻求一个理想的女性，并且建立平等的两性关系。媒介成为女性话语表述的重要途径，参与了女性身份的塑造。媒介与社会之间，存在着倔强的突围、谄媚的迎合以及悉心的认同等复杂态度，正因为如此，媒介中的女性才会呈现各种风度和气质。

从"微物新知"到"新性别伦理"再到"新感觉经验"，这是商务印书馆借助《妇女杂志》从日常生活、伦理道德和个体生命感觉三个方面对女性的启蒙和唤醒，并由此确立了女性的社会辅助角色、两性平等的性别新观念，以及对女性个人感觉的召唤。《妇女杂志》提供了"新贤妻良母→新女性→准摩登女性"的女性身份叙述，呈现了家庭日常生活、新文化思潮以及现代都市生活交互作用下，媒介中现代女性话语的转型。《妇女杂志》通过播撒思想、展布情感、提供现代性的体验，成为女性话语从传统向现代转换的重要参与者。在迎合与引导之间，《妇女杂志》精神"导师"的身份胜过"伴侣"的身份。

《妇女杂志》中的女性，无论家庭中的"新贤妻良母"，还是社会上的"新女性"，以及新经验中的"准摩登女性"，都是抽象的女性和具体的女性的结合。抽象的女性是男性社会的想象，贯穿着建构女性的意图；具体的女性是每一个女性生命在社会变迁中的个体呈现。"新贤妻良母"寄予了男性对女性由社会"分利"角色成为社会辅助角色，改良家庭，进而服务社会的期待；"新女性"是男性企图通过新性别伦理的建构改善两性关系、建立平等观念、解放女性，把女性召唤成和男性一样的"社会人"；"准摩登女性"虽然是对女性个体生命感觉的唤醒，但女性的"观赏性"日益突出，成为"被看"的对象。女性在不同的作用力下，成为"这一个"或者"那一个"。

"过渡时期"的社会，新思想逻辑尚未清晰，旧传统依旧牢固，多重矛盾层叠在一起，女性的现实体验和生存状态总是混杂着希望的憧憬和失意的焦虑。正是这种矛盾，使《妇女杂志》总是游移的，存在着若干的不确定性，几易主编以及办刊宗旨和风格的修正，正是这种不确定的体现。女性每一次身份的转换，都是在社会、文化的冲突和妥协中完成的，经过不断的蜕变和新生，才出现了与时代和社会相呼应的女性话语表达。

《妇女杂志》迅速直接地回应社会变迁，女性在男性"导师"的启蒙和劝导下，进行着身体解放、情感突围和心灵觉醒。《妇女杂志》"几乎像仪式一样地召唤一种想象，召唤读者去找回自己的阅读定位"。从三寸金莲到高跟鞋，引发的是女性身体危机；从"女子无才便是德"到"知识女性"，引发的是女性精神危机；从"旧式女子"到"新女性"，引发的是女性的身份危机；从"家庭女性"到"职业女性"，引发的是女性生活选择的危机。媒体成为一个造势者，从共时性的角度来讲，其不仅参与女性话语的生成，而且制造了女性的危机，导致女性实现自我认同的路径充满艰难。无论自我觉醒还是他者启蒙，从"新贤妻良母"到"新女性"以及之后的"准摩登女性"，在迂回曲折中，女性要想成为今天我们大多数女性的模样，需要更漫长的时间，也需要在争夺和磨难中才能实现。

本书将《妇女杂志》置放在20世纪初叶的思想史、文化史、社会生活史以及女性解放运动史中进行论述，兼顾了文人集团、社会思潮、商务印书馆的背景，这些都构成叙事的动力，同时也能够超越杂志本身的内容进行论述。王德威认为，"想象的地理"可以借刊物的特质、所呼唤的读者群、命名的方式——甚至是仪式——召唤出一种想象的空间，而且更在出版的内容里面经营、组织成一个空间。① 《妇女杂志》就是一个真实和虚拟并存的想象空间，人们在此思考、探索、设计、建构、期待新女性以及理想的两性关系。

本书选择了《妇女杂志》中"言论"、"社说"、"通讯"、"征文"、"编辑余录"等栏目进行了研究，试图让文本自身说话，也对发刊词、口号、宣言、阅读书目、广告进行了分析，尽可能将杂志舆论主张和细节表现相对照，在杂志外显和内蕴的意义中寻找女性话语的表

---

① 王德威：《三十年代的文学出版与文学地理》，载陈平原：《现代中国》（第11辑），北京大学出版社2008年版，第171页。

达。本次理论探索的意义在于，能够在宏阔的历史背景下呈现《妇女杂志》，又能进入到杂志的细枝末节捕捉到一些问题，使《妇女杂志》建构的价值得到很好的呈现，这是以往研究者所忽略的。20世纪初叶，以《妇女杂志》为代表的女性杂志，形成现代女性话语表述，对女性的解放和建构两性平等的性别关系起到了重要的作用。媒介中的女性话语对女性的塑造，相对官方意识形态而言，更带有思想和行动上的自觉。

以主编的更迭作为《妇女杂志》论述的思路，但这并不是一个刚性的划分。前后主编在编辑主旨和内容方面虽有重大调整，但《妇女杂志》作为一本生活家庭类杂志，始终有共通的地方，比如对女性身体的关注，关于科普知识的介绍，还有一些文艺文章，虽然在各个时期有所侧重，但是贯穿始终。

参考文献

一 期刊、报纸

《妇女杂志》《新女性》《新妇女》《女子世界》《女子月刊》《新青年》《妇女共鸣》《妇女周报》《玲珑》

二 专著

孟悦、戴锦华：《浮出历史地表——现代妇女文学研究》，中国人民大学出版社2004年版。

周叙琪：《一九一〇～一九二〇年代都会新妇女生活风貌——以〈妇女杂志〉为分析实例》，台湾大学出版委员会1996年版。

王一川：《中国现代性体验的发生》，北京师范大学出版社2001年版。

周蕾著，蔡青松译：《妇女与中国现代性——西方与东方之间的阅读政治》，上海三联书店2008年版。

刘小枫：《现代性社会理论绪论》，上海三联书店1998年版。

卡罗琳·凯奇著，曾妮译：《杂志封面女郎》，天津人民出版社2006年版。

汪民安、陈永国、张云鹏：《现代性基本读本》，河南大学出版社2005

年版。

李家驹：《商务印书馆与近代知识文化的传播》，商务印书馆2006年版。

托马斯·奥斯本著，郑丹丹译：《启蒙面面观》，商务印书馆2007年版。

余英时等：《五四新论：既非文艺复兴，亦非启蒙运动》，联经出版事业公司1999年版。

刘乃慈：《第二／现代性："五四"女性小说研究》，台湾学生书局2004年版。

胡晓真：《才女彻夜未眠——近代中国女性叙事文学的兴起》，麦田出版社2003年版。

土宇：《性别表述与现代认同——索解20世纪后半叶中国的叙事文本》，上海三联书店2006年版。

许慧琦：《"娜拉"在中国：新女性形象的塑造及其演变（1900s—1930s）》，台湾政治大学历史学系2003年版。

戴锦华：《涉渡之舟——新时期中国女性写作与女性文化》，北京大学出版社2007年版。

杜芳琴、王政：《中国历史中的妇女与性别》，天津人民出版社2004年版。

姚玳玫：《想象女性：海派小说（1892—1949）的叙事》，中国社会科学出版社2004年版。

夏晓虹：《晚清社会与文化》，湖北教育出版社2001年版。

姜纬堂、刘宁元：《北京妇女报刊考（1905—1949）》，光明日报出版社1990年版。

李仁渊：《晚清的新式传播媒体与知识分子：以报刊出版为中心的讨论》，稻乡出版社2005年版。

夏晓虹：《晚清女性与近代中国》，北京大学出版社2004年版。

海阔：《媒介人种论：媒介、现代性与民族复兴》，中国传媒大学出版社2008年版。

蒋晓丽：《中国近代大众传媒与中国近代文学》，巴蜀书社2005年版。

史春风：《商务印书馆与中国近代文化》，北京大学出版社2006年版。

叶宋曼英著，邹振环、张人凤译：《从翰林到出版家——张元济的生平与事业》，香港商务印书馆1992年版。

蒋原伦：《传统的界限：符号、话语与民族文化》，北京师范大学出版社1998年版。

陈东原：《中国妇女生活史》，上海商务印书馆1928年版。

张锦华：《媒介文化、意识形态与女性》，台北正中书局1994年版。

罗钢、刘象愚：《文化研究读本》，中国社会科学出版社2000年版。

洪九来：《宽容与理性——〈东方杂志〉的公共舆论研究（1904—1932）》，上海人民出版社2006年版。

安东尼·吉登斯著，赵旭东、方文译，王铭铭校：《现代性与自我认同：现代晚期的自我与社会》，生活·读书·新知三联书店1998年版。

李永中：《文化传播与文学想象——〈新青年〉杂志研究》，武汉出版社2006年版。

徐安琪：《社会文化变迁中的性别研究》，上海社会科学院2005年版。

戴仁著，李桐实译：《上海商务印书馆1897—1949》，商务印书馆2000年版。

夏晓虹：《晚清文人妇女观》，作家出版社1995年版。

李欧梵著，毛尖译：《上海摩登》，北京大学出版社2001年版。

刘人鹏：《近代中国女权论述——国族、翻译与性别政治》，台湾学生书局2000年版。

杨念群：《新史学：感觉·图像·叙事》，中华书局2007年版。

萨梅尔·约翰逊、帕特里夏·普里杰特尔著，王海译：《杂志产业》，中国人民大学出版社2006年版。

陈平原：《触摸历史与进入五四》，北京大学出版社2005年版。

李康化：《漫话老上海知识阶层》，上海人民出版社2003年版。

王飞仙：《期刊、出版与社会文化变迁——五四前后的商务印书馆与〈学生杂志〉》，台湾政治大学历史学系2004年版。

陶东风、和磊：《文化研究》，广西师范大学出版社2006年版。

帕森斯著，梁向阳译：《现代社会的结构与过程》，光明日报出版社1988年版。

尼尔·波兹曼著，章艳译：《娱乐至死》，广西师范大学出版社2004年版。

罗兰·巴尔特、让·鲍德里亚著，吴琼、杜予译：《形象的修辞》，中国人民大学出版社2005年版。

罗苏文：《女性与近代中国社会》，上海人民出版社1996年版。

诸葛蔚东：《媒介与社会变迁——战后日本出版物中变化着的价值观念》，北京大学出版社2006年版。

阿格尼丝·赫勒著，李瑞华译：《现代性理论》，商务印书馆2005年版。

梁启超：《饮冰室合集·专集之四》，中华书局1981年影印版。

孟健、[德]Stefan Friedrich：《图像的时代：视觉文化传播的理论诠释》，复旦大学出版社2005年版。

E.M.罗杰斯著，殷晓蓉译：《传播学史》，上海译文出版社2005年版。

张君劢等：《科学与人生观》，辽宁教育出版社1998年版。

托马斯·拉克尔著，赵万鹏译：《身体与性属——从古希腊到弗洛伊德的性制作》，春风文艺出版社1999年版。

村田雄二郎：《〈婦女雑誌〉からみる近代中国女性》，研文出版社2005年版。

艾伦·斯文杰伍德著，陈玮、冯克利译：《社会学思想简史》，社会科学文献出版社1988年版。

汪晖、陈燕谷：《文化与公共性》，生活·读书·新知三联书店2005年版。

吴小英：《科学、文化与性别——女性主义的诠释》，中国社会科学出版社2000年版。

姜进：《都市文化中的现代中国》，华东师范大学出版社2007年版。

彼得·杰克逊著，陈阳、张毅、赵潇爽、胡军华译：《追寻男性杂志的意义》，天津人民出版社2007年版。

乔安妮·恩特维斯特尔著，郜元宝等译：《时髦的身体——时尚、衣着和现代社会理论》，广西师范大学出版社2005年版。

黄华：《权力身体与自我——福柯与女性主义文学批评》，北京大学出版社2005年版。

佛克马、蚁布思著，俞国强译：《文学研究与文化参与》，北京大学出版社1996年版。

皮埃尔·布尔迪厄著，褚思真、刘晖译：《言语意味着什么——语言交换的经济》，商务印书馆2005年版。

李欧梵：《未完成的现代性》，北京大学出版社2005年版。

刘利群：《社会性别与媒介传播》，中国传媒大学出版社2004年版。

朱国华：《权力的文化逻辑》，上海三联书店2004年版。

韦尔伯·斯拉姆等著，中国人民大学新闻系译：《报刊的四种理论》，新华出版社1980年版。

凯特·米利特著，钟良民译：《性的政治》，社会科学文献出版社1999年版。

章锡琛：《新性道德讨论集》，梁溪图书馆1925年版。

徐仲佳：《性爱问题：1920年代中国小说的现代性阐释》，社会科学文献出版社2005年版。

雷跃捷：《媒介批评》，北京大学出版社2007版。

顾红亮、刘晓虹：《想象个人——中国个人观的现代转型》，上海古籍出版社2006年版。

刘小枫：《沉重的肉身——现代性伦理的叙事纬语》，华夏出版社2004年版。

蒋原伦：《媒体文化与消费时代》，中央编译出版社2004年版。

黄晓钟、杨效宏、冯刚：《传播学关键术语释读》，四川大学出版社2005年版。

哈贝马斯著，曹卫东译：《哈贝马斯精粹》，南京大学出版社2004年版。

张殿元：《广告视觉文化批判》，复旦大学出版社2007年版。

王政、杜芳琴：《社会性别研究选译》，生活·读书·新知三联书店1998年版。

汪民安：《身体、空间与后现代性》，江苏人民出版社2006年版。

微依娜·达斯著，侯俊丹译：《生命与言辞》，北京大学出版社2008年版。

陈文联：《冲出男权传统的罗网——五四时期妇女解放思潮研究》，中南大学出版社2003年版。

杨联芬：《流动的瞬间——晚清与五四文学关系论》，联经出版社2003年版。

尼古拉斯·米尔佐夫著，倪伟译：《视觉文化导论》，江苏人民出版社2006年版。

史书美著，何恬译：《现代的诱惑——书写半殖民地中国的现代主义（1917—1937）》，江苏人民出版社2007年版。

方汉奇：《中国近代报刊史》，山西人民出版社1981年版。

S.N.艾森斯塔特著，旷新年、王爱松译：《反思现代性》，生活·读书·新知三联书店2006年版。

王政、陈雁：《百年中国女权思潮研究》，复旦大学出版社2005年版。

戴维·巴特勒著，赵伯英、孟春译：《媒介社会学》，社会科学文献出版社1989年版。

廖冰凌：《寻觅"新男性"——论五四女性小说中的男性书写》，文史哲出版社2006年版。

黄锦珠：《晚清小说中的"新女性"研究》，文津出版社2005年版。

荒林：《中国女性主义》，广西师范大学出版社2006年版。

张静庐：《中国现代出版史料·丁编》，中华书局1959年版。

余宁平、杜芳琴：《不守规矩的知识——妇女学的全球与区域视界》，天津人民出版社2003年版。

杜芳琴、王向贤：《妇女与社会性别研究在中国》，天津人民出版社2003年版。

克瑞斯汀·丝维斯特著，余潇枫、潘一禾、郭夏娟译：《女性主义与后现代国际关系》，浙江人民出版社2003年版。

李小江等：《历史、史学与性别》，江苏人民出版社2002年版。

邱仁宗：《中国妇女与女性主义思想》，中国社会科学出版社1998年版。

郑新蓉、杜芳琴：《社会性别与妇女发展》，陕西人民教育出版社2000年版。

胡正强：《中国现代报刊活动家思想评传》，新华出版社2003年版。

姚纯安：《社会学在近代中国的进程：1895—1919》，生活·读书·新知三联书店2006年版。

王逢振：《先锋译丛》第七辑，天津社会科学院出版社2001年版。

王德威：《被压抑的现代性——晚清小说新论》，北京大学出版社2005年版。

戴元光：《中国传播思想史》（现当代卷），上海交通大学出版社2005年版。

罗丽莎著，黄新译：《另类的现代性——改革开放时代的中国性别化的渴望》，江苏人民出版社2006年版。

珍妮薇·傅雷丝著，邓丽丹译：《两性的冲突》，天津人民出版社2003年版。

李小江：《女性／性别的学术问题》，山东人民出版社2005年版。

王开林：《民国女性之生命如歌》，岳麓书社2004年版。

赵英兰：《民国生活掠影》，沈阳出版社2002年版。

沈奕斐：《被建构的女性——当代社会性别理论》，上海人民出版社2005年版。

安东尼·J.卡斯卡迪著，严忠志译：《启蒙的结果》，商务印书馆2006年版。

葛兆光：《思想史研究课堂讲录：视野、解度与方法》，生活·读书·新知三联书店2005年版。

三 论文

刘忠：《"五四"启蒙与国民话语的中间物形态》，《文学评论》2007年第4期。

刘慧英：《被遮蔽的妇女浮出历史叙述——简述初期的〈妇女杂志〉》，《上海文学》2006年第4期。

薛文彦：《从〈妇女杂志〉看1915年江苏的女学观——读史札记》，《前沿》2002年第4期。

刘曙辉：《启蒙与被启蒙：〈妇女杂志〉中的女性》，《山西师大学报》2007年第3期。

李杰利：《民国初年离婚问题引起的讨论——以1922年〈妇女杂志〉"离婚问题专号"为研究》，《兰台世界》2008年7月上半月刊。

王萌：《论〈妇女杂志〉中的贤母良妻主义及其影响下的文学创作》，《中州大学学报》2006年第4期。

徐虹：《〈妇女杂志〉和二十世纪前期的妇女美术》，《荣宝斋》2003年第5期。

宋素红：《商业引路，文化导航——商务印书馆的妇女刊物出版》，《中国出版》2001年第12期。

万琼华：《在女性与国家之间——20世纪初女性主义与民族主义的互构与碰撞》，《中国近代史》2007年第9期。

姚玳玫：《从吴友如到张爱玲：19世纪90年代到20世纪40年代海派媒体"仕女"插图的文化演绎》，《文艺研究》2007年第1期。

侯杰、李钊：《〈女界钟〉：解读国民革命思想中性别意识的重要文本》，《中国近代史》2007年第10期。

周海波：《现代传媒在启蒙运动中的意义》，《文学评论》2007年第6期。

王宇：《20世纪文学日常生活话语中的性别政治》，《文艺理论》2007年第4期。

马中红：《图像西方与想象西方——〈良友〉西方形象的重构与呈现》，《文艺研究》2007年第1期。

杨春时：《现代性与中国知识分子的身份认同》，《社会科学战线》2006年第5期。

王桂姝：《民族性自审与性别隐喻》，《文学评论》2007年第5期。

蓝爱国：《启蒙与救亡主题新论——1840—1949中国文学史的常态史观》，《文艺争鸣》2007年第11期。

蒋欣欣：《西方女性主义理论中的"身份/认同"》，《文艺理论与批评》2006年第1期。

陈筠泉：《现代性问题与文化研究》，《黑龙江社会科学》2006年第5期。

周宪：《论作为象征符号的"封面女郎"》，《艺术百家》2006年第3期。

宋一苇：《事件哲学视域中的现代性与后现代性》，《社会科学辑刊》2005年第2期。

陈姃湲：《〈妇女杂志〉（1915—1931）十七年简史——〈妇女杂志〉何以名为妇女》，《近代中国妇女史研究》2004年。

张同铸：《半殖民中国语境下的"启蒙"与"现代性"》，《新疆学刊》2004年第5期。

许慧琦：《〈妇女杂志〉所反映的自由离婚思想及其实践》，《近代中国妇女史研究》2004年。

Laikwan Pang：《广告与近代中国女性消费的再现》，《媒介拟想》2005年第3期。

侯杰、习晓敏：《民国时期天津都市女性生活的媒体表达——以〈大公报〉副刊〈家庭与妇女〉为中心的考察》，《南方论丛》2008年第5期。

彭小妍：《五四的新性道德：女性情欲论述与建构民族国家》，《近代中国妇女史研究》1995年。

汪晖：《科学话语共同体和新文化运动的形成》，《学术月刊》2005年第7期。

四 学位论文

郑谊慧：《晚清至民初中文杂志发展论述》，东吴大学2005年。
尹旦萍：《新文化运动时期的女性主义思潮》，武汉大学2002年。
颜湘茹：《层叠的〈现代〉——〈现代〉杂志研究》，中山大学2006年。
颜浩：《1920年代中后期北京的文人集团和舆论氛围——以新语丝和现代评论为中心》，北京大学2002年。
王儒年：《〈申报〉广告与上海市民消费主义意识形态——1920—1930年代〈申报〉广告》，上海师范大学2006年。
刘曾兆：《清末民初的商务印书馆——以编译所为中心之研究（1902—1932）》，台湾政治大学历史研究所。

附 表

表1：王蕴章主编时期"女性生理与健康"文章一览

年度	卷号	期号	标题
1915	1	1	论小半臂与女子体育
1915	1	1	妇女卫生谈
1915	1	1	女子发育时代之运动
1915	1	2	妇女卫生谈（续）
1915	1	2	美容术
1915	1	4	妇女之皮肤养生
1915	1	6	简明实用母之卫生及育儿法
1915	1	9	妊娠诊断学
1915	1	10	孕妇须知
1916	2	5	妊娠一夕谈
1916	2	10	妊娠中精神之感应
1917	3	4	妇女受孕之诊断及孕时之卫生谈
1917	3	4	美容术与呼吸之关系
1917	3	8	日本女界肺病之新研究
1917	3	8	妇人健康之勤劳主义
1917	3	9	日本女界肺病之新研究
1917	3	9	美的淋浴法
1917	3	11	妊娠诊断法之新发明

续表

年度	卷号	期号	标题
1917	3	11	胎儿男女诊断法之新发明
1917	3	12	敬告缠胸女子
1918	4	1	妇女十五分钟之体操(附图)
1918	4	1	新胎教
1918	4	1	妇人安眠之研究
1918	4	2	美容谈
1918	4	2	妇女十五分钟体操(续)(附图十)
1918	4	2	新胎教(续)
1918	4	4	女子活动说
1918	4	4	发之保育法
1918	4	4	妇女十五分钟体操(续四卷二号)
1918	4	5	美容谈(续四卷二号)
1918	4	5	妇女十五分钟体操(续)(附图)
1918	4	5	发之保育法(续)
1918	4	6	美容谈(续)
1918	4	6	妇女十五分钟体操(续)(附图十)
1918	4	7	美容谈(续)
1918	4	7	妇人之卫生
1918	4	8	妇人之卫生(续)
1918	4	9	美容谈(续)
1918	4	9	妇女十五分钟之体操(续四卷六号)(附图)

续表

年度	卷号	期号	标题
1918	4	10	美容谈(续)
1918	4	10	妇女十五分钟之体操(续)
1918	4	11	孕妇问答
1918	4	12	妇女十五分钟之体操(续)(附图)
1918	4	12	月经之卫生
1919	5	1	妊娠尿诊断法
1919	5	2	妊娠卫生法
1919	5	3	妇女十五分钟之体操(续四卷十一号)(附图八)
1919	5	4	血虚症之治疗法(附图)
1919	5	7	妇孺医话
1919	5	8	妊娠之生物化学的诊断法
1919	5	9	看护妇对于传染病室之预防
1919	5	9	妊娠之卫生
1919	5	11	发之保护术
1919	5	12	妊娠及产后之摄生法
1920	6	5	避妊问题之研究
1920	6	8	妇女运动的意义和要求
1920	6	9	妊妇须知与育儿要言
1920	6	10	妊妇须知与育儿要言(续)
1920	6	11	妊娠中易起之疾病
1920	6	12	避妊我观

表2：《妇女杂志》"贞操与性道德"文章一览

年度	卷号	期号	标题
1920	6	6	名家小说 娼妓与贞操
1920	6	7	两性间的道德关系
1920	6	7	娼妓与贞操（续）
1920	6	9	贞操问题
1920	6	11	性的道德底新倾向
1920	6	12	贞操问题答彭年君
1921	7	6	恋爱和性欲的关系
1921	7	7	新时代之新贞操论
1921	7	7	新马尔塞斯主义与性的道德
1921	7	8	女子贞操的研究
1921	7	9	这是贞节
1921	7	10	贞操观念的变迁和经济的价值
1921	7	11	印度民族之性的生活与贞操
1922	8	2	妇女问题与性的研究
1922	8	3	两性的强弱
1922	8	4	"对于自由离婚的主张和反对"离婚与贞节及子女
1922	8	5	性的新道德之基础
1922	8	5	性的本能之高尚化
1922	8	7	性的新道德之建设

续表

年度	卷号	期号	标题
1922	8	8	恋爱与性欲
1922	8	8	中国向来有贞节的女子吗
1922	8	9	"家庭中的性教育"性教育与家庭关系的重要
1922	8	9	"家庭中的性教育"性教育之历史及其研究者
1922	8	12	"贞操问题的讨论"贞操观念的改造
1922	8	12	"贞操问题的讨论"近代的贞操观
1922	8	12	"贞操问题的讨论"论贞操答柳钊君
1922	8	12	"贞操问题的讨论"妇女主义者的贞操观
1922	8	12	"贞操问题的讨论"新社会自由人的贞操观
1922	8	12	关于性教育的书籍
1922	8	12	贞操
1923	9	8	性和性的决定（附图七）
1923	9	10	女性之建设的生活与性的道德
1923	9	9	妊娠中性交之害
1923	9	11	性教育与配偶选择
1923	9	11	再论妊娠中的性交答行素君
1923	9	11	分娩后性交之害
1924	10	1	贞操（独幕剧）
1924	10	1	主张与批评 性观念的改造
1924	10	3	主张与批评 人间性教育与职业教育

续表

年度	卷号	期号	标题
1924	10	4	主张与批评 男女社交与性的意识
1924	10	7	贞操观革命的呼声
1924	10	7	两性间一桩习见的事
1924	10	7	自由恋爱与贞操问题的关系
1924	10	9	道德的方式（性道德问题讨论之一）
1924	10	9	男女同学与性教育
1924	10	9	性的进化
1924	10	10	男女理解与性的伦理
1924	10	11	主张与批评 两性结合的基础
1924	10	11	两性关系的变化（两性问题讨论之二）
1924	10	12	主张与批评 性的意义
1925	11	1	新性道德是什么
1925	11	1	性道德之科学的标准
1925	11	1	新性道德的唯物史观
1925	11	1	现代性道德的倾向
1925	11	1	近代文学上的新性道德
1925	11	2	性的平等
1925	11	3	性的升华
1925	11	3	两性的不同
1925	11	4	男女的性生活与创造力（男子是创造者）

续表

年度	卷号	期号	标题
1925	11	7	主张与批评 性与文明
1925	11	7	性的无知
1925	11	8	性与社会
1926	12	7	怎样可以保持两性间的爱情
1927	13	4	男女两性精神作用之优劣观
1927	13	5	打破两性区别之芬兰
1928	14	2	两性生活的优劣
1928	14	2	性欲与人生
1928	14	2	性色中的香臭
1928	14	6	性的牺牲与解放
1928	14	8	贞操问题
1929	15	5	二性结合目的之误解及其影响
1930	16	8	性爱与痛苦
1930	16	9	父母性教育上之男女性教育
1930	16	9	性爱与痛苦（续）
1931	17	10	性妒与文化

表3：《妇女杂志》"婚恋问题"文章一览

年度	卷号	期号	标题
1917	3	1	婚姻以时之商榷
1917	3	5	结婚改良说
1917	3	7	论婚制
1920	6	7	自由离婚论
1920	6	9	现代结婚基础的缺陷和今后应取的方针
1921	7	1	结婚问题
1921	7	6	恋爱与性欲的关系
1921	7	6	女子解放与婚姻问题
1921	7	10	婚姻问题之社交公开观
1922	8	5	恋爱与家庭
1922	8	5	现代结婚之要素——恋爱与文化
1922	8	5	恋爱之伦理的意义
1922	8	7	恋爱结婚之真意
1922	8	8	恋爱与性欲
1922	8	8	恋爱与人生
1923	9	2	恋爱与自由
1923	9	6	婚姻选择的目标
1923	9	7	男女同学与恋爱的指导
1923	9	8	婚姻问题的解决难

续表

年度	卷号	期号	标题
1923	9	10	恋爱结婚的失败
1923	9	10	结婚的仪式
1923	9	10	结婚与爱
1923	9	10	徘徊歧途中的婚姻问题
1923	9	10	对于反对婚姻改革者的不平
1923	9	11	一封反对改良包办制议婚的信
1923	9	12	关于重婚问题的两封信
1923	9	12	恋爱的悲剧
1923	9	12	关于恋爱结婚及配偶的意见
1923	9	12	强迫结婚的法律问题
1923	9	12	可否求婚的疑问
1923	9	12	应否和不能生育的女子结婚
1923	9	12	对于旧式婚姻的两个疑问
1924	10	3	自由恋爱论
1924	10	3	恋爱的移动性
1924	10	3	婚姻是一种和约
1924	10	5	离婚与风化
1924	10	5	离婚后的悲哀
1924	10	7	自主婚姻破裂的原因
1924	10	7	自由恋爱与贞操问题的关系

续表

年度	卷号	期号	标题
1924	10	10	现代的结婚生活
1924	10	11	恋爱自由
1924	10	12	社交与恋爱
1925	11	1	离婚后的结婚
1925	11	3	离婚和恋爱
1925	11	4	非恋爱自由论的诸派
1925	11	4	恋人的争闹
1925	11	5	同性爱和婚姻问题
1926	12	5	近世爱之变迁史
1926	12	7	恋爱与条件
1926	12	7	恋爱上的几个问题给男女青年的一封公开信
1928	14	7	婚姻是人和社会的问题应有先决的主义
1928	14	7	婚姻问题概论
1928	14	7	结婚的前提
1928	14	7	女学生的婚姻问题
1928	14	7	婚姻的研究
1928	14	7	生存与婚姻问题
1928	14	7	婚姻的过去与将来
1928	14	7	我的恋爱观
1928	14	7	我的自由结婚观

续表

年度	卷号	期号	标题
1928	14	7	婚姻上的自由及限制
1928	14	8	离婚与家庭及道德问题
1928	14	8	结婚年龄与妊娠调节
1928	14	8	婚姻的选择和改进
1928	14	8	婚姻问题的六个断片
1928	14	8	离婚问题
1928	14	8	失恋自杀之预防
1928	14	8	恋爱之力
1928	14	11	离婚的条件
1929	15	4	婚姻问题的研究
1929	15	4	结婚后的现象
1929	15	6	婚姻制度的演进
1929	15	8	甲种征文当选　盲婚后的清醒（1—8）
1929	15	9	自由恋爱的轨道和歧路
1929	15	10	嫁前与嫁后特辑号
1930	16	3	离婚论略
1930	16	8	婚姻论
1931	17	10	伴侣婚姻

表4：《妇女杂志》"家庭制度革新"文章一览

年度	卷号	期号	标题
1915	1	8	世界小家庭主义观
1916	2	10	改良家庭问题之研究
1917	3	7	理想之模范家庭
1918	4	7	理想中之家庭（附图二）
1918	4	10	美国家庭可供取法之优点
1919	5	10	新家庭之根本问题
1921	7	1	家庭同居制与分居制
1921	7	5	家庭生活的进化
1921	7	5	家族制度的破产观
1921	7	8	新家庭与旧家庭
1922	8	3	大家庭的惨史
1923	9	9	家庭革新号
1923	9	9	家庭革新论
1923	9	9	新旧家庭的代谢
1923	9	9	家庭改造的途径
1923	9	9	家族制度崩溃的趋势
1923	9	9	机械婚的反动与家族制度的破裂
1923	9	9	家族的组织与家族的生活
1923	9	9	今日的家庭
1923	9	9	上海家庭日新会调查

续表

年度	卷号	期号	标题
1923	9	9	家庭议会的建设
1923	9	9	二十年来的家庭生活
1923	9	12	家庭组合论
1924	10	1	旧家庭的改革
1924	10	7	家族制度的变迁
1924	10	7	家族制度的将来
1925	11	2	家庭改造论
1925	11	5	征文当选 怎样推翻大家庭制度（一）
1925	11	5	征文当选 怎样推翻大家庭制度（二）
1925	11	5	征文当选 怎样推翻大家庭制度（三）
1925	11	5	征文当选 怎样推翻大家庭制度（四）
1925	11	8	家族制度的性质与机能
1926	12	5	征文当选 创立新家庭的预备（1—7）
1927	13	1	大家庭处理家事的我见
1927	13	1	大家庭制与我国国富问题
1927	13	1	征文当选 小家庭的主妇（1—12）
1927	13	4	婚姻如何可得美满
1928	14	10	社会化的家庭
1928	14	10	家庭的研究
1929	15	6	家庭的演进

表5：杜就田主编时期征文一览

年度	卷号	期号	类型	标题
1925	11	9	丙种征文当选	平常的梦
			乙种征文当选	秋草与虫音
			甲种征文当选	我的姊妹
			丁种征文当选	我家的猫
1925	11	10	乙种征文当选	秋日的乡村生活
			丙种征文当选	我的苦闷
			甲种征文当选	中国的女伟人
1925	11	11	甲种征文当选	我将怎样做父母亲
			乙种征文当选	我家所受于鬼神的损害
1925	11	12	丙种征文当选	社会美谈
			乙种征文当选	读书随笔
			丁种征文当选	儿童的故事
			甲种征文当选	对于本志的意见
1926	12	1	甲种征文当选	美术与人生的关系
			乙种征文当选	妇女的美术
1926	12	2	甲种征文当选	家庭的缺陷
			丙种征文当选	衣服家具用法的心得
			乙种征文当选	堕落的青年
1926	12	3	甲种征文当选	春季扫墓的仪式
			丙种征文当选	意气的姑媳

续表

年度	卷号	期号	类型	标题
1926	12	3	乙种征文当选	无意义的忌讳
			丁种征文当选	爱护主妇的女仆
1926	12	4	甲种征文当选	引导学问的路径
			丙种征文当选	贪小失大
			乙种征文当选	唤醒虚荣的恶梦
			丁种征文当选	反爱成恨
1926	12	5	甲种征文当选	创立新家庭的预备
			乙种征文当选	怎能安慰亲心
			丙种征文当选	学行不符的结果
1926	12	6	甲种征文当选	我所经历的苦乐
			乙种征文当选	读美术专号的意见
1926	12	8	甲种征文当选	避暑时的经过
			乙种征文当选	晚凉絮语
1926	12	9	甲种征文当选	中秋赏月
			乙种征文当选	慈母手中的线
			丙种征文当选	少女的笼虫
1926	12	10	甲种征文当选	可怜的寡妇
			乙种征文当选	多嘴的姑娘
1926	12	11	乙种征文当选	理想中的住宅
			甲种征文当选	农家获稻时的情形

续表

年度	卷号	期号	类型	标题
1926	12	12	甲种征文当选	不合实情的理想
			乙种征文当选	缝工的玩偶
1927	13	1	甲种征文当选	家事的研究
			乙种征文当选	小家庭的主妇
1927	13	2	甲种征文当选	老妇的心
			乙种征文当选	少女的梦
1927	13	3	乙种征文当选	春风中的纸鸢
			甲种征文当选	贫妇的生活难
1927	13	4	甲种征文当选	理不胜欲
			乙种征文当选	依赖成性
1927	13	5	乙种征文当选	虽勤犹惰
			甲种征文当选	徒骛虚名
1927	13	6	甲种征文当选	盛夏中的生活
			乙种征文当选	怠惰自甘
1927	13	7	甲种征文当选	暑假内的休业
			乙种征文选登	炎夏时的摄生
1927	13	8	甲种征文当选	沿旧俗不通世故
			乙种征文当选	慕欧风徒学皮毛
1927	13	9	甲种征文当选	我的嗜好
			乙种征文当选	蟋蟀声中的孤女
1927	13	10	甲种征文当选	父亲寄来的家信

续表

年度	卷号	期号	类型	标题
1927	13	10	乙种征文当选	秋灯下的勤劳
1927	13	11	甲种征文当选	清贫的娱乐
			乙种征文当选	霜夜的钟声
1927	13	12	甲种征文当选	丰年多嫁娶
			乙种征文当选	冬日的农妇
1928	14	1	甲种征文当选	克勤克俭
			丙种征文当选	多才多艺
1928	14	2	乙种征文当选	相敬相爱
			甲种征文当选	母教的潜势力
			乙种征文当选	奢侈的忏悔
1928	14	3	甲种征文当选	失意后的转机
			乙种征文当选	我家的小园
1928	14	4	甲种征文当选	暮春的感旧
			乙种征文当选	滑稽的家庭
1928	14	5	甲种征文当选	妹妹的小朋友
			乙种征文当选	姊姊的未婚夫
1928	14	6	甲种征文当选	幸福在心神快乐
1928	14	8	甲种征文当选	无业为贫
			乙种征文当选	倚窗望秋月
1928	14	9	甲种征文当选	少时不学壮时悔
			乙种征文当选	秋窗下的伴侣

续表

年度	卷号	期号	类型	标题
1928	14	10	乙种征文当选	床头赖有短檠在
			甲种征文当选	嫁时能识娘心苦
1928	14	11	甲种征文当选	储金不能的世界
			乙种征文当选	满天雪飞拥炉寒
1928	14	12	甲种征文当选	插了梅花便过年
			乙种征文当选	欲求如意本先差
1929	15	1	甲种征文当选	一握的常识
			乙种征文当选	有一技之长
1929	15	2	甲种征文当选	贫穷则志短
			乙种征文当选	寒恋重衾觉梦多
1929	15	3	甲种征文当选	鸦片地狱
			乙种征文当选	自古多情损少年
1929	15	4	甲种征文当选	傲慢招耻辱
			乙种征文当选	花压栏杆春昼长
1929	15	5	甲种征文当选	弄巧反成拙
			乙种征文当选	折花将贻谁
1929	15	6	甲种征文当选	昨日乃今日之师
			乙种征文当选	夜深闲共说相思
1929	15	8	甲种征文当选	盲婚后的清醒
			乙种征文当选	团扇须防白露秋
1929	15	9	乙种征文当选	小立斜阳忆旧时

续表

年度	卷号	期号	类型	标题
1929	15	9	甲种征文当选	负债置新装
1929	15	10	甲种征文当选	女子途上
			乙种征文当选	妇人队中
1929	15	11	乙种征文当选	须知慈母是先生
			甲种征文当选	甜言媚你三冬暖
			补刊十月号征文乙种征文当选	奢侈必贪
1929	15	12	甲种征文当选	事与愿违
			乙种征文当选	旅人惊岁晚
1930	16	1	甲种征文当选	我将怎样过新年
			乙种征文当选	且喜年华去复来
1930	16	2	甲种征文当选	滑稽与矛盾
			乙种征文当选	虚名复何益
1930	16	3	甲种征文当选	情深缘未结
			乙种征文当选	财竭用偏多
1930	16	4	甲种征文当选	不急其所急
			乙种征文当选	急其所不当急
1930	16	5	甲种征文当选	无债之乐
			乙种征文当选	无香之花
1930	16	6	甲种征文当选	万事人间总未平
			乙种征文当选	有时能妒亦称才

表6:《妇女杂志》外国女性图片一览（1）

年度	卷号	期号	标题（女界精英）
1915	1	2	欧洲最近名画军士之梦
1915	1	3	演说大家Miss mabel Lee小影
1915	1	3	美国Philadelphia Presbyterian病院毕业生Miss yoke Lon Lee小影
1915	1	3	德国女邮差第一人明娜慧堤喀英女士小影
1915	1	8	巴拿马博览会女董事小影
1916	2	12	英国红十字会中央施医院院员
1918	4	8	英国女军士在俱乐部休息室中行乐图
1921	7	2	瑞典爱伦凯女士
1923	9	1	国际妇女会会长亚培亭侯爵夫人
1923	9	1	国际妇女劳动会会长璐宾斯夫人
1923	9	1	国际女子参政会会长甲德夫人
1923	9	1	爱伦凯女士
1923	9	12	斯干迭那维亚妇女领袖（八幅）
1924	10	1	国际参政协会新会长亚斯倍夫人
1924	10	1	俄国驻瑙威大使柯伦泰女士
1924	10	3	土耳其的名妇人
1925	11	1	英国的女议员（四幅）
1925	11	1	跳舞家顾爱德女士（二幅）
1925	11	6	日本女子各大学来华视察团
1926	12	2	美国女子参政运动家贝格氏肖像

续表

年度	卷号	期号	标题（女界精英）
1926	12	5	国际女子参政会会长爱须贝女士
1926	12	11	日本全国小学女教员大会
1926	12	5	美国女律师佩尔夫人及其两女
1929	15	1	美国纽约二女医之技术
1927	13	7	中日妇女领袖联欢会摄影
1931	17	7	雷加米尔夫人
1931	17	7	勒蒲蘭夫人及其女孩
1931	17	7	乔治桑
1931	17	7	斯达埃夫人
1931	17	7	塞维宜夫人
1931	17	7	罗蔼伊夫人
1931	17	7	司都和夫人
1931	17	7	勃朗宁夫人
1931	17	7	乔治·哀丽奥脱
1931	17	7	白朗脱氏三姊妹
1931	17	7	梅·辛克莱
1931	17	7	伍而夫
1931	17	7	班珊
1931	17	7	威斯脱
1931	17	7	赛甫琳娜
1931	17	7	萨戈尼杨

续表

年度	卷号	期号	标题（女界精英）
1931	17	7	喀拉瓦叶瓦
1931	17	7	玛里赤
1931	17	7	英倍尔
1931	17	7	安达西
1931	17	7	拉绮洛夫
1931	17	7	世界女文学家像（二十幅）

《妇女杂志》外国女性图片一览（2）

年度	卷号	期号	标题（贵族女性）
1915	1	2	俄国皇族妇女之戎装小影〈俄国皇后、俄国女公爵塔提亚那(皇女)、俄国女公爵阿尔格(皇女)〉
1915	1	5	荷兰女王小像
1915	1	8	比利时皇后训子图
1915	1	10	卢森堡女公爵马利埃提刺特及其姊妹小影
1916	2	3	俄国之木兰可可妩忒发夫人
1916	2	8	俄国皇后及公主为病院中伤兵看护图
1918	4	3	菲律宾一千七百十八年嘉年会候补皇后冯毅威女士小影
1918	4	4	常熟淑英女史水彩画乡村风景
1919	5	2	英王英后马利公主之最近摄影

续表

年度	卷号	期号	标题（贵族女性）
1919	5	7	美总统威尔逊之女公子在军人俱乐部演说之图
1919	5	7	英国达汉西伯爵第十三之子卢赛与康脑脱公爵之女公子白莲喜在惠斯民教堂结婚图
1921	7	11	最近来华只洛克菲罗夫人
1923	9	1	伏尔斯顿克拉夫脱女士

《妇女杂志》外国女性图片一览（3）

年度	卷号	期号	标题（世界女性风情）
1915	1	1	英国培德福书院女学生研究植物学及园艺之图
1916	2	2	美国加利福尼省之女裁判所
1916	2	5	比利时妇女赴战地服务行经伦敦市街图
1916	2	10	美国纽约湾灯塔看守人开脱夫人持远镜望海图
1916	2	11	美国国民弓术研究会女会员竞技之图
1918	4	1	华盛顿之母少年时摄影
1921	7	2	劳农俄罗斯之妇女与儿童（二幅）
1922	8	10	南爱尔兰自由邦的选举与妇女（三幅）
1923	9	4	美国女子的跳高竞技
1924	10	3	日本的妇女运动（二幅）
1925	11	2	菲列宾群岛的纹身女子
1925	11	2	智鲁妇女的装束

续表

年度	卷号	期号	标题（世界女性风情）
1925	11	4	非洲亚襄替的妇女
1925	11	4	唇上镶木片的拔伦特妇女
1925	11	4	凯菲尔酋长的妻
1925	11	4	编茅屋的苏路兰女子
1925	11	5	铁丝缠腿的摩税女子
1925	11	5	凯菲尔的跳舞装束
1925	11	5	苏路兰的结婚装束（二幅）
1925	11	7	克鲁跳舞女子（二幅）
1925	11	8	注重体育的欧美女子（三幅）
1925	11	9	新基内亚的妇人
1925	11	9	四十个字母拼成名字的美国女警察官
1926	12	11	日本女子运动大会
1926	12	11	漳平县妇女的装饰
1926	12	11	日本全国小学女教员大会
1930	16	2	西贡妇女的服装
1930	16	2	马来半岛的两种妇女
1930	16	5	南洋答厘岛之妇女
1930	16	5	马德妇人之装饰
1930	16	5	马达妇人为其子冲浴
1931	17	10	德国女子的冬季健身运动（二幅）

表7:《妇女杂志》与外国女性有关的文章一览

年度	卷号	期号	标题
1915	1	1	英国女子之经商实验谈
1915	1	2	英国内阁应特置女政卿说
1915	1	2	女数学家古洼鲁斯克夫人传
1915	1	3	英国内阁应特置女政卿说(续)
1915	1	4	蒙台梭利教育法释义
1915	1	4	农村妇人俱乐部
1915	1	6	英公主玛丽小传(附图)
1915	1	7	述美国女神童事
1915	1	7	法兰西女子爱国谈
1915	1	8	英美德法妇人运动史
1915	1	8	巴德女士之教育经验谈
1915	1	9	欧美妇人家庭经济实验谈
1916	2	1	记保加利亚之妇人
1916	2	2	亚几梅笛别传
1916	2	3	美国女教育家密里来恩传
1916	2	3	欧战声中之妇女(附图)
1916	2	3	比皇与比后(附图)
1916	2	4	嘉利乐别传
1916	2	6	世界第一之德国爱国妇女会

续表

年度	卷号	期号	标题
1916	2	7	妇女对于社会之服务
1916	2	10	神通力妇人列传
1916	2	11	神通力妇人列传（续）
1916	2	12	家庭中妇女之生计
1916	2	12	美国教育家梨痕女士传
1917	3	1	新发明之妇人自活法
1917	3	1	纪爱尔兰革党女郎摩拉梨根（Moira Regan）述杜柏林（爱首都）战事情形
1917	3	3	女飞行家史蒂生女士演说飞机记
1917	3	3	纪伦敦女学生之爱国联合会
1917	3	4	战时妇女对于园艺之注意
1917	3	5	法国妇女之跳舞及舞时所奏乐谱
1917	3	5	泰西列女传
1917	3	5	纪英后玛丽之妇女职工义赈会（附图四）
1917	3	6	日本妇女职业指南
1917	3	6	泰西列女传（续）
1917	3	6	纪英后玛丽之妇女职工义赈会（续）
1917	3	7	泰西列女传（续）（附图二）
1917	3	7	欧战中之妇女职业及战后之问题
1917	3	7	英首相之女秘书
1917	3	8	日本女界肺病之新研究

续表

年度	卷号	期号	标题
1917	3	8	妇人健康之勤劳主义
1917	3	8	泰西列女传（续）
1917	3	9	日本女界肺病之新研究
1917	3	9	泰西列女传（第五丽安女士传）
1917	3	9	世界各国妇人夏季之生活
1917	3	10	美国两第一妇人
1917	3	10	瑞典妇人之运动
1917	3	10	泰西列女传（第六爱梨阿脱女士传）
1917	3	10	日本妇人职业指南（续三卷六号）
1917	3	11	欧美之女性
1917	3	11	泰西列女传（第六爱梨阿脱女士传）
1917	3	11	美国妇女预备中之战时生活（附图九）
1917	3	12	泰西列女传（第七弗莱女士传）
1917	3	12	泰西女小说家论略
1918	4	1	欧战与各交战国妇人之真相
1918	4	1	俄国未来之妇女
1918	4	2	俄国妇女之将来（续）
1918	4	2	欧战与各交战国妇人之真相（续）
1918	4	6	主妇之治家法
1918	4	6	怪客美国女侦探之二（续）

续表

年度	卷号	期号	标题
1918	4	7	欧战声中妇女界之轶闻
1918	4	7	欧战与各交战国妇人之真相（续）
1918	4	8	欧美女学生之夏季生活
1918	4	9	妇女十五分钟之体操(续四卷六号)（附图）
1918	4	9	欧战与各交战国妇人之真相（续四卷七号）
1918	4	10	菲律宾嘉年华会女皇选举逐鹿记（一九一八年）
1918	4	10	纪美国各女学校之内容
1918	4	11	意大利之女学生
1918	4	11	欧战与各交战国妇人之真相（续四卷九号）
1919	5	1	美国妇人战时之节俭
1919	5	3	美国妇女之日本观
1919	5	4	美国妇女之日本观（续）
1919	5	9	德人近来之生活状况
1919	5	9	南洋侨女戒用装饰品之可嘉
1920	6	1	世界妇女消息 英国女子在工业上的情形
1920	6	2	欧洲妇女的结合
1920	6	2	世界妇女消息 美国家事教育
1920	6	3	欧美女子问题之新现象
1920	6	3	世界妇女消息 美国家事教育
1920	6	4	世界女子消息 美国家事教育

续表

年度	卷号	期号	标题
1920	6	5	世界女子消息 美国家事教育（续）
1920	6	6	英国女议员之言论 反对酒精饮料
1920	6	6	世界女子消息 美国家事教育
1920	6	7	美国妇女之活动
1920	6	7	美国妇女选举人会之新猷
1920	6	7	世界女子消息 美国家事教育
1920	6	7	美国之新妇女
1920	6	8	世界女子消息 美国家事教育
1920	6	8	美国女佣员的体育发展事业（附图）
1920	6	9	世界女子消息 美国家庭教育
1920	6	9	劳农俄罗斯之保护妇女儿童观
1920	6	9	日本妇女运动之第一声
1920	6	10	世界女子消息 美国家事教育（续）
1920	6	11	世界妇女消息 战后世界不安与现代妇人的影响
1920	6	12	欧美妇人与社会事业
1920	6	12	欧美战后德国妇女之活动
1921	7	1	俄罗斯革命与妇女的地位
1921	7	1	日本妇女状况
1921	7	1	纽约之女子家庭俱乐部
1921	7	1	拿破仑第三皇后（附图）

续表

年度	卷号	期号	标题
1921	7	2	日本妇人同情会的自杀防止运动（附图）
1921	7	2	爱伦凯女士与其思想
1921	7	2	美国近世女文学家小史
1921	7	2	美国斯吐活夫人（附图）
1921	7	3	美国近世女文学家小史（续）
1921	7	4	美国女子的新公民练习（附图一）
1921	7	4	美国近世女文学家小史（续）
1921	7	5	日本妇女之拒婚同盟（附图一）
1921	7	5	美国近世女文学家小史（续）
1921	7	5	巴黎妇女的新装
1921	7	6	俄国妇女的近况（附图二）
1921	7	6	法国的女学生生活
1921	7	10	欧洲古代文学上的妇女观（续四号）
1921	7	10	日本妇女运动的新倾向
1921	7	10	美国欢迎居里夫人的盛况（附图一）
1921	7	10	一个自杀的日本女青年（附图一）
1921	7	10	但底与比德丽淑（附图一）
1921	7	10	总统夫人
1921	7	10	青鸟（续）（附图二）
1921	7	10	比米

续表

年度	卷号	期号	标题
1921	7	11	女子教育和文化
1921	7	11	美国的女学生
1921	7	11	美国妇女之关心世界和平
1921	7	12	妇女在医学界的位置
1921	7	2	美国妇女庆贺选举权（附图）
1921	7	3	俄罗斯的母亲与儿童
1921	7	12	居里夫人在美国所受的学位
1922	8	1	英美的职业妇女自治机关
1922	8	1	日本老妇人之赴美
1922	8	3	世界妇女的过剩
1922	8	3	一九二一年日本之妇女界
1922	8	5	欧美妇女运动的趋势
1922	8	5	"欧美女子教育的现状"新俄国的女子教育
1922	8	5	德国妇女在教育上的地位
1922	8	5	美国妇女的公民教育（附图二）
1922	8	5	美国劳动妇女的夏季学校（附图一）
1922	8	5	意大利的女子高等教育
1922	8	5	日本战后之女子教育
1922	8	7	"日本文学家的女性观"贤妻良母愚母恶妻
1922	8	7	"日本文学家的女性观"女性的本质

续表

年度	卷号	期号	标题
1922	8	7	德国之妇女参政权
1922	8	7	记英国女议员的谈话
1922	8	7	美国断发女子的装束（附图二）
1922	8	7	"日本文学家的女性观"妇女自身的觉醒
1922	8	8	"世界妇女状况"俄国革命中的妇女
1922	8	8	"世界妇女状况"新德国的妇女生活
1922	8	8	"世界妇女状况"挪威的母性保护
1922	8	8	"世界妇女状况"日本女子教育革新的曙光
1922	8	8	"世界妇女状况"英美女子的图书馆事业
1922	8	10	珊格尔夫人的中国观察记
1922	8	10	爱伦凯的世界改造与新妇女责任论
1922	8	10	新俄罗斯的建设与妇女
1922	8	10	德国"新妇女"的要求
1922	8	10	美国政界中的妇女（附图二）
1922	8	10	美国女界的伟人
1922	8	10	第二谭卡莱夫人 " The second Mrs. Tanquerar"（续）
1922	8	11	"妇女劳动问题" 英国妇女劳动者的现状
1922	8	11	"妇女劳动问题"美国妇女劳动的一斑
1922	8	11	俄国文学上之代表的女性

续表

年度	卷号	期号	标题
1922	8	11	第二谭卡莱夫人"The second Mrs.Tanquerar"（续）
1922	8	12	美国女子政争运动
1922	8	12	培培尔的妇女问题论
1922	8	12	波耶女士访问记
1922	8	12	法国第一幼少之女飞行家（附图三）
1922	8	12	美国七十一岁的女学生（附图一）
1923	9	1	爱伦凯的母权运动论
1923	9	1	纪尔曼及须林娜的妇女职业运动观（附图一）
1923	9	1	欧美妇女运动近状
1923	9	1	法国妇女运动小史
1923	9	1	英国妇女参政运动的经过（附图五）
1923	9	1	英国妇女参政运动与中国妇女
1923	9	1	美国妇女选举权获得的历史
1923	9	1	俄国妇女运动与劳农妇女
1923	9	1	德国及其斯堪迭那维亚的妇女运动
1923	9	1	德国妇女运动家考惠尔的去世
1923	9	1	荷兰女子不受解放之名
1923	9	1	埃及妇女的自由运动（附图八）
1923	9	1	印度妇女的政治运动（附图一）

续表

年度	卷号	期号	标题
1923	9	1	日本妇女运动的过去和现在（文化运动政治运动社会运动的主流）
1923	9	1	日本妇女团体及妇女运动者访问记（附图三）
1923	9	1	西维亚班霍斯德女士自叙传
1923	9	2	美国文艺与妇女的势力
1923	9	2	丹麦妇女的生活
1923	9	2	印度细径的妇女状况
1923	9	2	英国女哲学家的逝世
1923	9	2	美国女参议员的选出（附图一）
1923	9	2	欧美女校观风记（附图二）
1923	9	3	美国的妇女俱乐部总联盟
1923	9	3	美国妇女的和平运动（附图五）
1923	9	3	苏维亚俄国下的妇女
1923	9	3	土耳其的女教育总长（附图一）
1923	9	3	美国女工状况
1923	9	3	英国妇女的医学教育
1923	9	3	长篇忧愁夫人
1923	9	4	长篇忧愁夫人
1923	9	5	俄苏驻外之女大史
1923	9	5	日本女界的现状
1923	9	5	美国妇女的地位

续表

年度	卷号	期号	标题
1923	9	5	美国妇女的活动
1923	9	5	德国妇女的劳动运动
1923	9	5	大学妇女同盟的希望（附图二）
1923	9	5	大美洲协会在巴的摩开会的追记
1923	9	5	第一次得诺贝尔文学奖的妇女瑞典文学家莱甘洛夫女士
1923	9	6	美国妇女的地位
1923	9	6	美国妇女国民党的企图（附图三）
1923	9	6	长篇忧愁夫人（续）
1923	9	7	美国的女学生数
1923	9	7	美国妇女在法律上的地位
1923	9	7	美国劳动阶级的妇女
1923	9	7	北美女议员当选
1923	9	7	朝鲜妇女状况
1923	9	7	菲律宾妇女概况
1923	9	8	德国的妇女
1923	9	8	英国的女法官
1923	9	8	德国妇女主义者的要求
1923	9	8	美国女工的趋势
1923	9	8	安基的与乌拉圭的妇女运动
1923	9	8	英国的女童子军

续表

年度	卷号	期号	标题
1923	9	8	女子第一高等审判官爱伦女士
1923	9	10	欧洲妇女对于生活的苦恼
1923	9	10	英国女伶当选为国会议员
1923	9	10	英国劳动妇女和失业问题
1923	9	10	新土耳其妇女的进步
1923	9	12	古巴第一国民妇女会消息
1923	9	12	斯干狄那维亚妇女的进步
1923	9	12	俄国的新劳动法与妇女
1924	10	1	美国女权运动七十五年的回顾
1924	10	1	土耳其妇女运动近状
1924	10	1	德国妇女家庭生活（附图一）
1924	10	1	美国新总统的家庭（附图一）
1924	10	2	美国的女工业家
1924	10	2	南美的妇女运动
1924	10	2	美国妇女的改革
1924	10	2	德意志的新妇女（附图六）
1924	10	3	德国的女议员
1924	10	3	德国妇女工作平等的要求（附图二）
1924	10	3	新发生的日本妇女团体
1924	10	3	尼赛兰的妇女

续表

年度	卷号	期号	标题
1924	10	5	创建道尔顿制的女教育家柏克赫斯特女士
1924	10	5	英国劳动党内阁劳动部次长蓬德斐尔女士
1924	10	5	土耳其的妇女解放运动
1924	10	6	泰倍尔女士的妇女职业观
1924	10	6	美国的职业妇女
1924	10	6	日本妇女的自由职业
1924	10	6	日本妇女职业生活概况
1924	10	9	巴黎的女店员
1924	10	9	体验女工生活的日本上流女子
1924	10	10	美国妇女运动的左右翼
1924	10	10	英国的妇女职业问题
1925	11	1	法国女子的参政观
1925	11	1	瑞典女议员与妇女政治训练
1925	11	1	英国女议员
1925	11	1	尼奈彭夫人
1925	11	5	英国的妇女政治家
1925	11	5	捷克妇女的消费同盟
1926	12	5	密尔洼基的女伟人
1926	12	8	奥斯大利亚女议员关于婚事法律男女平等的议案
1926	12	9	爱伦凯的思想及其晚年

续表

年度	卷号	期号	标题
1926	12	9	爱睡的日本女妇人
1926	12	9	最近美国妇女的美容术(附图四)
1926	12	10	欧洲妇人的平和运动
1927	13	1	美国妇女努力选权
1927	13	2	美国妇女与文化
1927	13	2	印度妇女与觉醒
1927	13	9	日本妇女运动述要
1927	13	12	瑞典妇女的运动
1928	14	1	妇女生活状态的一斑：意大利撕丁岛的妇女状况
1928	14	1	妇女生活状态的一斑：阿剌伯妇女的生活
1928	14	1	妇女生活状态的一斑：苏俄妇女的地位
1928	14	1	妇女生活状态的一斑：现代日本妇女的生活
1928	14	1	妇女生活状态的一斑：日本的女工生活
1928	14	3	日本人眼光中的美国女子
1928	14	6	法国的妇女运动
1928	14	7	日本女学卒业生的结婚调查
1928	14	9	海外的妇女
1928	14	12	英国妇女运动的经过与胜利
1928	14	12	海丰妇女的生活及其运动
1929	15	5	美国近世的妇人运动

续表

年度	卷号	期号	标题
1929	15	6	伟大的母性立脱尔登夫人
1929	15	6	俄国革命妇女库伦塔夫人
1929	15	7	埃及的女首
1929	15	8	世界各国妇女参政运动概述
1929	15	8	今后妇女运动的正确道路
1929	15	9	欧洲各国劳动妇女的发达及其概况
1929	15	11	女权落后的南欧国家
1929	15	11	法国女杰贞德五百周年纪念
1929	15	11	世界得诺贝尔文学奖金的三位女文学家
1929	15	11	欧美的女警察设施问题
1929	15	11	日本的妇女地位
1929	15	12	新土耳其的新妇女
1930	16	1	比利时妇女的地位
1930	16	2	世界妇女运动进展的鸟瞰（一九二九年）
1930	16	5	美国大学女生的生活
1930	16	5	女校长的成功
1930	16	7	日本劳动妇女的现状
1930	16	7	妇女谈薮 英美的女书记员
1930	16	7	日本的一般社会和妇女生活（日本通信）
1930	16	8	世界妇女奴隶现状

续表

年度	卷号	期号	标题
1930	16	8	妇女谈薮 土耳其妇女运动中的一位风头姑娘
1930	16	8	妇女谈薮 美国职业妇女的年龄限制
1930	16	8	妇女谈薮 战前后的法兰西的姑娘们
1930	16	9	妇女谈薮 德国妇女运动领袖逝世
1930	16	10	妇女谈薮 投身蛮荒的美国女子梅特博士
1930	16	10	妇女谈薮 美国已嫁妇女工资属权的争执
1930	16	11	妇女谈薮 苏俄妇女的军事化
1930	16	11	妇女谈薮 再谈土耳其妇女
1930	16	12	妇女谈薮 日本妇女的法律地位
1931	17	1	妇女谈薮 美国妇女职业解放的近势
1931	17	1	英国已嫁妇人从事职业的难关
1931	17	2	妇女谈薮 意大利的女性
1931	17	2	妇女谈薮 意大利女法西斯底
1931	17	3	妇女谈薮 德国政治上的妇女
1931	17	3	妇女谈薮 美国妇女参政的十年
1931	17	3	妇女谈薮 女科学家潘宁登
1931	17	7	法国十九世纪的伟大女作家斯达埃夫人
1931	17	8	妇女谈薮 欧洲国家的妇女
1931	17	8	妇女谈薮 美国妇女职业薪资的低廉
1931	17	10	妇女谈薮 日本中等女教员联合与空前的大会

续表

年度	卷号	期号	标题
1931	17	11	妇女谈薮 日本农村妇人的副业
1931	17	11	妇女谈薮 日本女性的职业战线悲观
1931	17	11	妇女谈薮 日本各妇人团体关于府县会议员总选举对策
1931	17	12	妇女谈薮 纽约的女福尔摩斯
1931	17	12	妇女谈薮 美国妇女获得完全公民权之经过

后　记

某天，我和导师蒋原伦先生说，请他为这本书作序。他欣然应允，同时也说，"终于要出版了"。是啊，虽然这本书的分量不重，思想和观点也有诸多浅薄和疏漏之处，但是仍旧承载了很多人的期待。为此，我也等了很久。

当初选择商务印书馆的《妇女杂志》作为博士论文的研究对象时，我对商务印书馆就有了诸多的情结。她就像一个历经百年的老人，用沉静和自持收纳了百年中国的波云诡谲，用恒久而笃定的力量进行着一个民族的现代性的启蒙，并且为这个民族保存和传播着最珍贵的文化。当你走近她，除了敬仰，仿佛也在她的身上触摸到了历史的纹理，这些纹理引导着人们走向思考的深处。而《妇女杂志》则是"徇路之铎"，是商务印书馆参与中国现代女性启蒙的重要载体。本书就是通过《妇女杂志》这个切口，进入历史的现场，去观看、发现商务印书馆以怎样的模样面对时代的要求。这一次的走进，让我对历史、社会、媒介和性别之间的关系有了更多经验的体认，对于那些宏大的叙事有了从微观去细思的可能，对于"启蒙"

和"现代性"诸概念，也有了从历史的角度去砥砺的自觉，特别是对女性漫长而曲折的"解放之路"，有了更为深情和长久的体恤。

正因为此，我一直隐隐地希望我的书稿能够托付给商务印书馆，无论是向我的研究对象——《妇女杂志》致敬，还是出于我内心的商务印书馆情结。

为此，我放弃了其他的出版邀约。

有些机缘仿佛冥冥中注定。

2012年，我结识了商务印书馆的丛晓眉老师，她对我的书稿很有兴趣，也给了我很多宝贵的建议。但是由于诸多原因，书稿始终未进入出版流程。2014年底，出版计划终于启动。于我内心来讲，是希望能够在2015年出版，因为这一年，刚好是《妇女杂志》创刊100周年。由于这本书纳入商务印书馆120周年馆庆丛书，出版时间被推迟到了2016年。

尽管如此，我仍旧觉得这种等待是值得的。

在等待书稿出版的时间里，书稿之于我，竟然发生了"看山是山"到"看山不是山"的变化。面对同一个研究对象，我对问题的思考、理解和表述方式也与五六年前有了诸多的不同，我越发感觉到书稿的不完善之处甚多，而这种修改已经不再是字词句段的修改。在香港城市大学访学期间，李金铨教授有谈到如何处理史料的问题："材料的内在逻辑何在？各构成要素之间的关系是什么，它们彰显了什么意义？要有效回答这些问题，就得用具有概括能力的语言，总结那些复杂而具体的历史事实，用比较抽象的概念抽丝剥茧，甚至画龙点睛。"他强调"还得应用若干分析、说明和阐释的方法，就我们所知事件系列对人类命运有何影响，从而更了解这些事情是怎么发生的"。反观自己的研究，对文本的分析和史料的处理仍觉得有些封闭，没有将《妇女杂志》所表征出来的现实与实际的历史处境进行更深入的互文研究；此外，对文化与性别、媒介议题设置与舆论交锋之间复杂且具体的关系的分析也显不够；还缺乏与同时期的女性报刊进行更多的对比研究，来彰显商务印书馆在中国现代女性启蒙中的独特性和"这一个"（黑格尔语）。这也是为什么书稿付梓仍觉得战战兢兢的原因，因为还有若干未完成的"企图"，但是以目前之心力却无法于原稿中修改，只能寄希望于下一次的重新开始。

写这篇后记的时候，我阅读了当年博士论文的后记。还不算很多年，却已然忘却当年艰难、困顿和疲惫的心情，只剩下心中的一片光芒，像极了读书时某个五月天的黄昏时分走出北师大主楼遇到的那片光。或许，自己比当年更能承受学术研究带来的枯燥和孤单，并欣然于其中不为人道的快乐和丰赡。

如今，书稿即出，虽然轻松，也不敢怠慢，仿佛一个孩子远行，总是有诸多的担心，生怕有不完善令自己遗憾，编辑安慰说，出版永远是一种未完成的状态，一本书总是在等待着被补全及更新。

最后还是要道谢的。

谢谢我的导师蒋原伦先生为我作序，他欣然于我的点滴进步，也对我写作的不足进行批评，让我时刻谨记为学的严谨。

谢谢当年对我的文章提出意见和建议的孟繁华老师、戴锦华老师、赵勇老师、方维规老师，各位老师的点拨和提醒多年之后仍旧言犹在耳。

谢谢商务印书馆的丛晓眉老师对本书出版的支持和鼓励，晓眉老师的优雅、睿智、从容让我感受到了与书为伴是人生最好的濡养，她对出版事业的责任和感觉让我体会到了商务人一脉传承的气质和风度。谢谢编辑欧阳帆女士，她对书稿的精细化打磨，让我深刻地领悟到了商务人在图书出版方面的"工匠精神"。

谢谢辽宁大学新闻与传播学院对本书出版的资助。

谢谢辽宁大学文学院资料室吉平平老师、李丹丹老师对我查阅资料的支持。谢谢我的学生于欢欢、苏峰、闫阳、佟熙、张振清、潘锦、李奕奕等对我整理文献的帮助。

最后，我要谢谢我的先生和女儿，谢谢他们给我的欢乐和忙碌，让我于思想的云端之上也能有烟火人生的富足和欣慰。

王鑫

2016年11月于沈阳

图书在版编目(CIP)数据

商务印书馆与中国现代女性启蒙/王鑫著.—北京：商务印书馆,2016
ISBN 978-7-100-12049-4

Ⅰ.①商… Ⅱ.①王… Ⅲ.①女性—期刊—研究—中国—民国 Ⅳ.①G239.296

中国版本图书馆CIP数据核字(2016)第044616号

所有权利保留。
未经许可,不得以任何方式使用。

商务印书馆与中国现代女性启蒙
王 鑫 著

商 务 印 书 馆 出 版
(北京王府井大街36号 邮政编码100710)
商 务 印 书 馆 发 行
山东临沂新华印刷物流
集团有限责任公司印制
ISBN 978-7-100-12049-4

2016年12月第1版　　开本960×680　1/16
2016年12月第1次印刷　印张20¾
定价:56.00元